DER VATIKAN

1 PETERSDOM
2 BRONZETOR
3 PETERSPLATZ
4 INTERNATIONALE BUCHHANDLUNG JOHANNES PAUL II.
5 DONO DI MARIA
6 AUDIENZSAAL PAULS VI.
7 SAKRISTEI VON ST. PETER
8 PIAZZA SANTA MARTA
9 GENDARMERIE
10 BAHNHOF
11 MOSAIKWERKSTÄTTEN
12 SANTO STEFANO
13 PÄPSTLICHES WAPPEN
14 PALAZZO DEL GOVERNATORATO
15 RADIO VATIKAN
16 LEONINISCHE MAUER
17 JOHANNESTURM
18 HUBSCHRAUBERLANDEPLATZ
19 GROTTE VON LOURDES
20 VATIKANISCHE GÄRTEN
21 ADLERBRUNNEN
22 CASINA PIUS' IV.
23 EINGANG ZU DEN VATIKANISCHEN MUSEEN
24 BELVEDERE
25 CORTILE DELLA PIGNA
26 VATIKANISCHE MUSEEN
27 BELVEDERE-HOF
28 APOTHEKE, FERNSEHZENTRUM, TELEFONZENTRALE
29 SUPERMARKT
30 L'OSSERVATORE ROMANO
31 TAPISSERIEWERKSTÄTTEN
32 PFARRKIRCHE ST. ANNA
33 ST.-ANNA-TOR
34 PASSETTO DI BORGO
35 KASERNE DER SCHWEIZERGARDE
36 VATIKANBANK
37 VATIKANISCHE DRUCKEREI
38 POSTAMT
39 APOSTOLISCHER PALAST
40 CORTILE DI SAN DAMASO
41 SIXTINISCHE KAPELLE

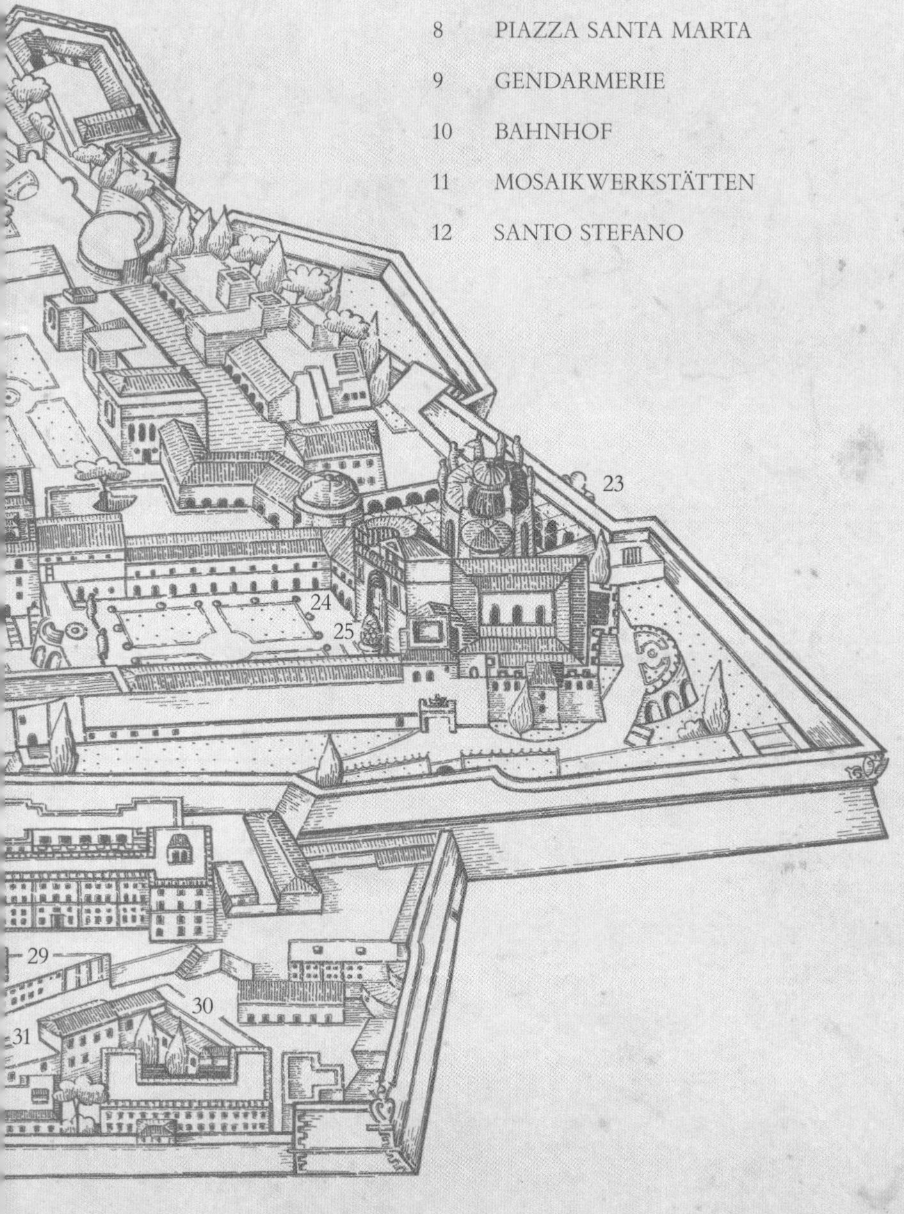

DER VATIKAN

DER VATIKAN

GESCHICHTE, KUNST UND LEBEN IN DER HEILIGEN STADT

MICHAEL COLLINS

DK
DORLING KINDERSLEY

DORLING KINDERSLEY
London, New York, Melbourne, München und Delhi

Florence B. D'Urso gewidmet – für ihre langjährige Unterstützung des Heiligen Stuhls und der Vatikanischen Museen und vor allem für ihre beständige Freundschaft.

Cheflektorat Debra Wolter

Redaktion Tom Broder, Ferdie McDonald, Marianne Petrou, Paula Regan, Steve Setford, Anna Streiffert

Bildredaktion Karen Self, Anna Hall, Gadi Farfour, Dean Morris, Adam Walker

Herstellung Luca Frassinetti, Norma Weir

Art Director Bryn Walls
Programmleitung Jonathan Metcalf

Bildrecherche Louise Thomas
Fotos Christopher Pillitz, Gary Ombler
Illustration Vorsatz Cathy Brear

Für die deutsche Ausgabe:
Programmleitung Monika Schlitzer
Projektbetreuung Andrea Göppner
Herstellungsleitung Dorothee Whittaker
Herstellung Mareike Hutsky

Bibliografische Information Der Deutschen Bibliothek
Die Deutsche Bibliothek verzeichnet diese Publikation in der Deutschen Nationalbibliografie; detaillierte bibliografische Daten sind im Internet über http://dnb.ddb.de abrufbar.

Titel der englischen Originalausgabe:
The Vatican

Übersetzung Dr. Klaus Binder (S.6–165), Hainer Kober (S.166–320)
Redaktion Julia Niehaus, Berlin
Satz Satz+Layout Fruth GmbH

ISBN 978-3-8310-1471-2

Printed and bound in China by Hung Hing

Besuchen Sie uns im Internet
www.dk.com

INHALT

VORWORT

An einem frühen Februarmorgen, noch vor Sonnenaufgang, besuchte ich die Gewächshäuser der Vatikanischen Gärten. Ich sprach mit Paolo Ferarra, dem Leiter der Gärten. Mit einigen seiner Mitarbeiter steckte er gerade den Blumenschmuck für Papst Benedikts Schreibtisch. »Es ist Fastenzeit, also wird es ein einfaches Gesteck werden.« Und wie gelangt es in die päpstlichen Gemächer? Paolo antwortete: »Gegen neun Uhr werde ich es selber dort hinbringen. Ich werde an die Tür des Arbeitszimmers klopfen. Ist der Papst da, wird er mir entgegenkommen und mich begrüßen. Er ist immer sehr freundlich und spricht ein paar Worte mit mir.« Diese Sätze sind mir in Erinnerung geblieben, zeigen sie doch die Bescheidenheit, die unter Benedikt XVI. im Vatikan herrscht, im Kontrast zum Prunk des öffentlichen Gesichts des Kirchenstaates.

Das Innenleben des Vatikans lernte ich vor etwa 30 Jahren kennen, als Theologiestudent. Sechs Sommer verbrachte ich als Fremdenführer im Petersdom und begegnete Menschen verschiedenster Religionen und Kulturen. Manche wurden zu Freunden. Zahllose Sommerabende saßen wir auf den Stufen von St. Peter und sahen zu, wie die Schatten auf dem Platz immer länger wurden. Die vielen Fragen, die mir zum Vatikan gestellt wurden, zeigten mir, was die Menschen an dieser geheimnisvollen Stadt in der Stadt fasziniert. Zehn Jahre nach meiner Ordination in Dublin bekam ich die Gelegenheit, nach Rom zurückzukehren, um am Päpstlichen Institut für sakrale Archäologie zu studieren, später auch an mehreren Universitäten der Stadt zu lehren. So konnte ich mein Wissen über Rom und den Vatikan weiter vertiefen.

Für Katholiken ist Rom das Zentrum ihres Glaubens, der Ort, an dem der Kirchentradition zufolge Petrus den Märtyrertod gestorben ist. Seine Nachfolger, die Päpste, erlangten enormen Einfluss. Die ersten Bischöfe von Rom wurden wegen ihres Glaubens verfolgt, spätere Päpste waren politisch mächtige Männer, sie konnten Kaiser salben oder auch absetzen. Diese Macht schwand, doch die geistige Bedeutung des Papsttums wuchs weiter. Unter den Päpsten gab es Heilige und Sünder, doch ihr Einfluss war gewaltig und überall spürbar, von der Theologie bis zur Kunst, in der Astronomie und in den Naturwissenschaften, von der Politik bis zur Moral.

Der Besuch des Petersdoms, der über dem Grab des hl. Petrus errichtet wurde, ist ein überwältigendes Erlebnis. In den Vatikanischen Museen findet man einige der größten Kunstsammlungen der Welt. Man mag sich fragen, warum die Kirche ihre Kunstschätze nicht veräußert und das Geld den Armen gibt, ist sie doch auch eine der wichtigsten humanitären Einrichtungen. Doch indem die Kirche die Kunst fördert, verbreitet sie eine spirituelle Botschaft, die begeistert und so den christlichen Glauben lehrt.

Mit diesem Buch möchte ich die Leserinnen und Leser hinter die Mauern dieses faszinierenden Stadtstaates führen, ihnen die Menschen vorstellen, die hier leben und arbeiten, sie staunen lassen über das unvergleichliche Schatzhaus der Kunst und das Zentrum des christlichen Lebens: den Vatikan.

Michael Collins

im Mai 2008

KALENDER

DAS VATIKANISCHE JAHR

Das Jahr hindurch begeht die Kirche eine Reihe von Festen und Feiertagen. Viele von ihnen gelten Jesu Leben, Tod und Auferstehung. Als Bischof von Rom leitet der Papst alle Zeremonien im Vatikan – Feiern, an denen Römer und Besucher aus aller Welt teilnehmen. Das Kirchenjahr beginnt im Dezember mit dem Advent: Die Kirche erinnert an die Menschwerdung Christi und an sein Versprechen, am Ende aller Tage wiederzukehren. An Weihnachten wird Christi Geburt gefeiert. Während der Fastenzeit, die 40 Tage vor dem Osterfest beginnt, ist die Zahl der Touristen und Pilger am höchsten. Mit Beginn der Sommerhitze zieht sich der Papst in seine Sommerresidenz außerhalb von Rom zurück, und es finden weniger Feste statt. Im Herbst kehrt der Papst in den Vatikan zurück, rechtzeitig zu Allerheiligen im November.

DAS WEIHNACHTSFEST IM VATIKAN IST EINE ZEIT DER FREUDE ÜBER DIE GEBURT JESU UND DIE WUNDER IN SEINER KINDHEIT. DIE TRADITIONELLE MITTERNACHTSMESSE IM PETERSDOM UND DER WEIHNACHTSSEGEN DES PAPSTES BILDEN FEIERLICHE HÖHEPUNKTE DER WEIHNACHTSZEIT. NOCH WEITERE FESTE FALLEN IN DEN WINTER: VON DER FEIER DER UNBEFLECKTEN EMPFÄNGNIS ANFANG DEZEMBER BIS ZUR EPIPHANIE JESU, SEINER TAUFE UND ZULETZT SEINER DARSTELLUNG IM TEMPEL.

DAS WEIHNACHTSFEST

FEIER DER GEBURT JESU CHRISTI

WEIHNACHTSBOTSCHAFT >
Während der Mitternachtsmesse im Petersdom hält Papst Benedikt XVI. am Hochaltar die Weihnachtspredigt.

MITTERNACHTSMESSE IM VATIKAN ^
Menschenmengen versammeln sich am 24. Dezember 2000 vor dem Petersdom, um mit den Gläubigen im Inneren der Basilika die Mitternachtsmesse zu feiern. Die Predigt Papst Johannes Pauls II. wird nach draußen übertragen. Große Leinwände rund um den Petersplatz zeigen die Zeremonie am Hochaltar. Neben der lebensgroßen Krippe steht der Weihnachtsbaum, der dem Vatikan jedes Jahr von einem anderen Land geschenkt wird.

> Und als er aus dem Wasser stieg, sah er,
> dass der Himmel sich öffnete und der
> Geist wie eine Taube auf ihn herabkam.
>
> MARKUS 1,10

DREIKÖNIGSFEST >
Pilger, gewandet wie die drei Weisen aus dem Morgenland, die sich aufmachten, das Christuskind im Stall anzubeten, nähern sich dem Petersplatz, um das Dreikönigs- oder Epiphaniasfest (6. Januar) zu feiern.

FEST DER TAUFE DES HERRN ^
Papst Benedikt XVI. tauft einen Säugling in der Sixtinischen Kapelle. Die Messe mit der Taufe, die dort am ersten Sonntag nach Epiphanias gefeiert wird, ist eine von Johannes Paul II. gestiftete vatikanische Tradition. Die Feier erinnert an die Taufe Jesu im Jordan durch Johannes den Täufer.

Sie brachten das Kind nach Jerusalem hinauf, um es dem Herrn zu weihen, gemäß dem Gesetz des Herrn …

LUKAS 2,22–23

KERZENWEIHE
Benedikt XVI. leitet die Zeremonie der Kerzenweihe während der Messe im Petersdom, die zur Erinnerung an das Fest der Darstellung Jesu im Tempel gefeiert wird.

MARIÄ LICHTMESS
Am 2. Februar wird an die Darstellung Jesu im Tempel, 40 Tage nach seiner Geburt, erinnert. Nonnen und Ordensschwestern halten während der Messe im Petersdom brennende Kerzen, die Christus, das »Licht der Welt«, symbolisieren. Mit dem Fest der Darstellung Jesu im Tempel endet die Weihnachtszeit. Ordensleute erneuern an diesem Tag ihr Gelübde.

DIE KARWOCHE, DIE AM PALMSONNTAG BEGINNT, IST DIE HEILIGSTE ZEIT IM LITURGISCHEN KALENDER.

DIE CHRISTEN GEDENKEN DER LETZTEN TAGE JESU, DIE MIT SEINEM EINZUG IN JERUSALEM BEGANNEN UND MIT KREUZIGUNG UND AUFERSTEHUNG AM OSTERSONNTAG ENDETEN. DIE KARWOCHE IST DER HÖHEPUNKT, DOCH DIE OSTERZEIT REICHT IM VATIKAN BIS PFINGSTEN, DEM 50. TAG NACH JESU AUFERSTEHUNG. MIT EINER MESSE IM PETERSDOM WIRD DER AUSGIESSUNG DES HEILIGEN GEISTES AUF DIE APOSTEL GEDACHT.

DIE OSTERZEIT

DAS FEST DER AUFERSTEHUNG CHRISTI

GRÜNDONNERSTAG >
Am Morgen des Gründonnerstag feiert der Papst im Petersdom die Chrisammesse und segnet die Gefäße mit den Salbölen, die während des Jahres beim Erteilen der Sakramente verwendet werden.

PALMSONNTAGSPROZESSION ^
Priester mit vom Papst gesegneten Ölzweigen führen die Prozession an, die vor der Messe zur Passion Christi stattfindet. Die Prozession erinnert an den Einzug Jesu in Jerusalem und an den jubelnden Empfang, den die Palmwedel und Ölzweige schwenkende Menge ihm bereitete.

Dein Kreuz, o Herr, verehren wir, und deine heilige Auferstehung preisen und rühmen wir: Denn siehe, durch das Holz des Kreuzes kam Freude in alle Welt.

CRUCEM TUAM, ANTIPHON (WECHSELGESANG) AUS DER KARFREITAGSLITURGIE

KARFREITAGSLITURGIE IM PETERSDOM >
Papst Benedikt XVI. wirft sich während der Feier der Passion Christi am Karfreitag zur Ehrung des Kreuzes zu Boden. Dieser Akt der Buße erinnert an den Augenblick des Kreuzestodes Jesu.

KREUZWEGPROZESSION ^
Tausende von Pilgern haben sich im Schatten des Kolosseums in Rom versammelt. Der Papst führt die traditionelle Kreuzwegprozession an, mit der am Karfreitagabend des Leidenswegs Christi auf den Kalvarienberg gedacht wird.

OSTERVIGIL › Papst Benedikt XVI. präsentiert während der Ostervigil im Petersdom das Neue Testament.

OSTERSEGEN ⌃ Am Ostersonntagmorgen versammeln sich Tausende Pilger und Römer auf dem Petersplatz und in den Straßen um den Vatikan, um die traditionelle Osteransprache des Papstes zu hören und den österlichen Segen *Urbi et Orbi* (Der Stadt und dem Erdkreis) zu empfangen, den der Papst vom Balkon des Petersdoms erteilt.

Ich schwöre, treu, redlich und ehrenhaft zu dienen dem regierenden Papst und seinen rechtmäßigen Nachfolgern, und mich mit ganzer Kraft für sie einzusetzen, bereit, wenn es erheischt sein sollte, selbst mein Leben für sie hinzugeben …

AUS DEM EID DER SCHWEIZERGARDE

VEREIDIGUNG DER GARDISTEN >
Mit drei zu Ehren der heiligen Dreifaltigkeit erhobenen Fingern und mit der linken Hand die Gardefahne berührend, schwört jeder Rekrut, den vom Gardekaplan verlesenen Schwur »gewissenhaft und treu« zu halten.

VEREIDIGUNGSZEREMONIE DER SCHWEIZERGARDE ^
In voller Montur und mit Hellebarden marschieren Soldaten der päpstlichen Schweizergarde zur jährlichen Feier der Vereidigung neuer Rekruten. Diese wohl farbenprächtigste Zeremonie im vatikanischen Jahr findet am 6. Mai statt – zu Ehren der 147 Schweizergardisten, die bei der Plünderung Roms *(sacco di Roma)* 1527 im Kampf für Papst Klemens VII. starben.

Danach aber wird es geschehen, dass ich meinen Geist ausgieße über alles Fleisch … eure Alten werden Träume haben und eure jungen Männer haben Visionen. JOËL 3,1

PFINGSTMESSE IM PETERSDOM >
Papst Benedikt XVI. reicht während der Messe im Petersdom einer Ordensschwester die Hostie. Das Pfingstfest erinnert an die Ausgießung des Heiligen Geistes auf die Apostel, 50 Tage nach der Auferstehung Christi.

PFINGSTVIGIL AUF DEM PETERSPLATZ ^
Jugendliche Begeisterung brandet auf, als Papst Benedikt XVI. während der Vigil am Vorabend von Pfingstsonntag auf dem Petersplatz erscheint. Mitglieder katholischer Organisationen und Jugendverbände aus aller Welt versammeln sich jedes Jahr im Vatikan, um an dieser Messe teilzunehmen.

WÄHREND DER HEISSEN SOMMERMONATE EBBT DIE PERMANENTE GESCHÄFTIGKEIT IM VATIKAN LANGSAM AB, UND DER PAPST VERLÄSST ROM. SEIN SOMMERSITZ IN CASTEL GANDOLFO IN DEN ALBANER BERGEN LIEGT 20 KM SÜDÖSTLICH VON ROM. DAS FEST DER APOSTEL PETER UND PAUL AM 29. JUNI LEITET DIE SOMMERPAUSE IM VATIKAN EIN. ALLERDINGS KOMMT DER PAPST JEDEN MITTWOCH NACH ROM, UM DEN PILGERN, DIE AUCH IM SOMMER IN DEN VATIKAN STRÖMEN, EINE GENERALAUDIENZ ZU GEWÄHREN.

SOMMER UND HERBST

DAS VATIKANISCHE JAHR NACH PFINGSTEN

ABSCHLUSS DES MARIENMONATS >
Papst Benedikt XVI. spricht zu Pilgern und Gläubigen, die sich an der Grotte von Lourdes in den Vatikanischen Gärten versammelt haben, um den Marienmonat mit einer Andacht zu beenden.

MARIENMONAT MAI ^
Messdiener mit Fackeln führen Andächtige in einer Prozession durch die Vatikanischen Gärten zur Lourdes-Grotte, einem Schrein, der der Höhle bei Lourdes nachgebildet ist, in der die Jungfrau Maria 1858 der jungen Bernadette Soubirous 18 Mal erschienen ist. Mit dem Fest Mariä Heimsuchung (31. Mai) findet der Marienmonat seinen Abschluss.

… wer bei euch groß sein will, der soll euer Diener sein, und wer bei euch der Erste sein will, soll der Sklave aller sein.

MARKUS 10,43–44

RITUS DER PRIESTERWEIHE ›
Während ihrer Ordination werfen sich die Diakone vor dem Altar zu Boden. Während sie ausgestreckt daliegen, beten die Gläubigen die Allerheiligenlitanei für sie.

PRIESTERWEIHE IM PETERSDOM ˄
Junge Diakone, kurz vor ihrer Priesterweihe durch Papst Benedikt XVI., stehen bereit, dem Bischof von Rom Gehorsam und Ehelosigkeit zu geloben. Jedes Jahr bereiten sich Hunderte junger Männer aus aller Welt in Rom auf das Priesteramt vor und viele von ihnen empfangen das Sakrament der Priesterweihe vom Papst. Die Ordinationsfeiern finden zu verschiedenen Zeiten das ganze Jahr hindurch statt.

FRONLEICHNAMSPROZESSION >
Ein feierlicher Festzug von Gläubigen, angeführt von Papst Benedikt XVI., trägt die juwelengeschmückte Monstranz mit dem Allerheiligsten durch die Straßen Roms.

EUCHARISTISCHER SEGEN ^
Während einer kurzen Zeremonie auf den Stufen der Basilika S. Maria Maggiore hebt Papst Benedikt XVI. die Monstranz mit der geweihten Hostie – dem ungesäuerten Brot, das in der Eucharistie (Wandlung) zum Leib Christi geworden ist – empor und erteilt den Eucharistischen Segen. Prozession und Segen sind der Abschluss des Fronleichnamsfestes zur Feier des Opfers Christi und des Wunders der Eucharistie, das 60 Tage nach Ostern gefeiert wird.

Du bist Petrus und auf diesen
Felsen werde ich meine
Kirche bauen ... MATTHÄUS 16,18

ÜBERGABE DES PALLIUMS >
Papst Benedikt XVI. übergibt einem neu berufenen Erzbischof das Pallium. Das aus Wolle gewebte Band, das Amtszeichen eines Metropoliten, symbolisiert seine Aufgabe, Hirte seiner Herde zu sein.

HOCHFEST PETER UND PAUL ^
Benedikt XVI. segnet die Bischöfe nach der Messe, die am 29. Juni im Petersdom zum Gedenken an die Martyrien der Apostel Petrus und Paulus gefeiert wird. An diesem Tag erhalten die im vergangenen Jahr berufenen Erzbischöfe das Pallium. Dieses Symbol ihres Amtes kann nur der Papst verleihen. Am Vorabend dieses Feiertags zelebriert der Papst eine Messe zu Ehren der Apostel in der Basilika St. Paul vor den Mauern.

PÄPSTLICHER SEGEN >
Papst Benedikt XVI. segnet die Gläubigen und Zuschauer, die sich auf dem Petersplatz in Erwartung der liturgischen Feier einer Heiligsprechung versammelt haben.

KANONISIERUNGSMESSE AUF DEM PETERSPLATZ ^
Pilger und Gläubige füllen den Platz während des Rituals einer Heiligsprechung, dem Abschluss eines langen, kirchenrechtlichen Verfahrens, durch das der Vatikan einen Menschen als Heiligen anerkennt. Heiligsprechungen ergänzen den Kalender vatikanischer Feste in unregelmäßiger Folge. Werden beliebte Personen heiliggesprochen, kann die Zeremonie große Menschenmengen anziehen. So versammelten sich 2001 über eine halbe Million Pilger, um der Heiligsprechung des italienischen Mystikers Padre Pio beizuwohnen.

MITTAGSSEGEN >
Benedikt XVI. erscheint am Fenster seiner Privatgemächer im Apostolischen Palast und erteilt den unten auf dem Petersplatz Versammelten an Allerheiligen den Mittagssegen.

ALLERHEILIGEN ^
Papst Benedikt XVI. erteilt einer Gruppe Nonnen den Segen, als er nach der Allerheiligenmesse den Petersdom verlässt. Das Fest findet am 1. November zu Ehren aller bekannten und unbekannten Heiligen im Himmel statt. Am Tag darauf wird das Fest Allerseelen begangen: Es gilt allen verstorbenen Gläubigen, deren Seelen noch nicht geläutert sind und die deshalb den Himmel noch nicht erreicht haben.

GESCHICHTE

GLAUBE UND MACHT

Seit nahezu zwei Jahrtausenden beeinflusst das Papsttum das Leben von Millionen Menschen. Der hl. Petrus war der Erste, dem die Sorge für die christliche Gemeinschaft aufgetragen wurde. Seine Nachfolger, die Bischöfe von Rom – die seit dem 4. Jahrhundert den Titel »Papst« führten –, nahmen diese Verantwortung mit unterschiedlichem Erfolg wahr. Nicht immer beschränkten die Päpste ihre Macht auf den Bereich des Spirituellen. Über 1000 Jahre lang waren sie bedeutende Mitspieler in den Machtkämpfen im westlichen Europa, sie krönten Kaiser und legten Streitigkeiten zwischen den Herrscherhäusern bei. Im 18. und 19. Jahrhundert schwand der weltliche Einfluss der Päpste. In unserer Epoche erfuhr das Amt eine Neubewertung: Der Papst gilt heute als moralische Autorität für einen erheblichen Teil der Weltbevölkerung.

DIE RÖMISCHE ÄRA

VON DER CHRISTENVERFOLGUNG ZUR STAATSRELIGION, 32–606

NACH DER KREUZIGUNG JESU ÜBERNAHM PETRUS, DEM JESUS SYMBOLISCH DEN SCHLÜSSEL ZUM HIMMEL ÜBERGEBEN HATTE, DIE LEITUNG DER JUNGEN CHRISTENGEMEINDE. WIE VIELE DER IHM NACHFOLGENDEN PÄPSTE STARB ER DEN MÄRTYRERTOD. TROTZ BITTERER VERFOLGUNG DURCH DIE RÖMISCHEN KAISER WUCHS DIE KIRCHE, UND ENDE DES 4. JAHRHUNDERTS WAR DAS CHRISTENTUM ZUR STAATSRELIGION DES RÖMISCHEN REICHS GEWORDEN UND VERBREITETE SICH ÜBER DESSEN GRENZEN HINAUS.

um 32–67

PETRUS

um 67–76

LINUS

um 88–97

KLEMENS I.

um 155–166

ANICETUS

SCHON VOR JESU TOD AM KREUZ um das Jahr 30 war der Fischer aus Galiläa, **Petrus** genannt, zu einem führenden Schüler Jesu geworden. Nach den Evangelien war es Jesus selbst, der ihm diesen Namen gab, der auf Lateinisch »der Felsen« bedeutet. Auf ihn wollte er seine Kirche bauen. Häufig trat Petrus als Leiter und Sprecher des Jüngerkreises auf. In dieser Position sowie in seinem Wirken als erster Bischof von Rom wurzelt das Amt des Papstes als Oberhaupt der römisch-katholischen Kirche.

Über das Leben Petri nach Jesu Tod wissen wir wenig. Der Überlieferung zufolge verließ er Jerusalem und ging zunächst nach Antiochia (heute Türkei), später kam er nach Rom. Auch zu seinem Tod gibt es keine Primärquellen, doch nach den frühesten Überlieferungen starb er im Circus von Kaiser Nero und wurde auf einem nahe gelegenen Friedhof begraben. Ebendort, so heißt es, wo heute der Petersdom steht.

CHRISTENVERFOLGUNG UNTER NERO

Damals lag der Hügel des Vatikans vor den Stadtmauern Roms in einer mückenverseuchten Gegend, in der Wein angebaut wurde. Der Circus stand in dem Tal zwischen Janiculum und Vatikanhügel, das manchmal vom Tiber überflutet wurde. Am 18. Juli 64 brach der Brand von Rom aus, der große Teile der Stadt vernichtete. Der römische Historiker Tacitus schreibt: Nero beschuldigte die »im Volk verhassten Chrestianer«, »belegte sie mit ausgesuchtesten Strafen … trieb noch seinen Spott mit ihnen … dass sie in Felle wilder Tiere gehüllt, von Hunden zerfleischt umkamen oder ans Kreuz genagelt und zum Feuertod bestimmt … wurden«. Vermutlich war auch Petrus unter den Opfern. Einigen Quellen zufolge wurde er auf seinen Wunsch mit dem Kopf nach unten gekreuzigt: Sein Tod sollte sich vom Kreuzestod Jesu unterscheiden.

DIE APOSTOLISCHE NACHFOLGE

Die Christen, die diese erste Christenverfolgung von staatlicher Seite überlebt hatten, brauchten eine neue Führung, Priester und Gläubige, so die Überlieferung, wählten einen Nachfolger. Heute geht man davon aus, dass die junge Kirche zunächst von einem Priesterkollegium, möglicherweise mit einem Oberhaupt, geleitet wurde. Ende des 2. Jh. stellte Bischof Irenäus von Lyon eine Liste der Bischöfe von Rom in chronologischer Reihenfolge auf. Diese Liste wurde fortgeführt, und bis heute beruft sich der Vatikan auf eine ununterbrochene »apostolische Nachfolge«, vom Apostel Petrus über dessen Nachfolger **Linus** bis zu Papst Benedikt XVI.

Als Judäa gegen die Herrschaft Roms rebellierte, zerstörten die Römer (im Jüdischen Krieg, 66–73) Jerusalem. Damit wurde Rom zum bedeutendsten christlichen Zentrum. Als

< FEST DES HL. PETRUS
Zum Fest des hl. Petrus am 29. Juni wird die Bronzestatue, die im Hauptschiff des Petersdoms steht, jedes Jahr mit prächtigen päpstlichen Gewändern geschmückt.

> Ich werde dir die Schlüssel des Himmelreichs geben; was du auf Erden binden wirst, das wird auch im Himmel gebunden sein, und was du auf Erden lösen wirst, das wird auch im Himmel gelöst sein.
>
> JESUS ZU PETRUS, MATTHÄUS 16, 19

189–199

VIKTOR I.

217–222

CALIXTUS I.

230–235

PONTIANUS

236–250

FABIAN

Nachfolger Petri genossen die Bischöfe von Rom, um 384 zum ersten Mal Papst genannt *(S. 43)*, in der gesamten Christenheit großes Ansehen und Einfluss. Gegen Ende des 1. Jh. griff **Klemens I.** in einen theologischen Streit in Korinth ein – von da an gewannen die Päpste zunehmend Lehrautorität in der Kirche.

DIE FRÜHE KIRCHE

Mit der Entwicklung der Kirche bildeten sich zwei weitere Kirchenämter heraus: Älteste (Presbyter) und Diakone. Um 250 existierte in Rom eine gegliederte Hierarchie, die die lokale Gemeinde verwaltete. An der Spitze stand der Bischof, dessen vornehmstes Amt es war, die Gemeinde zum Gebet und zur Feier der Eucharistie zu versammeln. Dabei wurde er von den Ältesten unterstützt, die die Eucharistie leiteten und die Verwaltung der Sakramente übernahmen. Die Diakone sorgten für Witwen, Waisen und Arme.

Eine einheitliche Kirchendisziplin und Liturgie gab es zu frühkirchlichen Zeiten noch nicht. Im Jahr 155 kam es zwischen Anicetus, dem Bischof von Rom, und Polykarp, dem Bischof von Smyrna (Türkei), zum Streit um das Datum des Osterfestes. Die Kontroverse konnte nicht beigelegt werden, auch nicht durch eine von **Viktor I.** in Rom einberufene Synode und andere Kirchentreffen. Noch gelang es nicht, die Lehrautorität der römischen Bischöfe durchzusetzen, der Osterstreit glimmte weiter.

Auch über Fragen der Moral entzweiten sich die Christen. **Calixtus I.**, 217 zum Bischof von Rom gewählt, befürwortete, auch schwere Sünder wie Ehebrecher oder Mörder wieder zum Abendmahl zuzulassen, wenn sie Reue zeigten. Der Presbyter Hippolyt dagegen bestand auf der Unverzeihlichkeit von Todsünden. Von seinen Anhängern zum Bischof von Rom gewählt, war er der erste Gegenpapst. Das Schisma währte bis 235, dann verbannte Kaiser Maximinus Thrax, unter dem eine neue Christenverfolgung begann, beide, Hippolyt und den regulären Bischof Pontianus, nach Sardinien, wo sie – versöhnt – an den Folgen der Zwangsarbeit in den Salzminen starben.

CHRISTENVERFOLGUNG UNTER KAISER DECIUS

Viele der ersten Bischöfe von Rom starben als Märtyrer. Um 250 erließ Kaiser Decius ein allgemeines Opfergebot. Wer keinen *libellus*, keine amtliche Bestätigung seines Opfers für Kaiser und heidnische Götter, vorweisen konnte, wurde verfolgt. Davon betroffen waren vor allem Juden und Christen, gegen deren Glauben solche Opfer verstießen. Einige beugten sich dem Druck, sie widerriefen ihren Glauben und verließen die Gemeinde, andere bezahlten ihre Weigerung mit dem Leben. So auch Bischof **Fabian**, der im Januar 250 von der kaiserlichen Garde umgebracht wurde. Da ein großer Teil der römischen Kirchenmänner zu dieser Zeit eingekerkert war, dauerte es 14 Monate, bis neue Wahlen abgehalten und der Bischofsstuhl wieder besetzt werden konnte.

> CHRISTENVERFOLGUNG Viele frühe Christen starben für ihren Glauben, verfolgt und gemartert durch die römischen Behörden. Manche wurden zur Volksbelustigung im Circus von wilden Tieren zerfleischt.

257–258

SIXTUS II.

283–296

CAIUS

296–304

MARCELLINUS

308–309

MARCELLUS I.

Der Tod Kaiser Decius' (251) bedeutete nicht das Ende der Verfolgung. Eine neue Welle begann unter Valerian. Eines der ersten Opfer war **Sixtus II.**, den der Kaiser köpfen ließ. Christen wurden hingerichtet oder ins Exil geschickt. Erst nach Valerians Tod 260 kam es zu einem vorübergehenden Frieden zwischen Kirche und Staat, dennoch soll auch **Caius** 296 den Märtyrertod gestorben sein. 303 kam es unter Kaiser Diokletian zur letzten und grausamsten Christenverfolgung. Bischof **Marcellinus** wurde gezwungen, sein Amt niederzulegen; erst vier Jahre später konnte ein Nachfolger, **Marcellus I.**, gewählt werden. Sein Pontifikat währte nur kurz: Weil er des Kaisers Unmut erregte, wurde er zur Bewachung der kaiserlichen Stallungen verurteilt.

KONSTANTIN DER GROSSE

Die staatliche Christenverfolgung endete erst mit dem Aufstieg Konstantins des Großen. Der Historiker Eusebius schildert Konstantins Vision am Vorabend der Schlacht an der Milvischen Brücke 312: Im Traum erschien ihm ein Kreuz zusammen mit den Worten »In diesem Zeichen wirst du siegen«. Er ließ ein Christusmonogramm auf seine Feldzeichen schreiben und gewann den Kampf gegen seinen Konkurrenten Maxentius, eroberte Rom und die westliche Kaiserkrone. Im Jahr darauf, 313, wurde mit dem Toleranzedikt von Mailand das Christentum anderen Religionen gleichgestellt.

Konstantin förderte das Christentum; er schenkte den Christen Land und Kirchen. Bischof **Militiades** übergab er den Lateranpalast, der bis ins 14. Jh. Residenz der Bischöfe von Rom blieb. Die angrenzenden Kasernen des Maxentius ließ er schleifen und an ihrer Stelle S. Giovanni in Laterano bauen, die erste christliche Basilika. Auch der Grundstein zum späteren Petersdom wurde gelegt: Über dem Petrusgrab wurde die Petersbasilika errichtet, die im 16. Jh. dem Petersdom wich. Wie wir aus dem seit dem 6. Jh. geführten *Liber Pontificalis,* einer Sammlung von Papstviten, wissen, unterhielt auch Militiades' Nachfolger **Silvester I.** enge Beziehungen zum Kaiser.

Während die Kirche im Westen von Konstantins Schirmherrschaft profitierte, erwies sich ihre Situation im Osten des Römischen Reichs als prekär. Zwar hatte sich Konstantin im Edikt von Mailand mit seinem Mitkaiser Licinius auf Religionsfreiheit für Christen auch in dessen Regierungsbereich geeinigt, trotzdem ließ Licinius sie von 320 an wieder verfolgen. Konstantin entsandte ein Heer unter dem Zeichen des Kreuzes; 324 hatte er die Macht auch im Ostteil des Reichs erobert.

< KONSTANTINS BEKEHRUNG
Nach seinem Biografen Eusebius erschien Konstantin ein Kreuz aus Licht, heller als die Sonne, dazu die Worte: »In hoc signo vinces« (In diesem Zeichen wirst du siegen). Konstantin verwendete das Christusmonogramm aus den griechischen Anfangsbuchstaben des Namens Christus, X (Chi) und P (Rho).

> Alle Völker, über die wir ... Regiment führen, sollen sich ... zu der Religion bekehren, die ... Petrus den Römern überliefert hat.
>
> AUS DEM EDIKT DES KAISERS THEODOSIUS, 380

311–314

MILTIADES

314–335

SILVESTER I.

366–384

DAMASUS I.

384–399

SIRICIUS

DER ARIANISCHE STREIT

Kaum war die Zeit der Verfolgungen vorüber, entbrannte innerhalb der Kirche selbst ein heftiger Streit. Auf einer Synode in Alexandria im Jahr 318 hatte Arius, ein Presbyter aus Alexandria, die Theologen in Aufregung versetzt, indem er die Position vertrat, dass Jesus als ein Geschöpf Gottes nicht selbst göttlich sei. Seine Lehre fand eine wachsende Anhängerschaft und die Einheit der Christen war in Gefahr. Um den Streit zu schlichten, berief Kaiser Konstantin 325 das Erste Konzil von Nizäa (heute Türkei) ein. Die versammelten Bischöfe verurteilten den Arianismus als ketzerisch: Im Nizänischen Glaubensbekenntnis wurde die Wesensgleichheit von Gott-Vater und Gott-Sohn festgeschrieben. Die Arianer erkannten diese Lehrentscheidung jedoch nicht an. Über ein Jahrhundert lang spaltete die Kontroverse Kirche und Reich.

STAATSRELIGION

Damasus I., der erste Bischof von Rom, der von diesem Amt als »Heiligem Stuhl« sprach, konnte mithilfe seiner guten Beziehungen zu Kaiser Theodosius erreichen, dass mit dem Edikt von Thessaloniki (380) das Christentum Staatsreligion im Römischen Reich wurde. Ein Jahrzehnt später wurden die heidnischen Tempel geschlossen, und es fanden dort keine Zeremonien mehr statt. Außerdem verzichtete der Kaiser auf den Titel des *Pontifex maximus*, als der er bislang an der Spitze des höchsten Priesterkollegiums des Kultes des römischen Staates gestanden hatte. Stattdessen beanspruchte Damasus' Nachfolger **Siricius** diesen Ehrentitel nun für den Bischof von Rom. Um seine Vorrangstellung unter den Bischöfen weiter auszubauen, setzte Siricius durch, dass Bischöfe künftig nur noch vom Heiligen Stuhl in ihr Amt eingesetzt werden durften. Ende des 4. Jh. war das Christentum als Staatsreligion fest etabliert, und es war die Religion mit den meisten Anhängern im Römischen Reich. Die Bischöfe von Rom, die nun Papst genannt wurden, waren als oberste (Lehr)Autorität der Christenheit weithin anerkannt.

∧ TOD DES HL. SEBASTIAN
Sebastian starb als Märtyrer während der Christenverfolgung unter Kaiser Diokletian. Über seinem Grab in den Katakomben ließ Papst Damasus I. die Basilika S. Sebastiano alle Catacombe errichten.

401–417

INNOZENZ I.

432–440

SIXTUS III.

440–461

LEO I.

468–483

SIMPLICIUS

Das 5. Jh. war eine Übergangszeit. Die Macht der römischen Kaiser schwand, die »Barbaren« eroberten Westeuropa. Schon 410 wurde auch die Stadt Rom belagert. Vergeblich bat **Innozenz I.** Kaiser Honorius, der in Ravenna residierte, um Hilfe. Mehrere Tage lang wurde die Stadt von den Westgoten unter König Alarich I. geplündert – die Stadt war zum ersten Mal seit 800 Jahren gefallen.

Doch die Westgoten blieben nicht in Italien, und die kaiserliche Herrschaft über Rom konnte wiederhergestellt werden. Papst **Sixtus III.** entfaltete eine bedeutende Bautätigkeit; unter anderem stiftete er die Basilika S. Maria Maggiore, eine der vier Patriarchalbasiliken in Rom. Die Plünderung blieb gleichwohl ein traumatisches Ereignis, zeigte sie doch, dass sich die Kirche auf den kaiserlichen Schutz nicht mehr verlassen konnte. Mit dem Zerfall des Imperiums versuchten die Päpste zunehmend, Führungsgewalt auch in weltlichen Angelegenheiten zu erringen.

LEO DER GROSSE

Leo I., der 440 in Abwesenheit zum Bischof von Rom gewählt wurde, weil er sich zu dieser Zeit im Namen Kaiser Valentians III. in diplomatischer Mission in Gallien befand, führte die Kirche zwei Jahrzehnte lang energisch und wirkungsvoll. Diplomatisch geschickt, konnte er verhindern, dass Attila, der König der Hunnen, seine Krieger von Norditalien nach Rom marschieren ließ. Und als 455 die Vandalen Rom plünderten, erreichte er in Verhandlungen mit ihrem König Geiserich, dass die Bevölkerung verschont blieb.

‹ GOLDMÜNZE JUSTINIANS I.
Die Gedenkmünze, die zur Erinnerung an Justinians Eroberungszüge in Italien und Nordafrika geprägt wurde, zeigt den Kaiser als Krieger zu Pferde und ihm vorhergehend eine geflügelte Viktoria.

Leo stärkte den Primatsanspruch der Päpste als Nachfolger Petri weiter. Auf dem Konzil von Chalcedon 451 verurteilte er den Monophysitismus, die christologische Position, dass Jesus nur eine Natur habe, nämlich eine göttliche, und nicht Gott und Mensch zugleich sei. Den Konzilsakten zufolge sollen die anwesenden Bischöfe in Anerkennung der Autorität Leos ausgerufen haben: »Petrus hat gesprochen durch den Mund von Leo!«

GOTENKÖNIGE UND BYZANTINISCHE KAISER

Der letzte in Rom regierende Kaiser, Romulus Augustus, wurde 476 von dem germanischer Heerführer Odoaker abgesetzt. Dieses Ereignis wird meist als Ende des Weströmischen Reichs betrachtet. Als arianischer Christ galt Odoaker in der römischen Kirche als Ketzer *(S. 43)*, gleichwohl räumte ihm Papst **Simplicius** das bislang von den römischen Kaisern wahrgenommene Recht ein, die gewählten Päpste in ihrem Amt zu bestätigen.

Das Oströmische oder Byzantinische Reich bestand noch Jahrhunderte weiter. Entschlossen, den Germanen das Westreich wieder zu entreißen, ließ der oströmische Kaiser Justinian I. 535 seine Truppen in Sizilien landen. Ostgotenkönig Theodahad bat Papst **Agapetus I.,** nach Konstantinopel zu reisen und Justinian von seinem Vorhaben abzubringen. Doch die Mission schei-

> Zerstöre so wenige Tempel wie möglich; zerstöre nur die Idole, besprenge sie mit Weihwasser, errichte Altäre und lege Reliquien in die Gebäude. PAPST GREGOR DER GROSSE, AN AUGUSTINUS VON CANTERBURY, UM 601

535–536

AGAPETUS I.

536–537

SILVERIUS

537–555

VIGILIUS

590–604

GREGOR I.

terte, der Papst geriet in einen offenen Konflikt mit dem Patriarchen von Byzanz, einem Anhänger des Monophysitismus. 536 zogen Justinians Truppen in Rom ein. Zwei Jahrzehnte lang wechselte die Stadt mehrfach die Hand, bis die Ostgoten 552 endgültig geschlagen waren. Mit Justinians Herrschaft über Italien wurden die Päpste in die byzantinische Kirchenpolitik hineingezogen, vor allem, was Justinians Bemühungen betraf, zu einer Einigung mit den Anhängern des im Osten weitverbreiteten Monophysitismus zu kommen. 537 wurde **Silverius** zugunsten von **Vigilius** abgesetzt, davor apostolischer Nuntius in Konstantinopel. Das Versprechen, sich in Rom für den Monophysitismus einzusetzen, hatte ihm kaiserliche Unterstützung gesichert, doch Vigilius erreichte nichts und wurde 545 verhaftet und nach Konstantinopel gebracht.

GREGOR DER GROSSE

Die byzantinische Herrschaft über Italien währte nur kurz. Bald nach Justinians Tod (565) bedrohten die Langobarden von Norditalien aus Rom und überfielen die päpstlichen Besitzungen. Zudem suchten Seuchen und Überschwemmungen die Stadt heim. Da wurde ein Mann zum Papst gewählt, der die Kirche sicher durch Notzeiten und politisch unsichere Verhältnisse zu steuern wusste: **Gregor I.** Zum Zeitpunkt seiner Wahl, 590, war er Mönch. Davor war er Präfekt von Rom und als Gesandter des Papstes in Konstantinopel gewesen. Er nutzte seine Kenntnisse, um die Verwaltung Roms zu reorganisieren und der Stadt zu einem wirtschaftlichen Aufschwung zu verhelfen. Er ordnete den Grundbesitz der Kirche und bereitete so den späteren Kirchenstaat vor. Gregor, auch »Mönchspapst« genannt, bezeichnete sich selbst als »Knecht der Knechte Gottes«; in diesem Sinn leitete er die geistlichen und diakonischen Aufgaben der Kirche. Er soll selbst durch die überflutete Stadt gerudert sein, Nahrungsmittel verteilt und Obdachlose gerettet haben.

Seine liturgischen Reformen umfassten die Einführung der Chöre in Petersbasilika und Laterankirche. Die vielleicht bedeutsamste Nachwirkung seines Pontifikats entsprang der Erkenntnis, dass die Kirche sich in Zukunft mit den erstarkenden Königreichen in Westeuropa verbinden musste. Mit der Aussendung Augustinus' von Canterbury nach England initiierte er die Missionierung der Angelsachsen, Franken und Germanen. So legte er den Grund für das christliche Mittelalter.

< **LEGENDE ZUR ENGELSBURG**
Der Erzengel Michael erscheint Gregor dem Großen über der Engelsburg und steckt ostentativ sein Schwert in die Scheide zum Zeichen des Endes der Pestepidemie.

DAS FRÜHE MITTELALTER

KONSOLIDIERUNG, VERFALL, REFORM, 607–1159

NACH UND NACH TRATEN DIE VÖLKER EUROPAS ZUM CHRISTENTUM ÜBER, UND DIE PÄPSTE WANDTEN SICH VON DEN KAISERN DES OSTRÖMISCHEN REICHS AB UND SUCHTEN DIE ALLIANZ MIT DEM NEUEN CHRISTLICHEN REICH, DAS FRANKENKÖNIG KARL DER GROSSE IM 9. JAHRHUNDERT SCHUF. DOCH JE MEHR DER HEILIGE STUHL ZUR BEUTE SICH BEFEHDENDER RÖMISCHER ADELSFAMILIEN WURDE, VERLOR DAS PAPSTTUM AN EINFLUSS. GEGEN ENDE DES FRÜHMITTELALTERS GELANG ES EINIGEN STARKEN, REFORMBEREITEN PÄPSTEN DER KIRCHE NEUE KRAFT UND DEM PAPSTTUM NEUE ORIENTIERUNG ZU GEBEN.

607

BONIFATIUS III.

649–655

MARTIN I.

654–657

EUGEN I.

657–672

VITALIAN

731–741

GREGOR III.

IM FRÜHEN MITTELALTER war Italien zerrissen und politisch instabil. Den Kaisern von Byzanz waren nur kleine Territorien rund um Rom und Ravenna geblieben und der schmale Korridor, der sie verband. Die Umgebung war besetzt von den Langobarden, Heiden oder arianische Christen, die dem Papst in Rom keine Treue schuldeten.

Zwischen dem Todesjahr Gregors des Großen (604) und der Wahl Martins I. (649) lösten zehn Päpste einander ab. Jeder Papst musste nach seiner Wahl und vor seiner Krönung vom Kaiser bestätigt werden, was bis zu einem Jahr dauern konnte. Auch **Bonifatius III.**, der über ausgezeichnete Beziehungen zum Kaiserhof verfügte, wartete fast zwölf Monate. 607 im Amt bestätigt, starb er bereits neun Monate später. Immerhin gelang es ihm, ein kaiserliches Dekret zu erwirken, in dem Rom als »Haupt der gesamten Kirche« bezeichnet wurde.

SPANNUNGEN MIT BYZANZ

Martin I. ließ sich 649 direkt nach seiner Wahl zum Papst krönen – ohne kaiserliche Bestätigung. Als er auf einer Lateransynode am Kaiserhof vertretene theologische Auffassungen kritisierte, schritt Kaiser Konstans II. ein. 653 wurde der Papst, der sich allen Mahnungen widersetzte, verhaftet und in einem Käfig nach Konstantinopel gebracht. Nach Monaten der Einzelhaft und an der Ruhr erkrankt, kam er vor Gericht und wurde als Aufrührer und Ketzer zum Tod verurteilt, dann aber begnadigt und auf die Krim verbannt, wo er kurz darauf starb. Noch zu seinen Lebzeiten wurde in Rom ein Nachfolger gewählt und als **Eugen I.** zum Papst gekrönt. Eugens Versuche, Rom und Konstantinopel zu versöhnen, scheiterten. Erst unter seinem Nachfolger **Vitalian** besserten sich die Beziehungen wieder. 726 aber löste Kaiser Leo III. mit seinen Aufforderungen, sämtliche Bildwerke aus den Kirchen zu entfernen, eine neue Krise aus. Papst **Gregor II.** stellte sich gegen den Kaiser: Es sei nicht die Aufgabe weltlicher Herrscher, sich in religiöse Fragen zu mischen. So führten theologische Auseinandersetzungen wie auch die Tatsache, dass die Abwehr der islamischen Araber, die das Reich bedrohten, die Kaiser von Byzanz stark in Anspruch nahm, zu einer Neuorientierung Roms nach Westen.

KONSTANTINISCHE SCHENKUNG

Mit dem Schwinden der kaiserlichen Macht in Italien fiel es den Päpsten immer schwerer, sich gegen ihre germanischen Nachbarn zur Wehr zu setzen. Auf der Suche nach einem Verbündeten appellierte **Gregor III.** 739 erfolglos an Karl Martell, den Herrscher des Fränkischen Reiches. Nachdem die Langobarden Ravenna erobert hatten, unternahm **Stephan II.** einen weiteren Versuch, den fränkischen König zu einem Bündnis zu bewegen. 754 reiste er in die königliche Residenz Ponthion. In den Verhandlungen mit Pippin dem Jüngeren berief er sich auf eine Urkunde, nach der Kaiser Konstantin bei der Verlegung seiner Residenz nach Konstantinopel im 4. Jahrhundert dem Papst und seinen Nachfolgern zum Dank für die Spendung der

LANGOBARDISCHES KREUZ
Mit der Sesshaftwerdung und den Reichsgründungen der Völker Europas erblühte das religiöses Kunsthandwerk, wie dieses mit Juwelen besetzte Kreuz aus Oberitalien belegt.

> Vor allen sonstigen verehrungswürdigen und heiligen Stätten verehrte er die Kirche des heiligen Petrus zu Rom …
>
> EINHARD, *VITA KAROLI MAGNI*, UM 820

752–757

STEPHAN II.

772–795

HADRIAN I.

795–816

LEO III.

817–824

PASCHALIS I.

828–844

GREGOR IV.

Taufe und die Heilung von der Lepra durch Papst Silvester die kaiserlichen Insignien sowie die Herrschaft über Rom und alle Provinzen im westlichen Teil des Reiches überlassen haben sollte. Das Schriftstück, das als »Konstantinische Schenkung« bekannt wurde, diente dem Papsttum das ganze Mittelalter hindurch zur Legitimierung seiner Macht- und Besitzansprüche, bis Wissenschaftler 1440 seine Unechtheit bewiesen.

Von Papst Stephan II. gedrängt, überquerte Pippin die Alpen und führte in Norditalien 754 und 756 zwei erfolgreiche Feldzüge gegen die Langobarden. Die ehemals römisch-byzantinischen Gebiete, die er eroberte, überließ er dem Papst. Die »Pippinsche Schenkung« schuf die Grundlage des Kirchenstaats, in dem die Päpste auch als Territorialherren regierten.

EIN NEUES RÖMISCHES REICH

Die Allianz zwischen den Päpsten und den Frankenkönigen gewann mit deren Aufstieg weiter an Bedeutung. 768 bestieg Pippins Sohn Karl den Thron, und während seiner fast fünfzigjährigen Regentschaft erreichte das Frankenreich seine größte Ausdehnung. Sein Ruf als gerechter Herrscher, seine Feldzüge und seine Frömmigkeit trugen Karl den Beinamen »der Große« ein. 773 führte auch er, von Papst **Hadrian I.** gerufen, Krieg gegen die Langobarden, ließ sich zu ihrem König krönen und bestätigte die Schenkung seines Vaters.

Karl der Große stand fest zur römischen Kirche, deren Liturgie und Riten er landesweit einheitlich durchsetzte. Wie Konstantin der Große schätzte er die einigende Macht der Religion. Er reformierte die fränkische Kirche, verbesserte die Ausbildung des geistlichen Standes und erließ neue Gesetze zur Bekämpfung von Amtsmissbrauch und Irrlehren.

Als Papst **Leo III.**, vom römischen Adel des Ehebruchs und anderer Vergehen angeklagt, während einer Prozession fast erschlagen worden wäre, floh er 799 an den Hof Karls in Paderborn. Einige Monate später reiste der König, der sah, dass der Streit aus der Ferne nicht zu schlichten war, selbst nach Rom und wurde dort am 25. Dezember 800 in der Petersbasilika vom Papst zum »Kaiser der Römer« gekrönt. Damit begann die Verbindung zwischen den Päpsten und den Herrschern des später als Heiliges Römisches Reich bezeichneten Imperiums. So erwünscht und angestrebt dieses Verhältnis zu Anfang war, so großen Spannungen war es im Laufe der Zeit ausgesetzt.

> **KARLSSCHREIN**
Dieses Reliquar aus dem Aachener Dom zeigt Karl den Großen zwischen Papst Leo III. und Bischof Turpin.

847–855

LEO IV.

872–882

JOHANNES VIII.

891–896

FORMOSUS

903

LEO V.

Im August 846 tauchte, von Nordafrika kommend, eine islamische Kriegsflotte in der Tibermündung auf. Vom alten Getreidehafen im griechischen Viertel aus plünderten die Sarazenen Rom. Als sie nach drei Tagen wieder abzogen, hatten die sie Kirchen Roms, insbesondere die Grabkirchen der Heiligen Petrus und Paulus, aller ihrer Schätze beraubt.

Somit war es eine der vordringlichen Aufgaben des 847 gewählten Papstes **Leo IV.**, die Stadt vor erneuten Überfällen zu schützen. Er ließ die Tibermündung und den Westteil der Stadt rund um St. Peter mit der Leoninischen Mauer und einer Reihe von Wehrtürmen befestigen, Reste sind in den Vatikanischen Gärten bis heute erhalten. Noch während der Bauarbeiten kam die Nachricht, dass sich vor Sardinien eine neue sarazenische Flotte sammelte. Gemeinsam mit anderen italienischen Hafenstädten stellte der Papst eine eigene Seestreitmacht auf und führte sie in die Seeschlacht von Ostia (849). Ein Sturm zerstreute die sarazenischen Schiffe, während sich die christlichen in den befestigten Hafen zurückziehen konnten. Nach dem Sturm gelang es, die Angreifer vollends zu besiegen. Die Gefangenen wurden beim Bau der Stadtmauer als Sklaven eingesetzt.

> **SEESCHLACHT VON OSTIA**
Raffaels Fresko im Apostolischen Palast zeigt, wie die in der Schlacht gefangen genommenen Sarazenen vor Papst Leo IV. geführt werden.

NIKOLAUS DER GROSSE

Wenig Ruhmreiches ist von den Päpsten des 9. und 10. Jh. zu berichten – mit Ausnahme **Nikolaus' I.**, 858 ins Amt gewählt. Er gilt als Erneuerer der Papstmacht, nicht nur, weil er die Ernennung des Photius zum neuen Patriarchen von Konstantinopel durch den byzantinischen Kaiser ablehnte und Photius exkommunizierte. Ebenso entschlossen zeigte er sich gegenüber Bischöfen, denen er laxe Amtsführung vorwarf. Dem Bischof von Ravenna drohte er mit Amtsenthebung und Exkommunikation, sollte er nicht bereit sein, sich der päpstlichen Autorität zu unterwerfen, und er scheute auch den Konflikt mit dem mächtigen Erzbischof Hinkmar von Reims nicht. Selbst in Staatsgeschäfte mischte sich Nikolaus I. ein. Im Ehestreit des fränkischen Königs Lothar II. löste er ein Konzil, das die Scheidung gebilligt hatte, kurzerhand auf und annullierte dessen Beschlüsse. Trotz der anschließenden Belagerung Roms durch die Franken hielt er an seiner Entscheidung fest.

GEWALT UND MORD

Das ausgehende 9. Jh. war gekennzeichnet durch einen dramatischen Niedergang der päpstlichen Macht. Der Heilige Stuhl verkam zum Spielball im Konkurrenzkampf der römischen Adelsfamilien. 882 geschah das Undenkbare: Papst **Johannes VIII.** wurde von Mitgliedern seines eigenen Hofstaats vergiftet und zu Tode geprügelt,

904–911	914–928	931–935	1012–1024

SERGIUS III.	JOHANNES X.	JOHANNES XI.	BENEDIKT VIII.

der erste Mord an einem Papst. Doch es kam noch schlimmer. Ein schockierender Tiefpunkt war die »Leichensynode« von 897. Papst **Stephan VI.** ließ den Leichnam seines acht Monate zuvor gestorbenen Vorgängers **Formosus** exhumieren und die verwesende Leiche, angetan mit einem päpstlichen Gewand, im Synodensaal des Lateran aufbahren, wo ihr der Prozess gemacht wurde. Des Eidbruchs und der Usurpation für schuldig befunden, wurde die Leiche des Ornats wieder entkleidet und in den Tiber geworfen. Noch im gleichen Jahr wurde Stephan selbst vom aufgebrachten Mob erwürgt.

Fünf Päpste folgten einander in nur acht Jahren. **Leo V.** war erst einen Monat im Amt, da ließ sich einer seiner eigenen Kleriker, Christophorus, zum Gegenpapst aufstellen. 904 wurde noch ein neuer Papst gewählt. **Sergius III.** marschierte auf Rom und ließ Christophorus und Leo festsetzen. Beide wurden im päpstlichen Kerker erdrosselt.

MAROZIA UND DIE TUSKULANER

Gleichzeitig setzten die Araber ihre Angriffe in Mittelitalien weiter fort. **Johannes X.**, ehemaliger Erzbischof von Ravenna und 914 zum Papst gewählt, versammelte ein Armee italienischer Fürsten um sich und führte sie in die Schlacht am Garigliano. Nach seinem Sieg krönte er seinen karolingischen Verbündeten Berengar I. zum Kaiser. Unter dessen Schutz konnte er sich immerhin über ein Jahrzehnt in Rom behaupten, doch 928 starb auch dieser Papst im Kerker der Engelsburg. Die tatsächliche Macht lag in den Händen der Adeligen Marozia aus dem Hause der Tuskulaner und durch Heirat Herzogin von Spoleto; die Päpste dieser Zeit waren nicht viel mehr als ihre Marionetten. 931 sorgte sie dafür, dass ihr Sohn als **Johannes XI.** den päpstlichen Thron bestieg. Er war, so berichtet es das *Liber Pontificalis*, der illegitime Sohn Papst Sergius' III. Für eine lange Zeit herrschten nun zunächst die Tuskulaner, später die Crescentier über Rom.

Doch nicht allen Päpsten dieser Ära fehlte es an Glauben oder Prinzipien. **Benedikt VIII.** etwa, ein Tuskulaner und 1012 zum Papst gewählt, berief, unterstützt von Kaiser Heinrich II., die Synode von Pavia ein, die wichtige Dekrete zur Kirchenreform verabschiedete, darunter einer Erneuerung des Zölibats und Vorschriften gegen die Simonie (den Verkauf von Kirchenämtern). Benedikt war auch ein starker Befürworter der Reformbewegung der Mönchsorden. Wirkliche moralische und geistliche Führungskraft gewannen die Päpste jedoch erst wieder, als sie sich aus dem Griff des römischen Adels befreien konnten.

< BRAND IM BORGO
Dieses Fresko von Raffael zeigt die Feuersbrunst, die 847 nahe des Vatikans tobte. Der Legende zufolge konnte Leo IV. das Feuer auf wunderbare Weise durch sein Gebet stillen.

> Der römische Papst allein kann mit Recht universal genannt werden … er allein kann Bischöfe absetzen und wieder einsetzen.
>
> AUS DEN *DICTATUS PAPAE* (LEITSÄTZEN) GREGORS VII., 1075

1049–1054

LEO IX.

1061–1073

ALEXANDER II.

1073–1085

GREGOR VII.

1088–1099

URBAN II.

Der deutsche König Heinrich III. zog 1046 über die Alpen und beendete die politischen Turbulenzen in Rom, wo drei Konkurrenten aus verschiedenen Adelsfamilien um den Thron des Papstes rangen. Heinrich setzte die streitenden Päpste ab und erhob einen deutschen Bischof zum Papst, **Klemens II.**, der jedoch bereits nach neun Monaten starb. Nach dem Tod seines Nachfolgers, ebenfalls ein Deutscher, nominierte Heinrich seinen Vetter für das Pontifikat, der sich 1049 widerstrebend als **Leo IX.** krönen ließ.

REFORM UND SCHISMA

Der neue Papst ging entschlossen gegen die römischen Adelsfamilien vor, deren Machtkämpfe dem Papsttum so sehr geschadet hatten. Er reformierte die Kirche und ihre Verwaltung, bekämpfte Priesterehe, Laieninvestitur und Simonie. Mit Reisen in entlegene Gebiete stärkte er die päpstliche Autorität und versammelte ein Kardinalskollegium und namhafte Kirchenreformer um sich, unter ihnen der Mönch Hildebrand, der später – als Papst Gregor VII. – ein eigenes Kapitel in der Geschichte der Kirchenreformen schreiben sollte.

Dem Wiedererstarken des päpstlichen Einflusses im Westen standen zunehmende Differenzen mit Konstantinopel gegenüber. Der Konflikt spitzte sich zu, als Leo IX. in Süditalien, wo man sich bis dahin an der Ostkirche orientierte, den lateinischen Ritus einführen wollte. Der Patriarch von Konstantinopel ordnete daraufhin seinerseits den byzantinischen Ritus auch für die lateinischen Kirchen in Konstantinopel an. 1054 reiste eine Delegation unter Leitung von Kardinal Humbert zu Verhandlungen nach Konstantinopel. Als keine Einigung zustande kam, legte Humbert in der Hagia Sophia eine Exkommunikationsbulle gegen den Patriachen Michael Kerullarios nieder. Im Gegenzug bannte dieser die Verfasser der Bulle. Der Bruch zwischen Rom und Konstantinopel war endgültig.

KREUZ AUS BYZANZ Das Byzantinische Reich war ein Zentrum der Kunst, wie dieses wundervolle Kreuz mit einem Bildnis von Maria zeigt.

INVESTITURSTREIT

Mit einem Papstwahldekret, das die Wahl den sieben Kardinälen übertrug, versuchte Leos Nachfolger **Nikolaus II.** den Einfluss des römischen Adels weiter zurückzudrängen. Das verhinderte allerdings nicht, dass nach Papst **Alexanders II.** Tod das römische Volk auf die Straße ging und den Archidiakon Hildebrand, den einflussreichsten Mann an der Kurie, zum Papst ausrief. **Gregor VII.**, 1073 gekrönt, wurde zu einer der prägenden Persönlichkeiten des Mittelalters.

Vor allem anderen bekämpfte Gregor die Laieninvestitur. Bischöfe und Äbte wurden bis dahin vom Landesherrn eingesetzt, was daher rührte, das mit dem kirchlichen Amt oft umfangreiche Besitzungen verbunden, die Geistlichen also auch Territorialherren waren. Gregor sah das Recht der Investitur allein bei der Kirche. Als König Heinrich IV. den Mailänder Bischofsstuhl neu besetzen wollte, widersprach Gregor. Heinrich brachte die deutschen Bischöfe auf seine Seite: Sie erklärten den Papst für abgesetzt, woraufhin dieser den König exkommunizierte. Heinrich musste einlenken. 1077 zog er im Büßergewand nach Canossa und bat Gregor, ihn von

1099–1118

PASCHALIS II.

1119–1124

CALIXTUS II.

1130–1143

INNOZENZ II.

1145–1153

EUGEN III.

1154–1159

HADRIAN IV.

dem Bann zu befreien. Weil er sein Treueversprechen nicht einhielt, wurde er 1080 erneut exkommuniziert. Der Investiturstreit dauerte auch nach Gregors Tod 1085 an, spaltete die Kirche und führte zu 50 Jahren kriegerischer Auseinandersetzungen in Deutschland.

KREUZZÜGE

Vor diesem Hintergrund vollzog sich eines der ungewöhnlichsten Ereignisse in der Geschichte des Papsttums. Während der Synode von Clermont (1095) ließ Papst **Urban II.** die Bischöfe auf einem Feld vor den Toren der Stadt versammeln und hielt dort von einem Holzpodest herab eine flammende Rede: Er rief die Christenheit zum Feldzug ins Heilige Land auf, zur Befreiung Jerusalems, das sich seit 638 in muslimischer Hand befand. Jedem, der im Kampf für Gott sein Leben gab, versprach er die Vergebung aller Sünden. »Gott will es!«, rief die begeisterte Menge, und Menschen aus allen gesellschaftlichen Ständen schlossen sich der bewaffneten Wallfahrt an.

Urbans Rede mochte begeisternd gewesen sein, der Kreuzzug war weder edel noch rühmenswert. Der Weg der Kreuzfahrer wurde markiert durch mörderische Pogrome gegen jüdische Gemeinden. Die erste Armee – der »Volkskreuzzug« aus Bauern und niederem Adel – wurde, kaum auf kleinasiatischem Boden, von türkischen Seldschuken vernichtet. Das Kreuzritterheer erreichte Jerusalem erst 1099, nach schweren Verlusten von vielen Tausend Soldaten. Die Stadt wurde belagert und in schweren Kämpfen erobert. Abgeschlossen wurde der erste Kreuzzug mit dem Sieg über das ägyptische Heer bei Askalon und der Gründung der vier Kreuzfahrerstaaten Jerusalem, Tripolis, Antiochia und Edessa.

WORMSER KONKORDAT

Papst Urban starb, bevor ihn die Nachricht vom Fall Jerusalems erreichte. Das Pontifikat seines Nachfolgers **Paschalis' II.** stand erneut im Zeichen des Investiturstreits, insbesondere mit den deutschen Königen. 1122 erreichte **Calixtus II.** eine Einigung mit Kaiser Heinrich V.: Das Wormser Konkordat trennte zwischen geistlichem und weltlichem Amt der Bischöfe, die Kirche verlieh Ring und Stab, der Kaiser das Zepter. Die folgenden Päpste **Innozenz II.** und **Eugen III.** wandten sich wieder ganz den inneren Reformen der Kirche zu. 1146 gewann Eugen III. Ludwig VII. von Frankreich und den deutschen König Konrad III. für einen zweiten Kreuzzug, der in einem Fiasko endete. Papst **Hadrian IV.**, ein Engländer, geriet in Widerstreit mit dem von ihm zum Kaiser gekrönten Friedrich I. Barbarossa. Er starb zwar, noch ehe es zum offenen Konflikt kam, dennoch war dies der Beginn einer neuen Phase des Ringens zwischen Kaiser- und Papsttum in der Frage der päpstlichen Vorrangstellung.

> **KREUZRITTER**
Urbans II. Theorie vom gerechten Krieg folgend, kämpften und starben Tausende von Rittern im Heiligen Land.

DAS SPÄTMITTELALTER

STAATSPOLITIK, EXIL UND SCHISMA, 1159–1415

AUCH IM SPÄTMITTELALTER WAR DIE POLITIK DER PÄPSTE BESTIMMT VON KONFLIKTEN MIT DEN MÄCHTIGEN HERRSCHERN EUROPAS. DIE DEUTSCHEN KAISER WIE DIE KÖNIGE VON FRANKREICH DRÄNGTEN NACH DER MACHT ÜBER ITALIEN UND DIE KIRCHE. DOCH NICHT SIE, SONDERN KÄMPFE RIVALISIERENDER FRAKTIONEN IN ROM ZWANGEN DIE PÄPSTE INS EXIL NACH AVIGNON. ERST 1376, NACH DREISSIG JAHREN, KONNTEN SIE NACH ROM ZURÜCKKEHREN. BALD DARAUF DROHTE DAS ABENDLÄNDISCHE SCHISMA DER MACHT DER PÄPSTE ERNEUT DEN BODEN ZU ENTZIEHEN.

1159–1181

ALEXANDER III.

1181–1185

LUCIUS III.

1185–1187

URBAN III.

1187

GREGOR VIII.

1187–1191

KLEMENS III.

1191–1198

CÖLESTIN III.

GEGEN ENDE DES 12. JH. erreichten die päpstlichen Ansprüche auf geistliche und weltliche Macht ihren Höhepunkt, doch selbst in ihren Hochzeiten blieb die päpstliche Autorität nicht unbestritten. 1159, nach der Wahl **Alexanders III.**, kürte eine kleine Gruppe unzufriedener Kardinäle einen Gegenkandidaten, der sich den Papstnamen Viktor IV. gab. Kaiser Friedrich I. Barbarossa, stets darauf bedacht, seinen Einfluss in Italien auszuweiten, berief eine Synode nach Pavia, die zwischen den Rivalen entscheiden sollte. Als Barbarossa die Partei Viktors ergriff, reagierte der herausgeforderte Alexander mit Exkommunikation: Reich und Papsttum stürzten in neue Konflikte.

Die mit Viktors Wahl entstandene Spaltung währte 18 Jahre; zwei weitere Gegenpäpste wurden gewählt. Nach und nach sicherte sich Alexander III. jedoch die Unterstützung jener Herrscher, denen Barbarossas Expansionspolitik ein Dorn im Auge war, und 1176 besiegten die vom Papst unterstützten vereinten norditalienischen Stadtstaaten in der Schlacht von Legnano das Heer des Kaisers. Im Frieden von Venedig von 1177 ließ Barbarossa den Gegenpapst fallen, im Gegenzug löste Alexander ihn vom Kirchenbann.

GEGENPÄPSTE UND KETZER

Die Wahl der Gegenpäpste dürfte ein Anlass dafür gewesen sein, dass Alexander 1179 zum Dritten Laterankonzil nach Rom rief. Unter den verabschiedeten Dekreten war die bis heute geltende Vorschrift, dass eine Papstwahl nur mit Zweidrittelmehrheit der Kardinalsstimmen gültig ist. Außerdem wurde die Ketzerverfolgung beschlossen, was sich konkret gegen die in Südfrankreich ansässigen Katharer richtete, die sich von Rom losgesagt hatten. Das Bestreben, rechtgläubig-christliches Verhalten dogmatisch festzulegen, bestimmte die Politik nicht nur Alexanders, sondern auch seines Nachfolgers **Lucius' III.**, der 1184 gegen die Katharer die bischöfliche Inquisition einsetzte, die der päpstlichen Inquisition voranging.

GESTÄRKTES PAPSTTUM

Trotz des im Wormser Konkordat von 1122 *(S. 51)* erzielten Kompromisses hielt der Streit zwischen Kaiser und Papst um die Investitur kirchlicher Amtsträger an. Während der kurzen Pontifikate von Lucius III. bis **Cölestin III.** bemühte sich der Vatikan erfolglos um Amtsgewalt auch über weltliche Territorialherren, die lukrative Kirchengüter unter ihre Kontrolle brachten.

Mit der Wahl des erst 37-jährigen **Innozenz' III.** (1198) war ein Kirchenführer gefunden, der die Interessen der Kirche zu wahren wusste. Der ausgewiesene Kirchenrechtler, scharfsinnig und diplomatisch geschickt, stärkte die Macht der Päpste in mehrere Richtungen. Senat und Adel Roms verpflichtete er zu einem Treueeid. Regelmäßig griff er in die Händel der europäischen Höfe ein. 1209 exkommunizierte er den englischen König Johann, weil der den von ihm berufenen Erz-

> **BÜSTE FRIEDRICHS I., RELIQUAR**
Kaiser Friedrich Barbarossa (Regierungszeit 1152–1190) stieß wiederholt mit den Päpsten zusammen, denen er seinen politischen Willen aufzwingen wollte.

> Drei Tauben flogen durch den Raum, in dem die Kardinäle Platz genommen hatten, und als Innozenz gewählt wurde … flog die weißeste der Tauben zu ihm und ließ sich neben seiner rechten Hand nieder.
>
> DIE TATEN VON PAPST INNOZENZ III., UM 1208

1198–1216	1216–1227	1227–1241	1241	1243–1254	1254–1261

INNOZENZ III.	HONORIUS III.	GREGOR IX.	COELESTIN IV.	INNOZENZ IV.	ALEXANDER IV.

bischof von Canterbury nicht anerkennen wollte. Im deutschen Thronstreit um die Nachfolge Heinrichs VI. ergriff er zunächst Partei für den Welfen Otto IV. von Braunschweig, den er 1209 zum Kaiser krönte. Später wechselte er, bedrängt durch Ottos Vorstöße in Süditalien, die Seiten und unterstützte den Aufstieg des Staufers Friedrich II., der im Gegenzug Gebiets- und Rechteabtretungen leistete. Der päpstliche Territorialbesitz verdoppelte sich unter Innozenz III., und der Papst rief zum Vierten Kreuzzug, zu dessen Auftakt die Kreuzfahrer Konstantinopel brandschatzten (1204). Der Weg zu einer Wiedervereinigung der römisch-katholischen Kirche mit den orthodoxen Ostkirchen war damit endgültig versperrt.

FRÖMMIGKEIT UND VERFOLGUNG

Im 13. Jh. sorgten die Päpste dafür, dass die katholische Glaubenslehre präzise niedergelegt wurde. Die Intoleranz gegenüber Gegenkirchen nahm zu. 1208 forderte Innozenz III. vom französischen König Philipp II. einen Kreuzzug gegen die Katharer, auch Albigenser genannt. Mit päpstlicher Billigung massakrierte das königliche Heer Tausende »Ketzer« sowie auch Katholiken, die sie unterstützten. 1209 starben in Béziers in Südfrankreich 20 000 Einwohner. Der päpstliche Legat soll die Anweisung gegeben haben: »Tötet sie alle! Gott wird die Seinen erkennen.«

Zur Zeit des Albigenserkreuzzugs (1209-1229) gründete der zur Bekämpfung des Katharismus in das Krisengebiet entsandte spanische Missionar Dominikus von Guzman den Predigerorden der Dominikaner. Er hatte erkannt, dass das Ansehen der Katharer beim Volk auf deren Armutsgelübde, dem Predigen in der Landessprache und dem Bemühen um Volksbildung beruhte. Ein Leben in Armut und streng nach Christi Vorbild forderte auch eine weitere charismatische Persönlichkeit, Franz von Assisi, der Gründer des Ordens der Minderen Brüder oder Franziskaner. Beide Orden erhielten 1209 durch Innozenz III. bzw. 1216 durch **Honorius III.** die päpstliche Anerkennung. Die theologisch gut gerüsteten Dominikaner wurden zu Verbündeten der Päpste; 1233 übernahmen sie das von **Gregor IX.** gegründete Tribunal der Heiligen Inquisition mit dem Auftrag, das Ketzertum zu verfolgen und auszurotten.

1220 war Friedrich II. von Papst Honorius zum Kaiser gesalbt worden, doch über gegensätzliche territoriale Interessen wuchsen die Spannungen zwischen Kaiser und Papst. 1245 erklärte **Innozenz IV.** den bereits gebannten Kaiser für abgesetzt und unterstützte in Deutschland seine Gegner. Bis zum Tod des Kaisers 1250 rückten beide nicht von ihrer Position ab.

KETZERVERFOLGUNG
König Philipp II. wohnt 1210 vor Paris der Verbrennung von Ketzern auf dem Scheiterhaufen bei. Innozenz III. unterstützte die Verfolgung der Katharer in Südfrankreich.

> Es gibt zwei Schwerter, das eine … von Priestern geführt, das andere von Königen und Soldaten, aber nach Willen und Erlaubnis der Priester.
>
> BONIFATIUS VIII., 1302

1261–1264 | 1265–1268 | 1271–1276 | 1276 | 1276

URBAN IV. | KLEMENS IV. | GREGOR X. | INNOZENZ V. | HADRIAN V.

Mit dem Tod Friedrichs II. (1250) begann der Niedergang der Staufer. Vom Druck kaiserlicher Machtansprüche befreit, stellten die Päpste ihre Macht im Kirchenstaat wieder her und bemühten sich, in Sizilien und Süditalien Einfluss zu gewinnen. Um zu verhindern, dass das Königreich Sizilien an Friedrichs Sohn Manfred fiel, der nicht bereit war, den Papst als Lehnsherrn anzuerkennen, trug Papst **Urban IV.**, ein Franzose, die Herrschaft 1262 dem französischen Kronprinzen Karl von Anjou an. Zwei Jahre später musste Urban vor Manfreds Verbündeten fliehen und starb auf der Flucht. Sein Nachfolger **Klemens IV.**, ebenfalls Franzose, setzte seine Politik fort. Karl von Anjou wurde in Rom zum König von Sizilien gekrönt. Rasch jedoch verschaffte sich Karl mehr Einfluss in Italien, als den Päpsten lieb sein konnte. Klemens hatte lediglich die Staufer gegen einen nicht weniger forderndes Mitglied des Hauses Anjou eingetauscht.

SEDISVAKANZ

Nach Klemens' Tod (1268) konnten sich die Kardinäle im italienischen Viterbo, dem Sterbeort des Papstes, fast drei Jahre lang auf keinen Nachfolger einigen. Zwei Kardinäle starben unterdessen, ein weiterer gab sein Stimmrecht zurück und reiste ab. Der Bürgermeister von Viterbo beschloss, eine Entscheidung herbeizuzwingen: Die Kardinäle wurden in der päpstlichen Residenz eingesperrt, die Lebensmittelrationen schrittweise verringert und, als dies alles nichts half, ein Teil des Dachs abgedeckt. Im September 1271 einigte sich das Kollegium auf **Gregor X.** Der neue Papst war kein Mitglied des Konklaves und kein Kardinal; zum Zeitpunkt seiner Wahl war er nicht einmal in Italien, sondern befand sich als Kaplan des künftigen Königs Eduard I. von England auf Kreuzzug in Palästina.

DAS PONTIFIKAT GREGORS X.

Kaum im Amt sorgte Gregor dafür, dass sich eine solche Wahlkrise nicht wiederholen konnte: 1274 ordnete er mit einer päpstlichen Bulle (so genannt nach dem autorisierenden Siegel, der *bulla)* die Papstwahl neu. Künftig sollten die Kardinäle zehn Tage nach dem Tod eines Papstes in einem Saal des Palasts eingeschlossen werden, in dem der Papst gestorben war. Durch eine kleine Öffnung sollten sie verpflegt werden; ein weiteres Druckmittel war die Aussetzung ihrer Bezüge für die Zeit der Wahl.

Gregor, der die missliche Lage der Kreuzfahrerstaaten selbst erlebt hatte, war entschlossen, einen neuen Kreuzzug zu organisieren. Er suchte daher zwischen den zerstrittenen Königreichen Europas zu vermitteln und verhandelte mit dem Kaiser in Konstantinopel, um das Schisma zwischen West- und Ostkirche *(S. 50)* zu überwinden. Auf dem Zweiten Konzil von Lyon wurde eine Wiedervereinigung der Kirchen ausgehandelt, die jedoch keinen Bestand hatte. Auch ein sechs Jahre einzuziehender Zehnter zur Finanzierung eines Kreuzzugs wurde vereinbart. Doch Gregor starb 1276, der Kreuzzug kam nicht zustande.

< KRÖNUNG KARLS VON ANJOU
1266 wurde Karl von Anjou im Vatikan zum König von Sizilien gekrönt. Als Gegengewicht gegen die Macht der deutschen Kaiser nach Italien geholt, wurde Karl rasch zur bestimmenden Gestalt in der päpstlichen Politik.

1276–1277

JOHANNES XXI.

1277–1280

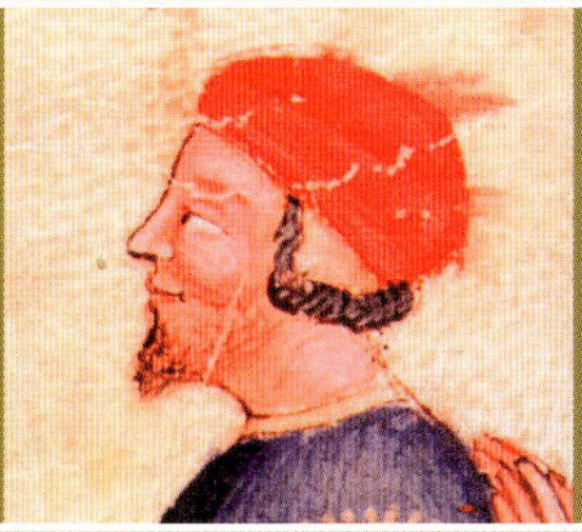

NIKOLAUS III.

1281–1285

MARTIN IV.

1294

CÖLESTIN V.

1294–1303

BONIFATIUS VIII.

15 Jahre später – fast 200 Jahre nach Urbans erstem Aufruf – fielen die letzten Territorien der Kreuzritter an die Muslime zurück.

GELEHRTE, EINSIEDLER, STAATSMÄNNER

Weder **Innozenz V.** noch **Hadrian V.** überlebten Gregor lange; beide starben wenige Monate nach ihrer Wahl. Auch das Pontifikat des gelehrten **Johannes XXI.** währte nur kurz: Nach zehn Monaten Amtszeit wurde er unter dem einstürzenden Dach seines Arbeitszimmers begraben. Nachfolger **Nikolaus III.**, der erste Papst, der den Vatikanpalast als Residenz nutzte, griff wieder stärker in die Politik in Europa ein. Um den Einfluss Karls von Anjou in Süditalien einzudämmen, verhandelte er mit dem deutschen König Rudolf I., der dem Kirchenstaat die nördlich von Rom gelegene Romagna überließ.

Martin IV., Franzose, vollzog einen Seitenwechsel: Er empfing Karl von Anjou feierlich in Rom und beendete alle Bemühungen, römische und Ostkirche wieder zu versöhnen. Stattdessen autorisierte er Karl zu einem Feldzug gegen das Byzantinische Reich. Solcher Manöver ungeachtet sollten die von Nikolaus III. ausgehandelten Grenzen des Kirchenstaats für die nächsten 600 Jahre Bestand haben.

Martin und **Honorius IV.** waren Franziskanern und Dominikanern *(S. 53)* eng verbunden, denn die Orden sicherten die Stellung des Papstes in der Kirche. 1288 wurde mit **Nikolaus IV.** der erste Franziskaner zum Papst gewählt. Weniger Erfolg hatten die Kardinäle, als ihre Wahl 1294 auf einen ungebildeten Eremiten, **Cölestin V.**, fiel. Der fromme Mann hatte weder die Fähigkeiten für dieses Amt noch Interesse daran. Nach fünf Monaten dankte er ab. Ihm folgte **Bonifatius VIII.**, der seinen Vorgänger aus Angst vor einem Schisma bis zu dessen Tod 1296 gefangen hielt.

Wie andere vor ihm musste Bonfatius das Papsttum gegen Übergriffe weltlicher Gewalten verteidigen. Im Verlauf seiner Auseinandersetzungen mit König Philipp IV. um das Recht der Besteuerung des französischen Klerus erließ Bonifatius 1302 die Bulle *Unam Sanctam* (Eine heilige Kirche), die eine prägnante Ausformulierung päpstlicher Universalherrschaft enthielt: »Es ist zum Heile für jegliches menschliche Wesen durchaus unerlässlich, dem römischen Bischof Untertan zu sein.« Philipp IV. reagierte mit schweren Vorwürfen gegen den Papst. Als ihm der päpstliche Bann drohte, ließ er Bonifatius 1303 in seinem Palast in Agnani, seiner Heimatstadt, eine Tage festhalten und unter Druck setzen, kurz darauf starb der Papst in Rom. Bonifatius VIII. erneuerte ein letztes Mal in vollem Umfang den universellen Weltherrschaftsanspruch des Papsttums. Seinen Nachfolgern gelang es nicht mehr – einige wollten es auch gar nicht –, sich der Macht der Könige von Frankreich zu entziehen.

THOMAS VON AQUIN
Die Schriften des Dominikanertheologen (um 1225–1274) legten die geistigen Grundlagen der mittelalterlichen Kirche, und bis heute fußt auf ihnen die katholische Lehre.

DIE RENAISSANCE

KUNST, KULTUR UND RELIGIÖSE ERNEUERUNG, 1417–1621

DIE RENAISSANCE WAR EINE BLÜTEZEIT DER KÜNSTE UND DER KULTUR. DIE PÄPSTE FÖRDERTEN GROSSE KÜNSTLER UND ARCHITEKTEN UND MACHTEN ROM UND DEN VATIKAN ZU EINEM ZWEITEN ZENTRUM DER EPOCHE NEBEN FLORENZ. DOCH DAS 16. UND DAS 17. JAHRHUNDERT WAREN AUCH GEPRÄGT DURCH POLITISCHE UND IDEOLOGISCHE KÄMPFE. DER PROTESTANTIMUS FÜHRTE ZU EINER ERNEUERUNGSBEWEGUNG INNERHALB DER KATHOLISCHEN KIRCHE, DIE AUCH KÜNSTLERISCHEN AUSDRUCK FAND.

1417–1431

MARTIN V.

1431–1447

EUGEN IV.

1447–1455

NIKOLAUS V.

1455–1458

CALIXTUS III.

MIT DER WAHL DES PATRIZIERS Odo Colonna zu Papst **Martin V.** endete 1417 das Abendländische Schisma *(S. 57)*, 30 Jahre erbitterter Auseinandersetzung im Zentrum der Christenheit. Noch aus einem anderen Grund begann eine neue Ära. Colonna hatte, bevor er nach 1420 Rom kam, lange in Florenz gelebt und dort den Beginn der Renaissance miterlebt, ihre Ideen und Vorstellungen kennengelernt. Er widmete sich intensiv der Neuordnung des Kirchenstaats und hegte große Pläne für einen Wiederaufbau Roms. Dazu legte er ein Restaurierungsprogramm für die alten Bauwerke, insbesondere die Basiliken St. Peter im Vatikan und S. Giovanni in Laterano, vor. Den Vatikanpalast ließ er zu seiner Residenz ausbauen.

KONZILIARISMUS

Martin V. musste sich nicht, wie seine Vorgänger, mit einem Gegenpapst auseinandersetzen, dafür aber mit einer starken Konzilsbewegung, deren Vertreter nach den Erfahrungen des Schismas die höchste Autorität in der Kirche den Konzilien übertragen wollten. Dass eine Kirchenreform überfällig war, vermochte niemand von der Hand zu weisen. Um 1430, kurz vor seinem unerwarteten Tod, rief der Papst, wenn auch widerstrebend, zum Konzil nach Basel.

Auch **Eugen IV.**, Martins Nachfolger, bestand auf dem Primat des Papstes über den Konzilien. Ende 1431 unternahm er den Versuch, das Basler Konzil aufzulösen.

< **ALTARBILD VON FRA ANGELICO**
Der toskanische Meister war einer der vielen Maler der Frührenaissance, die von den Päpsten gefördert wurden.

Die Versammlung der Bischöfe tagte jedoch weiter. Sie wandte sich verschiedenen Reformen zu, bis der Streit darüber, wo die Verhandlungen zur Wiedervereinigung mit der Ostkirche geführt werden sollten, zum endgültigen Bruch mit dem Papst führte, der daraufhin das Konzil, das er zwischenzeitlich wieder anerkannt hatte, nach Ferrara (später Florenz) verlegte. Die Basler Konzilsväter folgten der Einladung nicht, sie beschlossen die Absetzung des Papstes und wählten einen neuen: Felix V. ging als letzter Gegenpapst in die Geschichte ein. Darüber jedoch verlor das Konzil die Unterstützung der europäischen Herrscher und musste aufgeben. **Nikolaus V.**, Eugens Nachfolger, erreichte den Rücktritt des Gegenpapstes. Mit der Auflösung des Konzils blieb die Kirchenreform stecken. 70 Jahre später fiel sie umso radikaler aus.

1458–1464 | 1464–1471 | 1471–1484 | 1484–1492

PIUS II.

PAUL II.

SIXTUS IV.

INNOZENZ VIII.

FRÜHRENAISSANCE

Den Anstoß zu einer geistigen und künstlerischen »Wiedergeburt« gab die Wiederentdeckung der klassischen Antike durch Gelehrte, Philosophen, Maler und Dichter. Nikolaus V., ein gebildeter Mann, sperrte sich nicht gegen diesen Neubeginn, hatte er doch seine Jugend in Florenz verbracht, dort als Lehrer gewirkt und die humanistischen Wissenschaftler der Zeit kennengelernt. Er öffnete den Vatikan für die Ideenwelt der Renaissance, beauftragte Künstler wie Fra Angelico, Leon Battista Alberti und Bernardo Rossellino, und ließ eine neue Bibliothek bauen, für die er 5000 Werke griechischer und lateinischer Autoren beschaffte. Auch mit städtischen Baumaßnahmen befasste er sich, ließ Wasserleitungen erneuern, den Vatikanpalast renovieren und Geld für den Neubau der Petersbasilika sammeln.

DER FALL KONSTANTINOPELS

Wie sein Vorgänger hoffte Nikolaus auf eine Wiedervereinigung mit der Ostkirche. Auf dem Konzil von Ferrara-Florenz hatten Vertreter der Ostkirche 1439 der Vereinigung zugestimmt und den Papst als Oberhaupt aller Christen anerkannt, aber seither stockten die Verhandlungen. 1452 wurde die Lage Konstantinopels so prekär, dass sich der Kaiser an den Papst wandte, was wieder Hoffnung auf eine Einigung machte. Doch dann überschlugen sich die Ereignisse. 1453 eroberten die Osmanen Konstantinopel und mit der Hauptstadt fiel das ganze Byzantinische Reich. Für Nikolaus und seinen Nachfolger **Calixtus III.** war die Eroberung christlicher Territorien durch Muslime eine Katastrophe, doch alle ihre Versuche, die Herrscher Europas zu einem neuen Kreuzzug zu einigen, scheiterten. 1464 nahm Papst **Pius II.**, in seiner Jugend Dichter, Schriftsteller und Abenteurer – ein echter Sohn der Renaissance –, selbst das Kreuz, erlag aber, bevor er sich in Ancona einschiffen konnte, einem Fieber. Papst **Paul II.**, weniger draufgängerisch veranlagt, führte Verhandlung mit Friedrich III., Kaiser des Heiligen Römischen Reichs – ohne Erfolg.

DIE SIXTINISCHE KAPELLE

Was die Päpste ab Mitte des 15. Jh. für die Kunst getan haben, lässt sich kaum zu hoch einschätzen. 1473 beauftragte Papst **Sixtus IV.** Giovannino de Dolci mit dem Bau der Sixtinischen Kapelle (Michelangelos berühmtes Deckenfresko wurde später angebracht); er vergrößerte die Vatikanische Bibliothek und begann, eine Sammlung von Gemälden und Skulpturen anzulegen. Auch außerhalb des Vatikans ließ er über 30 Kirchen restaurieren, und er veranlasste den Bau der ersten neuen Brücke über den Tiber seit der Antike. Auch sein Nachfolger **Innozenz VIII.** betätigte sich als Mäzen, und so erhob sich Rom unter den Renaissancepäpsten wie der Phönix aus der Asche.

> **DIE BIBLIOTHEK SIXTUS' VI.**
Das Fresko des Renaissancemalers Melozzo da Forlì zeigt Papst Sixtus VI. mit dem Leiter der Apostolischen Bibliothek Bartolomeo Platina.

1492–1503

ALEXANDER VI.

1503

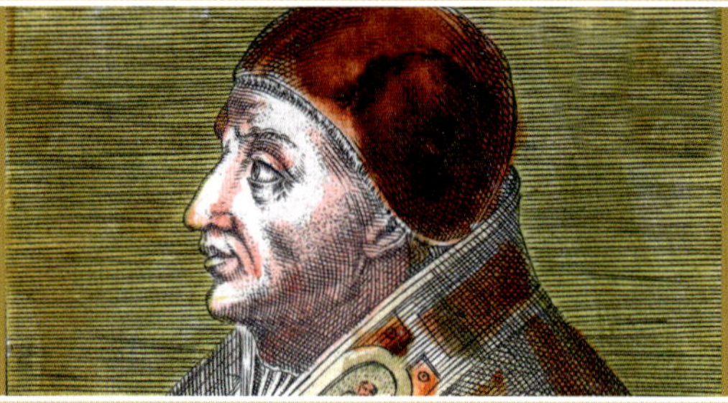

PIUS III.

1503–1513

JULIUS II.

Das Jahr 1492 brachte gewaltige Veränderungen in Europa und der weiteren Welt. Das katholische Herrscherpaar Ferdinand von Aragon und Isabella von Kastilien vertrieb mit dem Sieg über das maurische Granada die Muslime aus Spanien. Kurz darauf begann die Verfolgung der Juden auf der iberischen Halbinsel. Der in ihrem Auftrag reisende Christopher Kolumbus erreichte Amerika und öffnete die Neue Welt für den christlichen Einfluss. Und in Rom war knapp zwei Wochen nachdem Kolumbus Segel setzen ließ der welterfahrene spanische Kardinal Rodrigo Borgia zum Papst gewählt worden; er regierte als **Alexander VI.**

DER BORGIA-PAPST

Von Calixtus III., seinem Onkel, gefördert, hatte er rasch Karriere gemacht. Schon während des Konklaves, das zum ersten Mal in der Sixtinischen Kapelle stattfand, hatte man ihm Bestechlichkeit vorgeworfen. Ob zu Recht oder nicht, sein Pontifikat hatte bemerkenswert weltlichen Charakter: Alexander, Vater mehrerer illegitimer Kinder, nutzte sein Amt, um die Interessen seiner Familie zu fördern und seine Nachkommen zu versorgen.

< GRABMAHL JULIUS' II.
Michelangelos Moses wurde für das Grabmal von Julius II. geschaffen. Heute befindet sich die Marmorstatue in S. Pietro in Vincoli in Rom.

Päpstliche Autorität bewies er, als er 1493 eine Demarkationslinie durch den Atlantik zog und die Neue Welt zwischen Spanien und Portugal aufteilte, eine imposante Geste. Dennoch führte er die Geschicke des Kirchenstaats ausschließlich von familiären Interessen geleitet. 1497 wurde Alexanders Lieblingssohn Juan ermordet, der verzweifelte Vater schwor, seinen Lebenswandel zu ändern – ein Entschluss, der nicht lange hielt. Ein weiterer Sohn, Cesare, wählte die militärische Laufbahn und diente Machiavelli als Vorbild für sein berühmtes Werk *Der Fürst*. Auch der Borgia-Papst war ein Förderer der Künste; seine Privatgemächer im Vatikan ließ er von Pinturicchio ausgestalten.

DIE SCHWEIZERGARDE

Alexander starb 1503, vermutlich an Malaria, obwohl viele Zeitgenossen einen Giftmord vermuteten. Auf **Pius III.**, dessen Pontifikat nur zehn Tage währte, folgte **Julius II.**, ein ebenso energischer Kämpfer für den Kirchenstaat wie großzügiger Mäzen. Bei militärischen Aktionen ritt er in voller Rüstung vorweg, was ihm den Beinamen »der Schreckliche« eintrug. Er war es auch, der die Schweizergarde zum Schutz des Vatikans gründete und seinen Soldaten verlieh er den Titel »Verteidiger der Freiheit der Kirche«.

1506 legte Julius II. den Grundstein für den Neubau der Petersbasilika, Donato Bramante war sein Baumeister. Doch bis zur Vollendung des Petersdoms sollten 120 Jahre vergehen, und viele der berühmtesten Architekten und Künstler der Renaissance und des Barock wirkten daran mit. Raffael, einen jungen Maler aus Umbrien, beauftragte Julius mit dem Wandschmuck in seinen Privatgemächern, Michelangelo konnte er für die Ausgestaltung der Decke der Sixtinischen Kapelle gewinnen.

> Was aber Martin angeht, guter Gott, was haben wir übersehen, was haben wir unterlassen, was haben wir an väterlicher Liebe vermissen lassen, dass wir ihn zum Widerruf dieser Irrtümer auffordern müssen?
>
> LEO X., BANNANDROHUNGSBULLE GEGEN LUTHER, 1520

1513–1521

LEO X.

1522–1523

HADRIAN VI.

1523–1534

KLEMENS VII.

REFORMATION

1513 wurde der mit 37 Jahren noch junge Papst **Leo X.** gewählt, ein Sohn des florentinischen Herrschers Lorenzo de Medici. Leo erwies sich als ein Regent, der lieber zur Jagd ritt, als sich den Amtsgeschäften zu widmen, und der immense Summen für die Kunst ausgab – er habe, so ein Zeitgenosse grimmig, »den Schatz von Julius II., seinen eigenen und den seines Nachfolgers« vergeudet. Um die Bautätigkeit zu finanzieren, mit der er Rom zu einem Zentrum der Renaissance machte, ließ Leo Ablassbriefe in Umlauf bringen, mit dem Versprechen, dass dem Käufer die Zeit verkürzt werde, die er zur Reinigung von seinen Sünden im Fegefeuer verbringen musste. Um solchen Handel betreiben zu können, hatten Kirchenmänner seit dem 13. Jh. die Legende vom Fegefeuer erfunden, jene Zwischenwelt, aus der, anders als aus der Hölle, Erlösung möglich sein sollte. In der Bibel findet sich dafür kein Beleg, und das veranlasste Luther zur Aufstellung seiner 95 Thesen, die er 1517 an die Kirchentür zu Wittenberg nagelte. Mit diesem Akt begann die Reformation.

^ MARTIN LUTHER Die neue Technik des Buchdrucks erlaubte die rasche Verbreitung seiner Gedanken in Büchern und Flugschriften.

Martin Luther, Mönch und studierter Theologe, hatte keine Revolution im Sinn, er wollte nur die seit dem Konstanzer Konzil fällige Reform der Kirche »an Haupt und Gliedern«. Doch aus der theologischen Debatte wurde eine Volksbewegung. Sein offener Angriff auf Papst Leo X. und die unbeirrte Verteidigung seiner Thesen führten zu seiner Exkommunizierung. Deutsche Territorialherren aber sahen in der neuen Bewegung eine Möglichkeit, dem Papst die Macht über die Kirche zu entreißen und, der Allianz von Kaiser und Papst entgegentretend, die eigene Macht in ihren Fürstentümern zu vergrößern. Als Leo X. im Dezember 1521 unerwartet starb, war die Reformation in vollem Gang.

SACCO DI ROMA

Leos Nachfolger auf dem Heiligen Stuhl **Hadrian VI.**, ein Gelehrter, starb, ehe er eine wirkungsvolle Kirchenreform hätte ausarbeiten und durchsetzen können. 1523 folgte ihm **Klemens VII.**, wieder ein Medici. Die Feldzüge König Karls V. in Italien hinderten den Papst an einem Eingreifen in die Debatten um eine Kirchenreform. Im Mai 1527 fielen Karls Söldner in Rom ein und plünderten Stadt und Vatikan. Der Papst floh in die Engelsburg. Die meisten Schweizergardisten, die seine Flucht deckten, verloren das Leben. Ihnen wird bis heute mit der Vereidigungszeremonie der Schweizergarde gedacht. Klemens' Gegner drohten, seine Mutter in Florenz zu ermorden, er musste sich ergeben und ein gewaltiges Lösegeld an Karl V. zahlen. Im Frieden von Barcelona erhielt er den Kirchenstaat und die Medici Florenz zurück. 1530 krönte er Karl V. zum Kaiser.

Aus Rücksichtnahme auf Karls Interessen weigerte sich Klemens, die Ehe Heinrichs VIII. von England mit Katharina von Aragon zu annullieren. Daraufhin gründete Heinrich VIII. die Anglikanische Kirche und machte sich zu deren Oberhaupt. In England begann die Zeit der Katholikenverfolgung.

> Um die Moral und die Kirchendisziplin wieder herzustellen, um für Frieden und Harmonie unter den Christen zu sorgen, wurde ein … ökumenisches und allgemeines Konzil in die Stadt Trient berufen …
>
> PAPST PIUS IV., BULLE ZU DEN DEKRETEN DES KONZILS VON TRIENT, 1564

1534–1549

PAUL III.

1550–1555

JULIUS III.

1555

MARCELLUS II.

Bis zu seiner Wahl 1534 schien der damals 66-jährige Papst **Paul III.** kein überzeugter Kirchenreformer zu sein. Der Vater von vier unehelichen Kindern entstammte dem Adelsgeschlecht der Farnese. Er war, und blieb es auch nach seiner Wahl, ein Liebhaber der Künste und höfischer Unterhaltung. 1534 führte er zur Freude des römischen Volkes den Karneval wieder ein. Und doch war er der Erste, der den protestantischen Kirchenreformern etwas entgegenzusetzen hatte.

TRIDENTINISCHES KONZIL

Im März 1537 traf sich eine Gruppe von Kardinälen mit dem Papst im Papageienhof des Apostolischen Palasts und legte einen Bericht vor, der den Kirchenkritikern in vielen Punkten zustimmen musste. Insbesondere der Kurie warfen sie Amtsmissbrauch und Unfähigkeit zur Selbstreinigung vor. Der Papst verbot die Veröffentlichung des Berichts – eine Abschrift gelangte gleichwohl nach draußen –, aber er rief ein Konzil zusammen, das sich mit den Missständen befassen sollte.

Das Konzil wurde 1545 im norditalienischen Trient eröffnet, lange verzögert durch politische Händel zwischen Frankreich und den Habsburgern. In drei Sitzungsperioden tagte es bis 1563. 1552, kurz nachdem Papst **Julius III.** die zweite Periode zusammengerufen hatte, begann unter Führung des Protestanten Moritz von Sachsen der »Fürstenaufstand« gegen Kaiser Karl V. Die militärischen Auseinandersetzungen erreichten auch Norditalien, und die Bischöfe setzten die Zusammenkünfte aus. Die Hoffnung auf eine Versöhnung mit den Protestanten war damit gescheitert. Fast zehn Jahre dauerte es, bis das Konzil erneut zusammentrat. **Marcellus II.**, ein Reformer und zuvor Vorsitzender des Konzils, starb kurz nach seiner Wahl 1555. Sein Nachfolger **Paul IV.**, ein ehemaliger Inquisitor und bekannt als unerbittlicher Gegner aller Häresie, hegte kein wirkliches Interesse für das Konzil. Er konzentrierte sich auf Reformen der römischen Kurie und ließ 1559, zum Schutz des rechten Glaubens, den *Index librorum prohibitorum* (Verzeichnis verbotener Bücher) veröffentlichen. So war es **Pius IV.**, der 1559 das Konzil wieder nach Trient berief. Durch seine Legaten lenkte er die Verhandlungen, die 1563 im Sinne Roms beendet wurden. 1564 fasste er alle Dekrete im Tridentinischen Glaubensbekenntnis zusammen, dem er die Bedeutung einer Bulle verlieh. Er reformierte das Kardinalskonstistorium und überarbeitete den *Index*, der, den Dekreten von Trient folgend, maßvoller ausfiel.

INDEX VON 1564
Pius IV. erließ eine neue Richtschnur für Kirchenzensur und Inquisition.

GEGENREFORMATION

Auch wenn die Wiedervereinigung der christlichen Kirchen nicht erreicht worden war, war das Papsttum in der Zeit nach dem Konzil stark, insbesondere unter dem Pontifikat von **Pius V.** Kritische Beobachter monierten, der ehemalige Dominikaner habe Rom in ein Kloster verwandelt. Tatsächlich wurden Prostituierte aus der Stadt vertrieben und Kriminelle hart bestraft, auch mit dem Tode. Pius bestand darauf, dass die Bischöfe in ihren Diözesen zu residieren hätten, nicht in Rom. Auf die Moral des gesamten Klerus wurde schär-

1555–1559

PAUL IV.

1559–1565

PIUS IV.

1566–1572

PIUS V.

fer geachtet, Seminare wurden gegründet, um eine bessere Ausbildung der zukünftigen Priester sicherzustellen. An die Reformatoren machte Rom keinerlei Konzessionen mehr, wie der 1570 ausgesprochene Kirchenbann gegen die englische Königin Elisabeth I. zeigt. Sie hatte die Rekatholisierung Englands unter Maria Tudor beendet und die anglikanischen Staatskirche wiedereingeführt. Der Bann verschärfte die Wirren in England, weil er die katholischen Untertanen von der Gehorsamspflicht entband.

Eine Blütezeit der religiösen Orden begann. Jesuiten, Ursulinen, Oratorianer und Theatiner verteidigten den Glauben gegen alle reformatorische Kritik. Am wirksamsten erwies sich die Gesellschaft Jesu, die Ignatius von Loyola gegründet und Papst Paul III. 1540 bestätigt hatte. Drei Ziele verfolgten die Jesuiten: eine strenge akademische Ausbildung der Geistlichen, Missionsarbeit in nichtchristlichen Weltgegenden und Widerstand gegen die Verbreitung des Protestantismus. Rasch erwarben sie sich den Ruf einer »Elitetruppe« des Papstes.

Den Dekreten des Konzils von Trient folgend, nahmen die Päpste des 16. Jh. die Kunst in den Dienst der Stärkung von Kirche und Glauben. Michelangelos Dom, dessen Pracht sich über dem Petrusgrab erhob, war symbolischer Ausdruck der erstarkten Macht der Päpste.

JENSEITS DER CHRISTLICHEN LÄNDER

In der zweiten Hälfte des 16. Jh. wuchs die äußere Bedrohung des christlichen Europas. Nach dem Fall Konstantinopels (1453) waren osmanische Truppen nahezu ungehindert vorgedrungen und standen vor den Toren Wiens. Das Mittelmeer kontrollierten osmanische Flotten, 1570 eroberten die Türken Zypern und bedrohten nun Venedig und Rom. In zähen Verhandlungen gelang es Papst **Pius V.**, die zerstrittenen europäischen Mächte zur Heiligen Allianz zu einigen. Vor Lepanto in Griechenland stellten ihre Galeeren 1571 die türkische Flotte zu einer Seeschlacht und errangen einen entscheidenden Sieg, ein schwerer Schlag für die Seemacht des Osmanischen Reichs.

Die Herrscher Europas kämpften auch in der Neuen Welt, die sich als Quelle eines unsagbaren Reichtums erwies, um die Vorherrschaft. Während die Päpste um ihre Autorität in Europa rangen, verbreiteten katholische, später auch protestantische Missionare den christlichen Glauben in den riesigen Territorien, die in den beiden Amerikas erobert worden waren. Im Fernen Osten waren vor allem Jesuiten tätig, die in Indien und Japan, später auch in China, Missionen gründeten.

› LEPANTO-MONSTRANZ
Auf der berühmten Monstranz aus der Kirche Maria de Victoria in Ingolstadt ist die Seeschlacht von Lepanto dargestellt, in der die Heilige Allianz die türkische Flotte besiegte.

1585–1590

SIXTUS V.

1590

URBAN VII.

1590–1591

GREGOR XIV.

Das Konklave von 1572 einigte sich bereits nach kaum 24 Stunden auf die Wahl des italienischen Kardinals Ugo Buoncompagni. Papst **Gregor XIII.** war Kirchenrechtler, er hatte an den Verhandlungen des Konzils von Trient teilgenommen und machte sich voller Begeisterung daran, die Dekrete des Konzils umzusetzen. Vor allem wollte er die Kirchendisziplin stärken und die Ausbildung der Kleriker verbessern. Darum gründete er eine Reihe von Kollegien in Rom, allen voran die Gregorianische Universität, deren Leitung er den Jesuiten übertrug.

Noch immer war Europa zerrissen von religiösen Konflikten, und der neue Papst zeigte wenig Verständnis für all jene, die die katholischen Lehren kritisierten oder ablehnten. Die Nachricht von der Bartholomäusnacht – am französischen Königshof wurden Hugenottenführer umgebracht, das Morden griff auf Paris und die Provinzen über, einige Tausend Hugenotten starben – feierte er mit einem Dankgottesdienst. Gregor XIII. unterstützte den katholischen König von Spanien bei der geplanten Invasion in England, mit der die spanische Armada 1588 scheiterte, den spanischen Statthalter Alba im Kampf gegen die niederländischen Protestanten und die katholischen Missionen in Indien, China und Japan.

GREGORIANISCHER KALENDER

Es ist vor allem die Kalenderreform, die bis heute mit Gregors Namen verbunden blieb. Ausgangspunkt war die liturgisch bedeutsame Festlegung des Osterfestes – Christi Tod und Auferstehung, die der Bibel zufolge auf Freitag und Sonntag nach dem ersten Frühlingsvollmond fallen sollen. Da das Jahr des bis dahin verwendeten, von Julius Caesar eingeführten Julianischen Kalenders ein wenig länger war als das astronomische Jahr, hatte sich bis ins 16. Jh. eine erhebliche Verschiebung ergeben: Der Frühlingsbeginn (die Tag- und Nachtgleiche) kam bereits zehn Tage »zu früh« (am 11. März), was zu Unstimmigkeiten bei der Festlegung von Vollmond- und Ostertag führte. Christopherus Clavius, ein Gelehrter am Collegio Romano, wurde beauftragt, den Kalender zurechtzurücken und so zu berechnen, dass der Frühlingsbeginn verlässlich auf den 21. März fiel. Das Ergebnis wurde mit der Bulle *Inter gravissimas* (In tiefster Sorge) 1582 dekretiert. Der Zeitsprung fand im Oktober statt: auf den vierten folgte der 15. Zugleich wurden, um die kalendarische Jahreslänge an die astronomische anzugleichen, die Schaltjahre neu geregelt (durch 100 teilbare Jahre, die nicht auch durch 400 teilbar sind, etwa das Jahr 1700, sind seither keine Schaltjahre mehr). Der neue Kalender sorgte für soziale Unruhen, denn die Bauern fürchteten, um die fehlenden zehn Tage Pachtzahlung betrogen zu werden. Dennoch wurde er in fast allen katholischen Ländern sofort eingeführt. In vielen protestantischen Ländern wurde er erst Mitte des 18. Jh., in der Ostkirche erst im 20. Jh. übernommen.

> **DER VATIKANISCHE OBELISK**
Die Aufrichtung des 322 Tonnen schweren ägyptischen Obelisken aus dem Circus des Nero auf dem Petersplatz dauerte fast ein Jahr.

1591	1592–1605	1605	1605–1621

INNOZENZ IX.	KLEMENS VIII.	LEO XI.	PAUL V.

UMGESTALTUNG DES RÖMISCHEN STADTBILDES

Gregors Nachfolger **Sixtus V.** entwickelte ehrgeizige Pläne zur Vergrößerung der Stadt. Verfallene mittelalterliche Stadtteile wurden niedergelegt und nach einem Rasterplan neu bebaut. Vor den Kirchen ließ er große Plätze anlegen und in der Mitte jeweils einen Obelisken aufstellen, zur Erinnerung an Roms imperiale Vergangenheit. Sein Baumeister Domenico Fontana ergänzte den Lateranpalast um die Benediktionsloggia, errichtete Wohnpalast und Bibliothek der Päpste neu und war der Vollender der Kuppel des Petersdomes. Doch Sixtus war nicht nur der Schöpfer eines neuen Roms, seine Reform der Kurie hat bis heute Bestand. Neu geregelt wurden auch die Rombesuche der Bischöfe, die nur mehr alle fünf Jahre von Verwaltung und Zustand ihrer Diözese berichten sollten. Den Kirchenstaat regierte er mit harter Hand.

ERSTARKTE MACHT

1592, nach zwei Jahren mit drei kurzen Pontifikaten, bestieg **Klemens VIII.** den Heiligen Stuhl. Obwohl er einer Adelsfamilie entstammte, war er ein demütiger und frommer Mann, besuchte Hospitäler, pflegte Kranke und wusch Pilgern, die in die heilige Stadt kamen, die Füße. Zugleich erwies er sich als geschickter Staatsmann, der den Übertritt des französischen Königs Heinrich IV. zum Katholizismus in die Wege leitete und den Einfluss der spanischen Könige auf den Heiligen Stuhl zurückdrängte. Sein Nachfolger, Medici-Papst **Leo XI.**, starb nach nur 27 Tagen im Amt.

Das neu gewonnene Selbstbewusstsein des Vatikans zeigte sich 1605 in der Wahl Camillo Borgheses zu Papst **Paul V.** Der anerkannte Kirchenrechtler verteidigte die Privilegien der Kirche, wie Steuerfreiheit oder das Recht des Klerus, ausschließlich vor geistlichen Richtern stehen zu müssen. Als die Republik Venedig ein Gesetz erließ, das es der Kirche erschwerte, Baugrund zu erwerben, verhängte der Papst über sie das Interdikt, das die Bürger von bestimmten Sakramenten ausschloss – ein Jahr später lenkte die Signoria ein. Zur Verwaltung der päpstlichen Finanzen gründete Paul V. die Banco di Santo Spirito.

GESANDTSCHAFT AUS JAPAN

Im November 1615 empfing Paul V. eine Delegation des japanischen Shogun. Sie bat den Papst, Missionare nach Japan zu entsenden und Japans Bemühungen zum Aufbau von Handelsbeziehungen mit Mexiko zu unterstüzen. Missionare wollte der Papst gerne schicken, ansonsten verwies er an den spanischen König, der jedoch ein Handelsabkommen ablehnte. Das Verhalten der Christen (auch derjenigen im eigenen Land) verärgerte den Shogun so sehr, dass ab 1639 fremde Schiffe Japan nur noch mit seiner Genehmigung anlaufen durften; ein Zustand der 200 Jahre andauerte.

› SAMURAI IM VATIKAN
Hasekura Tsunenaga leitete die erste offizielle japanische Delegation, die 1615 den Vatikan besuchte. Die nächsten Abgesandten Japans kamen erst 200 Jahre später wieder nach Europa.

DIE ANSICHTEN ÜBER AUFBAU UND ENTSTEHUNG DES UNIVERSUMS WANDELTEN SICH IM 17. UND 18. JAHRHUNDERT GRUNDLEGEND. FRANCIS BACON, RENE DESCARTES UND GALILEO GALILEI EBNETEN DEN MODERNEN NATURWISSENSCHAFTEN UND DER AUFKLÄRUNG DEN WEG. DAS GEISTIGE KLIMA – UND DER POLITISCH-IDEOLOGISCHE UMBRUCH, DER FOLGTE – ERÖFFNETEN DER KIRCHE NEUE MÖGLICHKEITEN, STELLTEN SIE ABER AUCH VOR NEUE HERAUSFORDERUNGEN. DIE PÄPSTE SPIELTEN WEITERHIN EINE SCHLÜSSELROLLE IN EUROPAS POLITIK UND KULTUR.

1621–1623

GREGOR XV.

1623–1644

URBAN VIII.

1644–1655

INNOZENZ X.

1655–1667

ALEXANDER VII.

AUF GREGOR XV., GRÜNDER der *Congregatio de Propaganda Fide* (Kongregation zur Verbreitung des katholischen Glaubens), folgte 1623 **Urban VIII.** Als Kardinal in Florenz hatte er die geistigen Strömungen seiner Zeit kennengelernt. Er bewunderte Galilei, empfing ihn mehrfach und stattete ihn mit einer päpstlichen Pension aus. Schwierig wurde ihr Verhältnis, als Galilei auf Beobachtungen gestützt behauptete, dass sich die Erde um die Sonne bewege (und damit Kopernikus bestätigte). Das widersprach der Heiligen Schrift. Auch wenn Urban persönlich die Unabweisbarkeit der Forschungsergebnisse Galileis wohl erkannte, riet er dem Freund, diese nicht öffentlich zu vertreten, wenn er nicht in Konflikt mit der Inquisition geraten wolle.

1632 gab Urban seine Zustimmung zur Veröffentlichung einer Schrift, in der Galilei seine These mit Für und Wider erläutern sollte, allerdings mit der Auflage, dass er auch die Position des Papstes in sein Buch aufnehme. Galilei wählte die Form eines Gesprächs zu dritt und legte die Ansichten des Papstes einem offensichtlich unkundigen Teilnehmer, Simplicio genannt, in den Mund – das Ende der päpstlichen Protektion. Die Inquisition zwang Galileo 1633 zu einem demütigenden Widerruf und verhängte Hausarrest und Publikationsverbot gegen den Wissenschaftler. Erblindet verbrachte er seine letzten Jahre in Arceti bei Florenz. Nicht ehe Benedikt XIV. 1741 der Veröffentlichung seiner Werke zustimmte, wurde Galilei rehabilitiert.

BABERINI-BIENEN Das Familienwappen des begeisterten Kunstmäzens Urban VIII. findet man an vielen Bauten Roms.

PRÄGUNG DES BAROCK

Mit dem wissenschaftlichen Fortschritt konnte sich der Vatikan nicht immer gleich anfreunden, was die Kunst anging, setzte er Maßstäbe. Das Konzil von Trient *(S. 62–63)* hatte erkannt, dass sich Macht und Vitalität der Kirche durch Kunst wirkungsvoll demonstrieren ließen. Während Urbans Pontifikat wurde Rom durch päpstliches Mäzenatentum zum Zentrum des Barock. Als Urban VIII. den schon zu Lebzeiten berühmten Bildhauer und Architekten Gian Lorenzo Bernini mit dem prächtigen Baldachin über dem Petrusgrab beauftragte, ließ er die notwendige Bronze aus dem Portikus des antiken Pantheon entfernen und einschmelzen. Die Zeitgenossen witzelten: »Was die Barbaren nicht geschafft haben, schaffen die Barberinis.« Im November 1626, nach 120 Jahren Bauzeit, konnte Urban den Petersdom weihen, die größte und spektakulärste Kirche der Christenheit.

DREISSIGJÄHRIGER KRIEG

Drei Jahrzehnte lang, weit in die Amtszeit von **Innozenz X.** hinein, war Europa in einen verheerenden Krieg verstrickt, der 1618 über Konflikten zwischen katholischen und protestantischen Herrschern ausgebrochen war und den gesamten Kontinent erfasste: In die religiösen Auseinandersetzungen mischten sich politische und dynastische Machtkämpfe, Kriegsschauplatz war vor allem Deutschland. Der Westfälische Frieden von 1648 besiegelte, was im Augsburger Religionsfrieden 1555 bereits festgelegt worden war: *cuius regio, eius religio* (Wessen das

DIE AUFKLÄRUNG

DIE PÄPSTE IM ZEITALTER DER VERNUNFT, 1621–1799

1667–1669

KLEMENS IX.

1670–1676

KLEMENS X.

1676–1689

INNOZENZ XI.

1689–1691

ALEXANDER VIII.

Land, dessen die Religion). Die Territorialherren bestimmten die Religionszugehörigkeit ihrer Untertanen. Solche, die sich weigerten, dem Bekenntnis des Landesherrn beizutreten, konnten nach Verkauf ihrer Habe auswandern. Der Vatikan wurde von allen direkten Verhandlungen ferngehalten, wogegen der Papst mit der Bulle *Zelus domus meae* (Hingabe für mein Haus) protestierte: Zu viele Konzessionen habe man den Protestanten gemacht. Die kriegsmüden Verhandlungsführer jedoch übergingen die Klagen des Papstes, ein deutliches Zeichen für den Prestigeverlust, den der Heilige Stuhl hatte hinnehmen müssen.

INSZENIERTE UND REALE MACHT

Innozenz X. starb 1655, aber auch sein Nachfolger **Alexander VII.** beschäftigte Bernini: 1657 erhielt er den Auftrag für die Cathedra Petri, den Altar um den Holzstuhl, den Simon Petrus benutzt haben soll, Symbol für die Lehrautorität, die die Päpste für sich beanspruchten. Auch die Vollendung der Scala Regia, der großen Repräsentationstreppe im Apostolischen Palast, übernahm Bernini und die Gestaltung des Petersplatzes, auf dem die Gläubigen bis heute zusammenströmen, um den öffentlichen Auftritten des Papstes beizuwohnen. Die »mütterlichen Arme der Kirche« nannte Bernini die Kolonnadenflügel um die Piazza. Mit Vollendung von Dom und Platz erhielt der Vatikan sein heutiges Aussehen.

Am Weihnachtstag 1655 erlebte die Kirche einen Triumph. Ausgerechnet Christina von Schweden, die Tochter Gustav Adolphs, des protestantischen Helden im Dreißigjährigen Krieg, erhielt in Rom die Firmung durch den Papst. Dass die hochgebildete, lutheranisch erzogene Königin nach ihrer Abdankung zum Katholizismus übertrat, wurde wochenlang mit barocken Festen, Bällen, Feuerwerk und prächtigen Theateraufführungen gefeiert. Als Maria Alexandra lebte sie bis zu ihrem Tod in Rom, widmete sich der Wissenschaft und den Künsten und trug nicht wenig zum Wiedererstarken des Ansehens der römischen Kirche bei. Ihr Grab befindet sich im Petersdom, Teile ihrer umfangreichen Bibliothek wurden nach ihrem Tod 1689 von Papst **Alexander VIII.** erworben.

Das kurze Pontifikat **Klemens' IX.** war überschattet vom drohenden Einfall der Osmanen in Europa. Vergeblich versuchte der Papst, das christliche Europa zu einem Kreuzzug zu bewegen. **Klemens X.** unterstützte die Kriegszüge des polnischen Feldherrn Jan Sobieski, der sich der Gefahr entgegenstellte. Doch erst unter **Innozenz XI.** – die Türken standen inzwischen vor Wien – fand Europa zu einer gemeinsamen Antwort. Der Papst konnte den 1674 zum polnischen König gewählten Sobieski 1683 dazu bringen, ein Defensivbündnis mit Kaiser Leopold I. zu schließen, und die vereinten polnischen und kaiserlichen Truppen schlugen die Türken vor Wien zurück. Als die Verbündeten gegen Ende des Jahrhunderts Kontrolle über das Königreich Ungarn erlangten, war die osmanische Gefahr gebannt.

> DER TRIUMPH DES PAPSTTUMS
Berninis weite Piazza vor dem Petersdom bildet die Kulisse dieses allegorischen Gemäldes von Giovanni Paolo Pannini (1757).

1691–1700 | 1700–1721 | 1721–1724 | 1724–1730

INNOZENZ XII. | KLEMENS XI. | INNOZENZ XIII. | BENEDIKT XIII.

Zu Beginn des 18. Jh. entbrannte zwischen Habsburgern (Österreich) und Bourbonen (Frankreich) der Spanische Erbfolgekrieg, ein gesamteuropäischer Konflikt um Gebietsansprüche und das Gleichgewicht der Mächte. Papst **Innozenz XII.** hatte König Karl II., den letzten spanischen Habsburger (zu dessen Herrschaftsgebiet auch Neapel und Sizilien gehörten), gedrängt, Philipp von Anjou, einen Enkel Ludwigs XIV., zum Thronerben zu machen. Die Habsburger in Wien waren damit nicht einverstanden. Engländer und Niederländer wollten weder die Habsburger noch die Bourbonen durch die spanischen Territorien in Europa und Übersee gestärkt sehen. Der Krieg erreichte norditalienischen Boden, und Papst **Klemens XI.** stand zunächst auf der Seite Frankreichs. Als habsburgische Truppen im Kirchenstaat einmarschierten, sah er sich jedoch gezwungen, die habsburgischen Ansprüche zu vertreten. Der Frieden von Utrecht (1713) bestätigte den Bourbonen Philipp V. als König von Spanien, allerdings musste er auf den französischen Thron verzichten. Wieder war der Papst an den Verhandlungen nicht beteiligt. Innerkirchlich schwelte der Konflikt weiter: Nach Klemens' Tod konnten sich die Parteigänger Frankreichs und der Habsburger auf keinen Kandidaten einigen. Schließlich wurde, als eine Art Kompromiss, der Italiener Michelangelo Conti zu Papst **Innozenz XIII.** gewählt. Es gelang ihm nicht, die Beziehungen zu den europäischen Mächten zu entspannen. Sein Nachfolger **Benedikt XIII.**, ein Dominikaner und anerkannter Gelehrter, zog sich aus der Politik zurück und widmete sich der verbesserten Ausbildung der Geistlichen in Rom. Auch unter **Klemens XII.** konnte der Vatikan sein internationales Gewicht nicht wiedergewinnen.

ROM IM ZEITALTER DER BILDUNGSREISEN

Mochte der politische Einfluss verloren sein, Stadt und Vatikan zogen bewundernde Besucher aus ganz Europa an. Einer Mode des 18. Jh. folgend, gingen junge Adlige und betuchte Bürgersöhne auf Bildungsreise und am liebsten nach Rom, wo auf engem Raum Zeugnisse von Europas alter und neuer Geschichte versammelt waren: antike Ruinen, Kirchen, Paläste der Renaissance und des Barock. Und die Päpste setzten die Verschönerung des Stadtbildes fort: Klemens XII. ließ die Fassade der Lateranbasilika (1735) erneuern und den Trevibrunnen anlegen (vollendet 1762).

Neben Reisenden zog es auch politische Flüchtlinge nach Rom, was das Ansehen der Päpste hob. 1719 überließ Klemens XI. dem

> **TREVIBRUNNEN**
Rom großartigste Brunnenanlage, 1730 von Klemens XII. in Auftrag gegeben, zog schon im 18. Jh. Besucher nach Rom.

1730–1740

KLEMENS XII.

1740–1758

BENEDIKT XIV.

1758–1769

KLEMENS XIII.

1769–1774

KLEMENS XIV.

Katholiken James Stuart, der Anspruch auf die Throne von England und Schottland erhob, den Palazzo Muti. Die aus der Heimat vertriebenen Stuarts ließen sich mit ihrem ganzen Hof in Rom nieder, an ihren vorübergehenden Aufenthalt erinnert Antonio Canovas Marmordenkmal im Petersdom.

1758, im Jahr der Wahl Papst **Klemens' XIII.**, wurde der Jesuitenorden aus Portugal vertrieben, kurz darauf auch aus Frankreich, Spanien, Parma, Neapel und Sizilien. Anstoß erregten die Jesuiten nicht nur durch ihr unabhängiges Gedankengut, sondern auch mit ihrer Kritik an dem für Spanien und Portugal lukrativen Sklavenhandel. Klemens XIII. wurde bedrängt, den Orden aufzulösen. Sein Nachfolger **Klemens XIV.** gab dem enormen Druck aus Spanien und Frankreich nach: 1773 wurde der Jesuitenorden aufgelöst. Dass der Papst gezwungen werden konnte, einen ihm so ergebenen Orden zu verfolgen, zeigt, wie wenig seine Autorität den Herrschern Europas noch galt. Erst 1814 wurden die Jesuiten wieder zugelassen.

FRANZÖSISCHE REVOLUTION

Der erste Teil des Pontifikats von **Pius VI.** verlief ohne große Ereignisse. Er war ein fähiger Verwalter und unternahm erste Schritte, die Ökonomie des Kirchenstaats auf eine gesunde Basis zu stellen. 1789 aber erschütterte die Französische Revolution Europas alte Ordnung.

Unter dem *Ancien Régime* war die Kirche der größte Grundbesitzer in Frankreich. Sehr bald löste die Revolutionsregierung Orden und Klöster auf und konfiszierte den Kirchenbesitz. 1790 wurde die Zivilverfassung des Klerus verabschiedet, die Geistlichkeit musste einen Treueid auf den Staat ablegen und Frankreichs bis dahin weitgehend unabhängige Kirche wurde dem säkularen Staatsregime unterstellt. Das Phänomen der Entchristianisierung erreichte seinen Höhepunkt unter der Terrorherrschaft der Jakobiner (1793-1794). Priester und Gläubige wurden verfolgt, anstelle des Katholizismus wurden der »Kult der Vernunft« und der deistische »Kult des höchsten Wesens« gefeiert.

Mit Robespierres Sturz 1794 lockerte sich die Kirchenverfolgung, es durften wieder Gottesdienste gefeiert werden. 1796 jedoch erlebten die Bemühungen des Papstes, zu erträglichen Beziehungen mit der französischen Regierung zu kommen, einen herben Rückschlag: Napoleons Truppen besetzten Teile des Kirchenstaats. 1798 eroberten sie Rom. Bonaparte gründete in Italien eine Römische Republik unter französischer Aufsicht. Kunstwerke wurden aus dem Vatikan geschleppt, drei Tage lang loderten im Hof des Apostolischen Palasts die Feuer, in denen französische Soldaten Messgewänder verbrannten. Klöster, Kollegien und Seminare wurden geschlossen, ihr Besitz konfisziert, auf Befehl Napoleons schließlich sogar der Papst gefangen gesetzt und nach Frankreich gebracht. Erschöpft von der beschwerlichen Reise und schlechter Behandlung starb Pius 1799 im südfranzösischen Valence.

› REVOLUTIONÄRER SPOTT
Marianne, die Personifikation der französischen Republik, schleudert die Bullen zurück, mit denen Pius VI. die Zivilkonstitution des Klerus verdammt hat (Flugblatt).

DAS 19. JAHRHUNDERT

DER VATIKAN ZUR ZEIT DER EINIGUNG ITALIENS, 1800–1903

DAS 19. JAHRHUNDERT BRACHTE GEWALTIGE VERÄNDERUNGEN, NICHT NUR FÜR DEN VATIKAN, SONDERN FÜR GANZ ITALIEN UND EUROPA. ZUNÄCHST ERSCHIENEN DIE NIEDERLAGE NAPOLEONS UND DIE ANSCHLIESSENDE RESTAURATION PÄPSTLICHER MACHT ALS ZEICHEN DER RÜCKKEHR ZUR ALTEN ORDNUNG. DOCH MIT DER EINIGUNG ITALIENS ZU EINEM KÖNIGREICH SCHRUMPFTEN DIE WELTLICHEN BESITZUNGEN DES HEILIGEN STUHLS AUF DIE VATIKANSTADT. DIE GESCHICHTE DER PÄPSTE IM 19. JAHRHUNDERT IST BESTIMMT VON IHREM BEMÜHEN, MIT DER NEUEN POLITISCHEN REALITÄT ZURECHTZUKOMMEN.

1775–1799

PIUS VI.

1823–1829

LEO XII.

1829–1830

PIUS VIII.

ROM WAR BESETZT, und so musste das Konklave 1800 in Venedig zusammentreten. Die Versammlung wählte den Benediktiner-Kardinal Luigi Barnaba Chiaramonti zu Papst **Pius VII.** Bei seiner Krönung trug er eine Imitation der päpstlichen Tiara, die echte hatten die Franzosen konfisziert. Als der neue Papst in Rom einzog, wurde er bejubelt und wie ein Held empfangen. Junge Männer spannten die Pferde am Stadtrand aus und zogen die päpstliche Kutsche zum Quirinal, über die mit Rosenblättern bestreuten Straßen und vorbei an mit Blumengirlanden und bestickten Wandbehängen geschmückten Häusern.

1801 handelte Pius VII. ein Konkordat mit Napoleon aus. Es anerkannte den Katholizismus als Religion der Mehrheit der Franzosen und sicherte den Status der Kirche in Frankreich; Staatskirche wurde sie jedoch nicht mehr. Das verhinderten die von Napoleon ergänzend erlassenen Verordnungen, die als Organische Artikel (1802) bezeichnet werden. Die Aufsicht über Religionsausübung und Unterricht lag nun beim Staat, auch beim Treueid des Klerus blieb es. Nur widerwillig reiste der Papst 1804 zur Kaiserkrönung Napoleons nach Paris.

Als Pius fortfuhr, auf päpstliche Vorrechte zu bestehen, verschärften sich die Spannungen zwischen ihm und dem Kaiser. 1809 annektierte Napoleon den Kirchenstaat und ließ den Papst festnehmen. Pius, der erst nach Grenoble, dann nach Savona und 1812 nach Fontainebleau gebracht wurde, trat zeitweise in Hungerstreik und weigerte sich, in Frankreich Bischöfe einzusetzen. Befreit wurde er 1814 von der antinapoleonischen Allianz. 1815 restituierte der Wiener Kongress den Kirchenstaat in vollem Umfang. Das alte Europa schien ganz wiederhergestellt zu sein, doch neue Vorstellungen von nationaler Identität und Staatlichkeit setzten sich durch, und so änderte sich auch die Rolle des Papsttums schon kurze Zeit später grundsätzlich.

NATIONALISMUS

1823 wurde Papst **Leo XII.** gekrönt. In der Hoffnung, dem Heiligen Stuhl eine ruhigere Zukunft zu sichern, handelte er weitere Konkordate aus. Doch überall in Europa lag Revolution in der Luft, auch im Kirchenstaat. 1830 kam es dort zu

< KONKORDAT MIT NAPOLEON
Die allegorische Darstellung des Konkordats von 1801 zeigt Papst Pius VII. mit Symbolfiguren des napoleonischen Frankreichs.

1831–1846

GREGOR XVI.

1846–1878

PIUS IX.

1878–1903

LEO XIII.

ersten nationalen Erhebungen. Papst **Gregor XVI.** rief die österreichische Armee zu Hilfe, die die Aufstände 1831 niederschlug. Gregor, politisch unerfahren und von einer zutiefst ablehnenden Grundhaltung gegenüber allem neuen, stellte sich gegen jegliche liberalen und demokratischen Bestrebungen und weigerte sich, die Verwaltung des Kirchenstaats auch nur in Teilen an Laien zu übertragen.

EINIGUNG ITALIENS

Während des langen Pontifikats von **Pius IX.** gewann das *Risorgimento,* die Bewegung zur Einigung Italiens, raschen Zulauf. Zunächst schien es, als unterstütze der Papst politische Reformen. Doch als die Revolutionäre 1848 den Kardinalstaatssekretär ermordeten und die Römische Republik ausriefen, musste Pius verkleidet ins benachbarte Gaeta fliehen. Österreich entsandte Truppen nach Rom und setzte den Papst wieder ein, der nun eine strikt konservative Politik verfolgte.

Doch das *Risorgimento* war nicht aufzuhalten. 1859 vertrieb das norditalienische Königreich Sardinien-Piemont die Österreicher aus Italien und übernahm die Herrschaft in Nord- und Teilen Mittelitaliens. 1860 landete der Freiheitskämpfer Giuseppe Garibaldi mit seinen Rothemden in Süditalien und eroberte Sizilien und Neapel. 1861 schon konnte er das Königreich Italien ausrufen. Mit dem Schlachtruf *»O Roma o Morte«* (Rom oder Tod) verkündete er die Absicht, nach Rom zu ziehen: Rom sollte Italiens Hauptstadt werden. Dieser Schwur erfüllte sich nicht vor 1870 und bedeutet die Belagerung der Stadt durch die italienische Armee. Nach langer Beschießung gelang der Durchbruch an der Porta Pia. Rom wurde zur Hauptstadt des geeinten Italien.

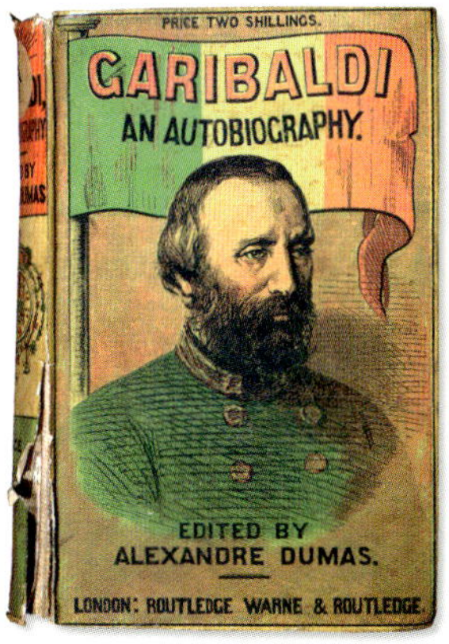

▲ NATIONALHELD
Garibaldi, der charismatische Patriot, stand an der Spitze des *Risorgimento.* Mit der Eroberung des Kirchenstaats endete die politische Macht der Päpste in Italien.

GEFANGEN IM VATIKAN

Die italienische Regierung, die nun Rom und den gesamten Kirchenstaat kontrollierte, bot dem Papst das Gebiet innerhalb der Leoninischen Mauern *(S. 48)* als Residenz an. Nicht bereit, die Annexion des Kirchenstaats hinzunehmen, schlug Pius dieses Angebot aus und erklärte sich selbst zum »Gefangenen im Vatikan«. Allen Katholiken verbot er, das neue italienische Königreich, etwa durch Wahlen, anzuerkennen. 59 Jahre lang, bis 1929, sollten der Papst und seine Nachfolger den Vatikan nicht verlassen.

Pius' Pontifikat endete niederschmetternd: Während des Trauerzugs versuchte eine antiklerikale Menge seinen Sarg in den Tiber zu werfen. Sein Nachfolger **Leo XIII.,** der sich seiner Zeit stellte, ging als sozialpolitisch engagierter Papst in die Geschichte ein. Er veröffentlichte 86 Enzykliken (Rundschreiben), plädierte für soziale Gerechtigkeit und ein neues politisches Denken. So konnte er die Kirche ein Stück weit aus ihrer Isolation herausführen. Dem diente auch die Verbesserung internationaler Beziehungen: Eine Reihe ausländischer Regenten besuchte den Vatikan, darunter der deutsche Kaiser Wilhelm II. und der englische König Eduard VII.

ZU BEGINN DES 20. JAHRHUNDERTS HATTEN DIE PÄPSTE JEDE POLITISCHE MACHT IN ITALIEN VERLOREN. DOCH DIE »GEFANGENSCHAFT IM VATIKAN« HATTE AUCH IHR GUTES: DER VERLUST WELTLICHER MACHT ERLAUBTE EINE ERNEUTE KONZENTRATION AUF DIE MORALISCHEN UND GEISTLICHEN AUFGABEN DER KIRCHE. DURCH DAS VON ZWEI WELTKRIEGEN ZERRISSENE 20. JAHRHUNDERT, DURCH DIE UMBRÜCHE AUCH DES 21. JAHRHUNDERTS HINDURCH BOTEN DIE PÄPSTE GLÄUBIGEN DER KIRCHE CHRISTI FÜHRUNG UND LEITUNG.

1903–1914

PIUS X.

1913

MIT SEINEM HOF

1914–1922

BENEDIKT XV.

1922

AM SCHREIBTISCH

MIT SEINER NAMENSWAHL bekundete Papst **Pius X.** seine Verbundenheit mit der konservativen Theologie Pius' IX. Er war ein Gegner des Modernismus, jener Strömung des 19. und frühen 20. Jh., welche die Erkenntnisse der modernen Wissenschaft und Bibelforschung in die kirchliche Lehre integrieren wollte, und verurteilte ihn 1907 in mehrfacher Weise. Pius war ein einfacher und prinzipientreuer Mann, er verließ die Prunkgemächer des Apostolischen Palasts und bezog einfache Räume im Dachgeschoss. Nach seinem Tod wurden ihm viele Wunder zugeschrieben, die er mit seinen Fürbitten bewirkt haben soll. 1954 wurde er von Pius XII. heilig gesprochen.

DIE ZEIT DES ERSTEN WELTKRIEGS

Im Todesjahr Pius' X. begann der Erste Weltkrieg. Die im Konklave versammelten Kardinäle erkannten, dass die bevorstehende Zeit einen erfahrenen Diplomaten verlangte, und wählten Giacomo della Chiesa, den Kardinalerzbischof von Bologna, zu Papst **Benedikt XV.**

Während des Krieges, den er unmissverständlich den »großen Selbstmord Europas« nannte, bemühte er sich, die Not der Kriegsopfer zu lindern. Er wollte Friedensverhandlungen in Gang bringen und legte den kriegführenden Parteien 1917 einen Sieben-Punkte-Friedensplan vor. Das Deutsche Reich hätte sich auf die vorgeschlagenen Bedingungen eingelassen, die Alliierten lehnten jedoch ab. Sorgfältig suchte Benedikt die Neutralität des Heiligen Stuhls zu wahren – eine Haltung, die die Siegermächte dazu bewog, Diplomaten des Vatikans von den Versailler Friedensverhandlungen auszuschließen. Dennoch veröffentlichte Benedikt die Enzyklika *Pacem, Dei munus pulcherrimum* (Frieden, Gottes schönste Gabe), ein Plädoyer für die Versöhnung der Völker und unterstützte die Gründung des Völkerbunds. Er suchte die Aussöhnung mit der Ostkirche und gab der Missionsarbeit eine neue Richtung, indem er Respekt vor fremden Kulturen predigte. Als Benedikt XV. 1922 starb, trauerte nicht nur die katholische Welt. Er ging als »Friedenspapst« in die Geschichte ein. 2005 begründete Papst Benedikt XVI. die Wahl seines Papstnamens: »Ich wollte mich … (auch) … auf Papst Benedikt XV. beziehen, der den Ersten Weltkrieg als ein ›unnötiges Blutbad‹ verurteilte und sich dafür einsetzte, dass die übergeordneten Gründe für den Frieden von allen anerkannt würden.«

▲ LATERANVERTRÄGE
Die 1929 von Mussolini und dem Heiligen Stuhl unterzeichneten Verträge begründeten den unabhängigen Staat der Vatikanstadt.

SOUVERÄNITÄT DER VATIKANSTADT

Im Februar 1922 wurde der Mailänder Kardinal Achille Ratti zum Papst gewählt. Als eine der ersten Amtshandlungen führte **Pius XI.** den österlichen Segen *Urbi et Orbi* (Der Stadt und dem Erdkreis) wieder ein. Seit der Einnahme Roms 1871 *(S. 71)* hatten seine Vorgänger den Segen nicht mehr vom Balkon des Petersdoms erteilt. Pius wollte sich mit der Welt auseinanderset-

DIE GEGENWART

DIE PÄPSTE UND DIE VATIKANSTADT, 1903 BIS HEUTE

1922–1939	1930	1939–1958	1954

PIUS XI.	IM ARBEITSZIMMER	PIUS XII.	ANSPRACHE IM RADIO VATIKAN

zen und sich nicht länger wie ein Gefangener in den Vatikan zurückziehen. Diese Linie konsequent verfolgend, konnte er 1929 die Lateranverträge mit der italienischen Regierung unterzeichnen: Der Heilige Stuhl anerkannte das Königreich Italien, dieses im Gegenzug die staatliche Autonomie der Vatikanstadt und den besonderen Status des Katholizismus in Italien. Noch 1929 verließ Pius XI. – als erster Papst seit 59 Jahren – die Vatikanstadt. Sie war wieder zum souveränen Territorium des Heiligen Stuhls geworden. Völkerrechtlich gesichert, konnten die Päpste wieder eigeninitiativ, vermittelnd und beratend ins Weltgeschehen eingreifen.

DIE ZEIT DES ZWEITEN WELTKRIEGS

Aus den Zerstörungen und Umwälzungen nach dem Krieg erhoben sich bald drohend die Zwillingsgespenster Faschismus und Kommunismus. 1933, nach der Machtübernahme der Nationalsozialisten in Deutschland, schloss Pius XI. zum Schutz der Katholiken vor Verfolgung ein Konkordat mit dem NS-Regime, das sich jedoch nicht daran hielt. Vier Jahre später veröffentlichte der Papst die Enzyklika *Mit brennender Sorge,* mit der er auf Not und Bedrängnis der Katholiken in NS-Deutschland hinwies. Während Hitlers Staatsbesuch bei Mussolini verließ der Papst ostentativ den Vatikan. Den atheistischen Kommunismus, den er sehr fürchtete, und das stalinistische Regime prangerte Pius XI. in der Enzyklika *Divini redemptoris* (Vom göttlichen Erlöser) von 1937 ebenfalls an.

Zur Veröffentlichung einer scharf formulierten Kritik an Faschismus und Antisemitismus kam es nicht mehr: Pius XI. starb im Februar 1939. Der Ausbruch des Zweiten Weltkriegs war absehbar, und wieder suchten die Kardinäle einen Mann mit diplomatischen Erfahrungen. Die Wahl fiel auf Kardinal Eugenio Pacelli, der sich **Pius XII.** nannte. Als Kardinalstaatssekretär und enger Mitarbeiter seines Vorgängers war er die treibende Kraft hinter dem Konkordat mit NS-Deutschland gewesen und auch als Papst suchte er, Faschismus und Nationalsozialismus auf dem Verhandlungsweg einzudämmen. In seiner ersten Weihnachtsansprache schlug er einen Fünf-Punkte-Friedensplan vor, der aber abgelehnt wurde. Wie sein Vorgänger achtete er auf strikte Neutralität des Heiligen Stuhls. Jedes unvorsichtige Wort, so fürchtete Pius, konnte die Nationalsozialisten aufbringen und in ganz Europa Leben gefährden. Einen Überfall der NS-Truppen auf die Vatikanstadt hielt er nicht für ausgeschlossen.

Nach seinem Tod wurde Pius XII. vorgeworfen, dass er sich nicht eindeutiger gegen Nationalsozialisten und Judenvernichtung gewandt habe, andererseits gelang ihm so die Rettung von 850 000 Juden. Während der Besetzung Roms fanden Hunderte von Juden Zuflucht im Vatikan und in Castel Gandolfo sowie in Kirchen und Klöstern in und um Rom.

> KÖNIGLICHER BESUCH, 1929
Viktor Emmanuel III. stattet Papst und Vatikanstadt einen Staatsbesuch ab: Die Vereinbarung zwischen Heiligem Stuhl und dem Königreich Italien ist besiegelt.

> Ich möchte das Fenster der Kirche aufstoßen, damit wir hinausschauen und die Menschen hineinsehen können.
> JOHANNES XXIII. ZUM II. VATIKANISCHEN KONZIL, 1959

1958–1963

JOHANNES XXIII.

1960

BEI DEN OLYMPISCHEN SPIELEN IN ROM

1962

AM WALLFAHRTSORT LORETO

Als der 76-jährige Angelo Roncalli 1958 zum Papst gewählt wurde, glaubten viele, er werde, auch wegen seines hohen Alters, ein Übergangspapst sein. Und doch hatte dieser Papst den Mut einen historischen Wendepunkt herbeizuführen: 1959 berief er das Zweite Vatikanische Konzil ein, für den Vatikan eine Möglichkeit, sich zur modernen Welt zu öffnen.

»DER GUTE PAPST«

Die meiste Zeit seines Lebens hatte Johannes XXIII. im diplomatischen Dienst des Vatikans verbracht, erst 1953 wurde er zum Patriarchen von Venedig und Kardinal ernannt. Bekannt für seine Freundlichkeit, seinen Optimismus, seine Frömmigkeit und seinen Humor verlor der Sohn einer Bauernfamilie nie seinen Draht zu den Menschen. Die Italiener nannten ihn »Il Papa Buono« (Der gute Papst). Am ersten Weihnachtsfest nach seiner Wahl besuchte Johannes schwerkranke Kinder im Spital Bambini Gesù in Rom und übergab jedem Kind ein Geschenk. Bei einem Überraschungsbesuch in einem Gefängnis am nächsten Tag sprach er ungezwungen und einfach zu den Gefangenen: »Ihr konntet nicht zu mir kommen, so komme ich zu euch.«

Johannes XXIII. war in der Tat ein Mann des Dialogs, er suchte den Kontakt zu Christen anderer Bekenntnisse und förderte die ökumenische Bewegung. Das entscheidende Ereignis seines Pontifikats war jedoch die Eröffnung des Zweiten Vatikanischen Konzils (1962). Den Abschluss des Konzils, das eine Erneuerung der Lehre und des Lebens der Kirche bedeutete, erlebte er nicht mehr. Zu den bedeutendsten Ergebnissen gehörten die Liturgiereformen (Messen sollten zukünftig nicht in Latein, sondern in den Volkssprachen gefeiert werden) und die Anerkennung nicht katholischer Kirchen und nicht christlicher Religionen. Das Konzil forderte die katholische Kirche auf, mit anderen Kirchen ebenso wie mit der säkularen Gesellschaft zusammenzuarbeiten, mit dem Ziel, »eine menschlichere Welt zu schaffen«.

Viele Personen des öffentlichen Lebens empfing der Papst in Rom, darunter Jacqueline Kennedy, die First Lady der USA, Königin Elisabeth II. von England sowie die Tochter des sowjetischen Präsidenten Nikita Chruschtschow. Auch die Beziehungen der Kirche zur Sowjetunion wollte er auftauen. Als er 1963 nach langer Krankheit starb, trauerten Katholiken und Nichtkatholiken in aller Welt. Im Jahr 2000 wurde Johannes XXIII. in einer Zeremonie auf dem Petersplatz von Papst Johannes Paul II. selig gesprochen.

NACH DEM KONZIL

Papst **Paul VI.** wurde noch während der zweiten Sitzungsperiode des Konzils gewählt. Verglichen mit seinem Vorgänger wirkte er reserviert, doch führte der neue Papst das Konzil zu einem glücklichen Abschluss (1965). Um den von Johannes angeregten Dialog fortzusetzen, setzte er die Bischofssynode ein, ein Forum für die Bischöfe aus aller Welt, die seither regelmäßig in Rom

< **ZWEITES VATIKANISCHES KONZIL**
Bischöfe und Prälaten aus aller Welt versammelen sich 1962 zu einer Sitzung des Konzils im Petersdom. An der Eröffnung nahmen 2500 Prälaten teil.

1963–1978

PAUL VI.

1964

MIT PATRIARCH ATHENAGORAS

1978

JOHANNES PAUL I.

zusammenkommen, um untereinander und mit den Funktionsträgern in Rom über wichtige Fragen zu sprechen. Auch eine gründliche Reform der Kurie führte er durch und vereinfachte das vatikanische Protokoll.

Die Entwicklung, die die Kirche in den Jahren nach dem Konzil durchlief, löste Kontroversen aus. Die Autorität des Papstes wurde herausgefordert von Traditionalisten wie dem französischen Erzbischof Marcel Lefebvre, der keines der Konzilsdekrete akzeptieren wollte, da sie ihm zu weit gingen. Da, wo der Papst konservative Ansichten vertrat, wie mit der Enzyklika *Humanae vitae* (1968), die sich mit der Ehelehre und, indirekt, mit der künstlichen Empfängnisverhütung beschäftigt, traf ihn die Kritik derjenigen, denen die Reformen nicht ausreichten. Die große Zahl von Priestern und Gläubigen, die während seines Pontifikats der Kirche den Rücken kehrten, belastete Paul VI. schwer.

JOHN F. KENNEDY
Juli 1962: Der US-Präsident war nur einer von vielen ausländischen Würdenträger, die Paul VI. empfing.

1964 traf er sich mit dem Patriarchen Athenagoras in Jerusalem, eine freundliche Begegnung, die beide Männer bewog, die wechselseitige Exkommunikation des großen Schismas von 1054 *(S. 50)* aufzuheben. Auch auf andere christliche Kirchen ging er zu, traf sich 1960 mit dem Erzbischof von Canterbury und nannte die Anglikanische Kirche »unsere geliebte Schwesterkirche«. 1965 plädierte er vor den Vereinten Nationen leidenschaftlich dafür, den Kriegen ein Ende zu machen. Ein Thema, das er 1967 in der Enzyklika *Populorum progressio* (Entwicklung der Völker) wieder aufgriff, in der er Kritik am nationalen Egoismus der reichen Länder äußerte und weltwirtschaftliche Gerechtigkeit eine Voraussetzung und Grundlage des Friedens nannte.

Seine architektonische Hinterlassenschaft ist die Vatikanische Audienzhalle, ein Werk von Pier Luigi Nervi, die 1971 fertiggestellt wurde. In den Vatikanischen Museen eröffnete er 1973 die Sammlung Moderner Religiöser Kunst.

DER PILGERPAPST

Wie sein Vorgänger bemühte sich Paul VI. das Papsttum näher an die Welt heranzuführen und Beziehungen zu knüpfen. Er war der erste Papst der Gegenwart, der den Vatikan zu ausgedehnten Reisen verließ. Seine Hirtenbesuche führten ihn ins Heilige Land, nach Indien und Amerika. Als erster Papst bereiste er alle Erdteile. 1970 entging er auf den Philippinen nur knapp einem Attentat, als sich aus der Menge ein als Priester verkleideter Mann, ein Maler aus Bolivien, mit einem Dolch auf ihn stürzte.

JOHANNES PAUL I.

1978 starb Paul VI. in Castel Gandolfo. Zu seinem Nachfolger wurde Albino Luciani gewählt, Kardinal und Patriarch von Venedig. Mit dem Papstnamen **Johannes Paul I.** bezog er sich auf seine beiden Vorgänger. Er ersetzte die uralte Tradition der Papstkrönung durch eine einfache Inaugurationszeremonie. Viele Menschen waren begeistert von seiner zwanglosen Art, seiner einfachen und anschaulichen Sprache. Dass er nach nur 33 Tagen im Amt plötzlich starb, traf alle völlig unerwartet.

1978–2005

JOHANNES PAUL II.

1978

INAUGURATIONSMESSE

1979

BESUCH IN AUSCHWITZ

Einen Mann »von weither« nannte sich Papst **Johannes Paul II.**, als er sich im Oktober 1978 am Abend seiner Wahl auf dem Balkon des Petersdoms zeigte. Gerade 58 Jahre alt, war der neue Papst nicht nur einer der jüngsten, sondern seit über 450 Jahren der erste, der nicht aus Italien stammte. Er wolle sich ganz dem Heiligen Stuhl in Rom widmen, versicherte er und bat darum, ihn zu korrigieren, wenn er »einen Fehler in Ihrer – nein – in *unserer* Sprache« mache. Begeistert jubelte die Menge ihm zu. Er veränderte und bewirkte viel mit seinem Pontifikat.

WERDEGANG JOHANNES PAULS' II.

Karol Jósef Wojtyła wurde 1920 in der polnischen Stadt Wadowice bei Krakau als jüngster Sohn eines ehemaligen k.u.k. Unteroffiziers und Schneiders geboren. Seine Mutter starb, als er neun war. Der strebsame Schüler liebte Dichtung und Theater, und der junge Lolek, wie ihn seine Freunde nannten, schwankte zwischen dem Theater und einer Laufbahn als Priester.

Er war 19 Jahre alt, als der Zweite Weltkrieg ausbrach, traumatische Jahre, in denen Polen zum Schlachtfeld wurde und Ort der Vernichtung von Millionen Juden und anderer Opfer des NS-Regimes. Die Jagiellonen-Universität wurde geschlossen, Wojtyła studierte im Untergrund weiter, wurde zur Zwangsarbeit verpflichtet. 1942 trat er ins geheime Priesterseminar der Erzdiözese Krakau ein, wurde 1946 insgeheim ordiniert und zum weiteren Studium nach Rom gesandt. Als er 1948 zurückkehrte, stand Polen unter kommunistischer Herrschaft. 1958 wurde er zum Weihbischof von Krakau geweiht und war ein Teilnehmer des Zweiten Vatikanischen Konzils *(S. 75)*.

1964 berief ihn Paul VI. zum Erzbischof von Krakau, 1967 zum Kardinal. 1968 zog der Papst ihn zu den Beratungen über die künstliche Empfängnisverhütung hinzu. Als Mitglied der Bischofssynode knüpfte er internationale Kontakte, und so wurde er nach dem plötzlichem Tod Pauls VI. zum Papst gewählt.

INTERNATIONALE MISSION

Mit seinen öffentlichen Auftritten konnte Johannes Paul II. Millionen Menschen für sich gewinnen. In den 26 Jahren seines Pontifikats besuchte der Papst auf 104 Reisen Gläubige in 129 Ländern. Das Attentat auf ihn auf dem Petersplatz 1981 ließ ihn diese Reisetätigkeit nur kurz unterbrechen. Sprachbegabt wie er war, lernte er weitere Sprachen, und fühlte sich, wenn er die Messe las, im Central Park in New York ebenso zu Hause wie in den Favelas Brasiliens oder den Shanty-Towns Südafrikas.

Eine bedeutsame Rolle spielte er für den Zusammenbruch der kommunistischen Systeme. Er unterstützte die polnische Gewerkschaft Solidarność, indem er Lech Wałęsa

EIN REISENDER
Die Bronzestatue Johannes Pauls II. steht vor der Basilika Unserer Lieben Frau von Guadelupe (Mexiko). Der Papst besuchte den Schrein 1979, bei seiner ersten Auslandsreise.

> Der Papst muss eine moralische Kraft sein.
>
> JOHANNES PAUL II., 1994

1993

MIT GORBATSCHOW IM VATIKAN

2000

MIT KÖNIG ABDALLAH VON JORDANIEN

2000

BESUCH IM HEILIGEN LAND

empfing. Im Juni 1989 förderte er die Bewegung für freie Wahlen in Polen – eines der Ereignisse, die den Zusammenbruch des Sowjetsystems beschleunigten. Der damalige Präsident der Sowjetunion Michail Gorbatschow sagte 1993, dass »alles, was in Osteuropa geschah, unmöglich gewesen wäre ohne die Mitwirkung des Papstes«. Nicht weniger nachdrücklich kritisierte Johannes Paul den Machtmissbrauch im Westen, die Exzesse von Kapitalismus und Konsumismus.

ANDERE RELIGIONEN

Aufgewachsen mit vielen jüdischen Freunden war er darauf bedacht, die Beziehungen zwischen der katholischen Kirche und jüdischen Gemeinden zu verbessern. 1993 etablierte er diplomatische Beziehungen zwischen dem Vatikan und Israel, besuchte während seiner Pilgerfahrt in den Nahen Osten auch die Holocaust-Gedenkstätte Yad Vashem und hinterließ an der Klagemauer in Jerusalem die Bitte um Vergebung für das Verhalten früherer Generationen von Christen gegenüber den Juden. Er besuchte auch ein palästinensisches Flüchtlingslager und bot seine Hilfe bei aktuellen Friedensverhandlungen an.

Auch die Beziehungen zum Islam versuchte der Papst zu verbessern. Regelmäßig empfing er muslimische Würdenträger, besuchte, wenn er in islamischen Ländern war, muslimische Gemeinden, kritisierte allerdings fundamentalistische Strömungen im Islam. Mit seinem Verständnis für Judentum und Islam – beides monotheistische Religionen mit denselben Wurzeln wie das Christentum – beförderte Johannes Paul II. die Friedensinitiativen im Nahen Osten. Entschieden kritisierte er den Golfkrieg von 1991 und die Invasionen in Afghanistan und im Irak von 2001–2003.

ANSCHLAG
Die Hintergründe des Attentats, bei dem Johannes Paul II. im Mai 1981 schwer verwundet wurde, liegen bis heute im Dunkeln.

DIE FÜHRUNG DER KIRCHE

In den Jahren nach dem Vatikanischen Konzil hatten sich die Gegensätze zwischen Liberalen und Konservativen in der Kirche dramatisch verschärft. Johannes Paul machte es sich zur Aufgabe, Brücken zu bauen, nicht immer mit Erfolg. Reformorientierten Theologen blieb die rigide päpstliche Sexualmoral unverständlich, er konnte sie so wenig zurückgewinnen, wie manche Konservative, die weiter nach rechts rückten.

Johannes Paul II. hatte viele Kritiker, in und außerhalb der Kirche. Sein Widerstand gegen Abtreibung, homosexuelle Liebe, Genforschung und künstliche Befruchtung trugen ihm Schmähung wie Zustimmung ein. Seine Ausstrahlung jedoch und die Fähigkeit, seine Zuhörer zu fesseln, verschaffte ihm zumindest Gehör, selbst wenn man seine Botschaften nicht immer begrüßte. Trotz seiner seit den 1990er-Jahren fortschreitenden Parkinsonerkrankung setzte er seine Auslandsreisen bis 2004 fort. 2005 starb er, 500 000 Menschen versammelten sich zu den Beerdigungsfeierlichkeiten, die zugleich das größte religiöse Fernsehereignis in der Geschichte wurden – ein angemessenes Lebewohl für einen Papst, dem es gelungen war, Herzen und Geist seiner Zeitgenossen zu bewegen.

2005–

BENEDIKT XVI.

2005

MESSE ZUR AMTSEINFÜHRUNG

2005

HEILIGSPRECHUNG, PETERSPLATZ

INAUGURATIONSMESSE
Papst Benedikt XVI. feierte seinen Amtsantritt als Bischof von Rom mit einer Messe im Petersdom am 24. April 2005. Die Feier wurde weltweit übertragen.

Nachdem die Stellung Kardinal Ratzingers in der Kurie gegen Ende des Pontifikats Johannes Pauls II. immer bedeutender geworden war, wurde der 78-Jährige im April 2005 zum Papst gewählt. Auch wenn er einer seiner engsten Berater gewesen sei, könne er nicht hoffen, so der Neugewählte, es seinem Vorgänger, der die Kirche fast 27 Jahre geleitet habe, an Leistung gleichzutun. Als **Benedikt XVI.** präsentierte er sich den auf dem Petersplatz versammelten Menschen als »demütiger Arbeiter im Weinberg des Herrn«. Seither hat er einen eigenen Führungsstil entwickelt, erfüllt seine Pflichten mit Ruhe und Sanftmut.

AKADEMISCHE LAUFBAHN

Joseph Ratzinger wurde 1927 im südbayrischen Marktl am Inn geboren, als jüngstes Kind eines Gendarmeriemeisters. Mit 14 Jahren musste der junge Seminarist zwangsweise in die Hitlerjugend eintreten, mit 16 kam er als Flakhelfer nach München, dann mit dem Reichsarbeitsdienst nach Österreich. 1946–1953 studierte er Theologie und Philosophie in Freising; Promotion und Habilitation erfolgten in München, anschließend lehrte er in Freising, Münster, Bonn, Tübingen und Regensburg. Seine Priesterweihe erhielt er 1951, seine erste Pfarrstelle hatte er in München. 1962 begleitete er Kardinal Frings, den Erzbischof von Köln, zum Zweiten Vatikanischen Konzil, wo er zum *peritus,* zum theologischen Experten, berufen wurde. Ungern gab er die Lehrtätigkeit auf, als er 1977 von Papst Paul VI. zum Erzbischof von München und Freising berufen wurde. Schon im Juni des gleichen Jahres erfolgte die Ernennung zum Kardinal. 1981 wurde er zum Präfekten der Glaubenskongregation – *Congreatio pro doctrina fidei* – im Vatikan berufen, der Zentral-

> Der neue Papst weiß, dass es seine Aufgabe ist, vor den Männern und Frauen von heute das Licht Christi leuchten zu lassen ...
>
> BENEDIKT XVI., ERSTE BOTSCHAFT DES PAPSTES, 20. APRIL 2005

2005

BESUCH IN DER SYNAGOGE VON KÖLN

2007

HIRTENBESUCH IN BRASILIEN

2007

GENERALAUDIENZ, PETERSPLATZ

behörde der katholischen Kirche, zuständig für die Reinheit der Lehre und des Glaubens. Maßgeblich beteiligt war er an der Entstehung des neuen *Katechismus der Katholischen Kirche*, dem 1992 veröffentlichten Kompendium der Kirchenlehre.

LIEBE UND EINIGKEIT

Die erste Enzyklika von Papst Benedikt XVI., *Deus caritas est* (Gott ist die Liebe), war eine Meditation über die vielfältigen Formen der Liebe als der belebenden Kraft christlicher Barmherzigkeit. Mit seinen tiefen Kenntnissen und der offensichtlichen Wertschätzung der orthodoxen Kirche brachte er neues Leben in die Bemühungen, zu einer Gemeinschaft beider Kirchen zu gelangen. Auch um den ökumenischen Dialog mit anderen Kirchen und Kirchengemeinschaften bemüht er sich, besteht jedoch auf der Einzigartigkeit der katholischen Kirche und der apostolischen Nachfolge. Eine Veröffentlichung der Glaubenskongregation vom Juni 2007 stellt denn auch realistisch die Schwierigkeiten auf dem Weg der Ökumene dar. Mit seinen Besuchen in den Synagogen von Köln (2005) und New York (2008) bestätigte er seinen Respekt für den jüdischen Glauben. Er sucht den Dialog mit allen Religionen, wobei seine Äußerungen gelegentlich missverstanden worden sind.

Benedikt XVI. tut vieles, um Christen zu helfen, die wegen ihres Glaubens Repressalien erleiden, sei es durch Staatsregierungen, sei es durch andere Religionen. So ermutigte er die Katholiken in China mit seiner Hoffnung, die Spannungen mit der 1957 von der kommunistischen Führung eingesetzten Katholisch-Patriotischen Vereinigung ausräumen zu können. Zu seinen innerkirchlichen Vermittlungsversuchen gehört, dass er auf die Traditionalisten zuging und im Jahr 2007 die vor den Reformen des Zweiten Vatikanischen Konzils übliche, sogenannte tridentinische Messe in lateinischer Sprache als »außerordentliche Form der Liturgie« wieder zuließ.

HEILIGER LEHRER

Zum ersten Mal seit sehr langer Zeit besetzt wieder ein Theologe den Heiligen Stuhl, der jede Gelegenheit zur Lehre wahrnimmt. Mit großer Freude nutzt der Papst die immer zahlreicher besuchten Mittwoch-Audienzen, um die Heilige Schrift oder Lehren früher Theologen auszulegen. Mit der Veröffentlichung des ersten Bandes seines Buchs *Jesus von Nazareth* wurde sein profundes Wissen einem noch sehr viel größeren Publikum zugänglich.

Immer wieder verweist der Papst auf seine Missbilligung solcher Philosophien, die die Religion ins Private verbannen wollen, und ermutigt die Christen, ihren Glauben in den Mittelpunkt des Lebens zu stellen und mit Stolz zu leben und jeden Relativismus zurückzuweisen: Ethische und moralische Prinzipien seien absolut und könnten nicht nach Situation gedeutet und gewichtet werden. Unter Benedikt XVI. werden Papsttum und Vatikan zweifellos im Mittelpunkt der Kirche und im Leben der Gläubigen in aller Welt bleiben.

> **PÄPSTLICHES WAPPEN**
Über Benedikts Wappenschild erhebt sich nicht mehr die Tiara, das Symbol der weltlichen Herrschaft der Päpste, sondern die Mitra als Zeichen der spirituellen Autorität.

CAELORVM TV ES PETRVS
FIDES
MVNDO

ARCHITEKTUR

BAUWERKE IM VATIKAN

Innerhalb der Mauern des Vatikans haben fast 2000 Jahre Architekturgeschichte Spuren hinterlassen. Die Bauten, Ergebnis des Gestaltungswillens und Mäzenatentums vieler Päpste, ergeben kein geschlossenes Gesamtbild, der Vatikan ist ein gewachsenes Konglomerat verschiedener Baustile, die bis in die Antike zurückreichen. Die ältesten Bauwerke liegen unter der Erde, wie die Nekropole, die zwischen dem 2. und 4. Jahrhundert an den Tiberufern entstand. Man findet schlichte, kleine, romanische Kirchen und daneben das barocke Spiel von Licht, Form und Größe, die Pracht des Petersdoms, dessen Bau unter Papst Julius II. in der Renaissance begonnen und im Hochbarock vollendet wurde. Die Vatikanstadt, seit einigen Hundert Jahren bewahrt und im letzten Jahrhundert kaum ergänzt, ist ein einzigartiges Ensemble und ein Schatz abendländischer Architektur.

ST. PETER

ZENTRUM DER KATHOLISCHEN KIRCHE

DRAUFSICHT

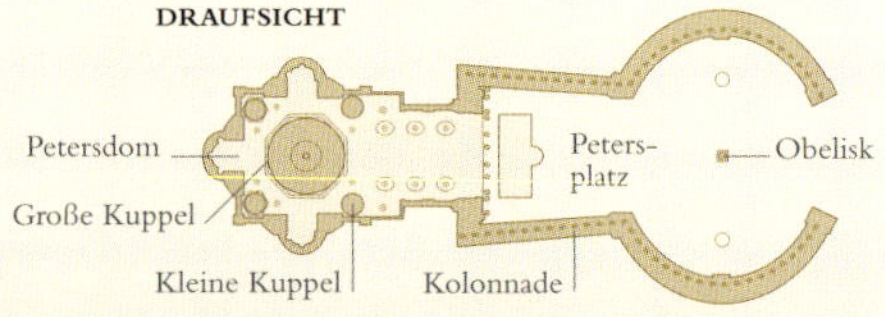

GRUNDRISS

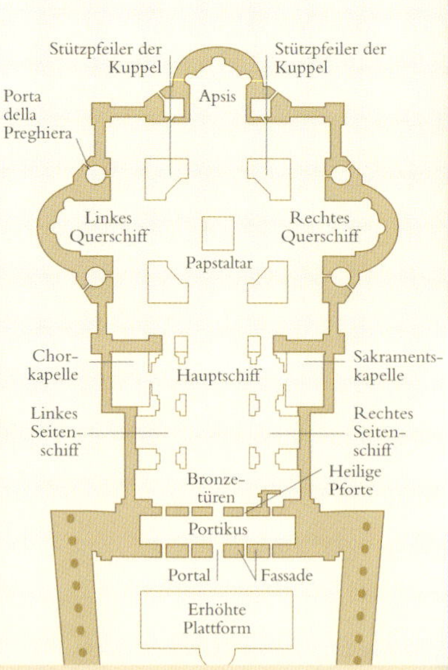

Konstantin I., der erste Kaiser, der in Rom für die Christen eintrat, ließ um 324 über dem Grab des hl. Petrus eine große Basilika errichten. 1000 Jahre später, zur Zeit von Papst Nikolaus V., neigten sich die Mauern des Hauptschiffs fast eineinhalb Meter aus dem Lot. Doch die alte Petersbasilika war nicht nur baufällig, sie entsprach auch nicht mehr dem Stilempfinden der Renaissance.

So gab Nikolaus V. zunächst den Bau eines Chors hinter dem alten Hochaltar in Auftrag. Ein halbes Jarhundert später ließ Papst Julius II. Alt-St.-Peter komplett niederreißen. Er wollte nicht nur den neuen Chor vollenden (er sollte seine Grablege aufnehmen), sondern eine völlig neue Basilika bauen. Der Entwurf seines Baumeisters Donato Bramante (1444–1514) sah einen Zentralbau um das Petrusgrab in Form eines griechischen Kreuzes vor. Nach seinem Tod übernahmen Raffael (1483–1520), Baldassare Peruzzi (1481–1537) und Guiliano Sangallo (1443–1516) die Bauleitung, die zur lateinischen Kreuzform mit Langschiff und kürzerem Querschiff zurückkehrten. Der Bau verlief schleppend. Bis zu seiner Fertigstellung 1626 wirkten weitere Baumeister, die berühmtesten ihrer Zeit, daran mit: Michelangelo (1475–1564), Giacomo della Porta (1533–1602), Carlo Maderno (1556–1629) und Gian Lorenzo Bernini (1598–1680).

Bernini legte im Auftrag von Papst Alexander VII. auch den ellipsenförmigen, mit der Fassade des Peterdoms verbundenen Petersplatz an. Damals war der Vatikan noch vollständig vom mittelalterlichen Borgo umgeben. Betraten die Pilger aus diesem Gewirr enger Gassen auftauchend den riesigen lichtüberfluteten Platz, war der Eindruck nicht weniger als überwältigend – ein Effekt, der verloren ging, als Mussolini 1936 in Verlängerung der Achse von Dom und Petersplatz die Via della Conciliazione quer durch den Borgo brechen ließ, zur Erinnerung an die Versöhnung zwischen Heiligem Stuhl und italienischem Staat in den Lateranverträgen.

∧ KOLONNADE
Von zwei Punkten auf dem Platz aus betrachtet, erscheint jeweils eine Kolonnadenhälfte nur noch aus einer Säulenreihe, statt aus vier Säulenreihen hintereinander zu bestehen.

> DOMFASSADE
Carlo Modernos Fassade des Petersdoms ist durch acht korinthische Säulen und vier Pilaster gegliedert. Eine Travertintreppe führt hinauf zur Basilika.

∧ UHREN
Zwei von Engeln flankierte Uhren schmücken die Eckrisalite der Fassade. Auf dem päpstlichen Wappen darüber ist ein kleiner Blitzableiter angebracht.

> GLOCKEN
Die Glocken unter der Uhr schlagen, elektronisch gesteuert, jede Viertelstunde. Eine einzeln geschlagene Glocke verkündet den Tod des Papstes.

> OBELISK
Der ägyptische Obelisk aus dem 13. Jh. v. Chr. stand einst im Circus des Nero. Papst Sixtus V. ließ ihn 1586 in der Mitte des Petersplatzes aufrichten. An der Spitze wurden Stern und Berg, Embleme aus dem Papstwappen, angebracht.

WAPPEN ÜBER DER KOLONNADE
So ließ sich Alexander VII., der Auftraggeber Berninis, verewigen. Sein Papstwappen besteht aus dem Familienwappen der Chigi, darüber die Tiara und die Petrusschlüssel.

HEILIGE ÜBER DER KOLONNADE
Statuen von rund 140 Heiligen aus Travertin, dem Stein des antiken Rom, krönen die Kolonnaden. Immer wieder müssen sie infolge der Luftverschmutzung restauriert werden.

FASSADENDETAIL
1612 weihte Papst Paul V. die Domfassade. Der Adler aus dem Wappen seiner Familie, der Borghese, spreizt seine Flügel über einer Girlande aus Granatäpfeln, Symbole der Ewigkeit.

KAPITELL
Die Pilasterkapitelle an der Fassade sind der Formensprache der römischen Kaiserzeit entlehnt.

HL. PETRUS
Die zwei Statuen von Petrus mit dem Himmelsschlüssel, die die Fassade flankieren, sind aus dem 19. Jh.

TORSCHMUCK
Das schmiedeeiserne Gitter über dem Mittelportal des Doms zeigt das Wappen des Auftraggebers Papst Pius VI.

PETERSPLATZ
Morgenstimmung: Der Obelisk wirft einen langen Schatten über Berninis Piazza, die Statuen von Christus, Johannes dem Täufer und den Aposteln schauen von der Fassade hinunter auf die ersten Besucher.

PORTIKUS MIT WAPPEN
Die Stuckdecke zeigt in der Mitte das Wappen von Paul V. Während seines Pontifikats wurde die Fassade vollendet.

HAUPTSCHIFF
Das Hauptschiff ist 186 m lang. Zu den Wandinschriften gehören Jesu Worte zu Petrus: »Ich habe für dich gebetet.«

KASSETTENDECKE
Das kassettierte, reich vergoldete Tonnengewölbe über dem Hauptschiff von 1780 gab Papst Pius VI. in Auftrag.

HEILIGE PFORTE
Die Paneele der Bronzetür von Ludovico Consorti (1902–1997) von 1949 zeigen die Erlösung der Menschheit: vom Sündenfall zur Auferstehung.

PETRUSSCHLÜSSEL
Millionen Schritte haben den Marmorboden stärker abgetreten als die beiden Schlüssel aus rotem Porphyr.

WEIHWASSERBECKEN
Im Eingangsbereich des Doms befinden sich große Weihwasserbecken. Die Putten aus Marmor sind von 1725. Aufgerichtet wären sie 1,80 m hoch.

› ORGEL IN DER CHORKAPELLE
Insgesamt fünf Orgeln gibt es im Petersdom, diese steht in der Kapelle, die für die Chorherren vorgesehen ist.

‹ ˅ TAUFBECKEN
Das Porphyrbecken stammt aus dem Mausoleum Kaiser Hadrians. Zwei Putten sitzen auf dem Bronzedeckel, darüber thront das Lamm Gottes, ein Christussymbol.

˅ GRABMAL INNOZENZ' VIII.
Das Werk von Antonio del Pollaiuolo (um 1429–1498) wurde beim Abriss von Alt-St.-Peter demontiert und 100 Jahre später wieder aufgebaut.

˄ LINKES SEITENSCHIFF
Am Ende des Gangs steht der Altar der Verklärung Christi mit einer Mosaikkopie von Raffaels berühmtem letztem Gemälde. Die Architektur weist hier viele Stilelemente der griechisch-römischen Antike auf.

› GRAB ALEXANDERS VII.
Dieses prächtige polychrome Monument ist Berninis letzter Tribut an seinen Mäzen. Er platzierte Alexander VII. zwischen den beiden Tugenden Liebe und Wahrheit. Letztere setzt ihren Zeh auf das protestantische England.

^ MICHELANGELOS KUPPEL
1590, 26 Jahre nach Michelangelos Tod, wurde der Bau der doppelschaligen Kuppel vollendet. Die Inschrift unter der Laterne hält das Datum fest: »Dem Ruhme Petri, Sixtus V., 1590, im fünften Jahr seiner Regentschaft.«

DER EVANGELIST MARKUS
Vier Mosaikmedaillons schmücken in der Vierung die Flächen zwischen den gewaltigen Gurtbögen unter der Kuppel: Sie zeigen die vier Evangelisten, die Verfasser des Neuen Testaments.

VIERUNG
Die Vierung unter der Kuppel ist der Mittelpunkt der Kirche. Hier steht der Papstaltar, direkt über dem Petrusgrab.

EWIGER SCHREIN
Hinter der Schmuckbalustrade führt eine Doppeltreppe hinunter zur Confessio Petri, dem Petrusgrab mit Altar darüber.

BERNINIS BALDACHIN
Die Ausführung des Altarhimmels über dem Papstaltar beschäftigte Bernini bis 1633 neun Jahre. Viele der 90 Tonnen Bronze, die verarbeitet wurden, stammen aus dem Portikus des Pantheon.

< APSIS
Die Apsis, der Abschluss des Altarraums, wird beherrscht von Berninis Cathedra Petri von 1666.

˅ CATHEDRA PETRI
In dem Altar befindet sich ein Holzstuhl, bei dem es sich um Petrus' Lehrstuhl handeln soll – Symbol für die Lehrautorität der Päpste.

< HEILIGER GEIST
Der Altar wird illuminiert durch den Alabaster-Strahlenkranz um die Taube, Symbol für den Heiligen Geist.

> PÄPSTLICHE TIARA
Über dem Stuhl schweben zwei Putten. Sie halten die Papstkrone und die Schlüssel Petri, beides Zeichen päpstlicher Macht.

< STATUE DES HL. PETRUS
Die Bronzestatue, dem Bildhauer Arnolfo di Cambio (um 1240–1310) zugeschrieben, hat ihr Vorbild in einer Marmorstatue eines römischen Senators aus dem 4. Jh. Der Mosaik-»Vorhang« hinter der Statue stammt von 1871.

> FESTBEKLEIDUNG
Zum Fest des hl. Petrus wird die Statue mit einem rot-goldenen Gewand und einer prächtigen Tiara aus der päpstlichen Sakristei geschmückt.

˄ FUSS DES HEILIGEN
Seit Jahrhunderten ist es Brauch, den Fuß Petri zu berühren oder zu küssen. Dementsprechend abgegriffen ist er.

KUPPEL, RECHTES QUERSCHIFF
Durch die Fenster von insgesamt elf Kuppeln fällt von oben Licht ein. Fresken und vergoldeter Stuck schmücken die Gewölbe.

GRAB GREGORS XIII.
Das Relief auf dem Totenschrein des Monuments von 1723 erinnert an die Kalenderreform von 1582. Dem Papst stehen Personifikationen der Tapferkeit *(rechts)* und der Religion zur Seite.

PAPST PIUS XII.
In sein Pontifikat fiel der Zweite Weltkrieg. Die Bronzestatue wurde gestiftet von Kardinälen, die von ihm berufen wurden.

HERALDISCHER DRACHE
Das Denkmal wurde von Kardinal Ugo Boncompagni, dem Urgroßneffen Gregors XIII., in Auftrag gegeben. Der Drache ist Teil des Familienwappens.

ARKADENSÄULEN
Mit unterschiedlich dimensionierten Säulenbasen werden eventuelle Höhenunterschiede zwischen den Säulen ausgeglichen.

FRIEDENSTAUBE
Zur Feier des Jubeljahrs 1650 erhielten die Pilaster Marmorreliefs. Auch die Taube aus dem Wappen der Pamphili, der Familie von Papst Innozenz X., wurde ausgewählt.

RECHTES SEITENSCHIFF
Der Durchblick auf den Hieronymus-Altar zeigt das barocktypische Spiel von Licht und Schatten. Begonnen wurde der Dombau in der Renaissance, vollendet im Hochbarock.

HIERONYMUS-ALTAR
Die Vorderseiten der Altäre im Petersdom schmücken zarte Mosaike. Die besondere Technik wurde im 18. Jh. in den Mosaikwerkstätten des Vatikans entwickelt.

KOPF EINES CHERUB
Bronzeengel zieren die Tür, die zum Aufzug führt, der den Petersdom mit dem Apostolischen Palast verbindet.

BRONZEGITTER
Durch Bronzegitter im Boden dringen Licht und Luft in die Vatikanischen Grotten, Grablege von über 100 Päpsten.

PIETÀ
Michelangelo war erst 25 Jahre alt, als er 1499 aus einem einzigen Marmorblock diese Statue der den Leichnam Christi bergenden Maria schuf. Maria hat das Gesicht einer jungen Frau und ist um ein Beträchtliches größer als ihr Sohn.

IN HONOREM PRINCIPIS APOST PAVLVS V BVRGHESIVS ROMANVS PONT MAX AN MDCXII PONT VII

EWIGES SYMBOL DES GLAUBENS
Der Petersdom, der die ganze Nacht angestrahlt wird, erwartet den erneuten Zustrom der Pilger und Touristen am nächsten Morgen. Viele kommen, um zu beten, andere, um Kunst und Architektur zu bewundern.

CASINA PIUS' IV.

PÄPSTLICHES SOMMERHAUS AUS DEM 16. JAHRHUNDERT

› PÄPSTLICHES WAPPEN
Über dem Hauptportal zur Akademie hängt das Wappen Pius' XI. mit Emblemen der Familie Ratti Opizzoni.

˅ EINGANG ZUR AKADEMIE
Vier Marmorsäulen tragen das Vordach über dem Eingang der Päpstlichen Akademie der Wissenschaften; in den Nischen Allegorien des Glaubens und der Wissenschaft.

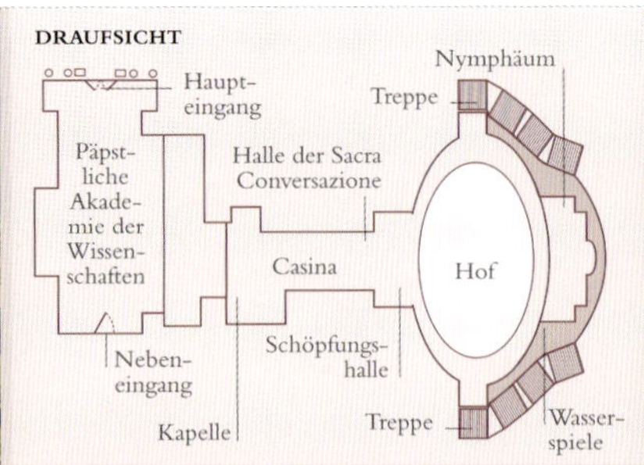

Im Frühjahr 1558 beauftragte Papst Paul IV. den neapolitanischen Architekten, Maler und Altertumsforscher Pirro Ligorio (1510–1583) mit dem Bau einer Villa in den Vatikanischen Gärten. Als er ein Jahr später starb, übernahm sein Nachfolger Pius IV., ein Medici, die Pläne, und die Villa wurde 1563 vollendet.

Zu dem Gebäudeensemble, das um einen pittoresken, ovalen Hof mit reizvoller Aussicht in den Garten angeordnet ist, gehören neben der als »Casina« (kleines Haus) bezeichneten Villa ein Nymphäum (Brunnen mit Nymphen und anderen mythischen Wasserwesen), zwei Tore, die zu Treppen in die Gärten führen, und das Haus der Päpstlichen Akademie der Wissenschaften hinter der Villa. Die Casina erinnert an die Landhäuser, die die Patrizier im alten Rom vor der Stadt errichteten. Am Rande eines inzwischen abgeholzten Wäldchens errichtet, konnte man hier auch jagen, denn in den bewaldeten Hügeln lebte Wild.

Die Architektur folgt den Idealvorstellungen der Renaissance. Der Bildschmuck – Fresken, Mosaike, Plastiken – zeigt sowohl christliche wie heidnisch-antike Motive. Die Fresken in den Innenräumen illustrieren religiöse Themen, darunter viele Szenen aus dem Leben Mose und Jesu. Die meisten Malereien stammen von Federico Zuccaro (1542–1609) und Santi di Tito (1536–1602/03).

Kardinal Karl Borromeo (1538–1584), ein Neffe Pius', lud führende Köpfe der Literatur und der Wissenschaft in die Casina, die hier von der Astrologie bis zur Kirchenreform über alles Mögliche debattierten.

1931 beauftragte Pius XI. den Architekten Giuseppe Momo (1875–1940) mit dem Entwurf der Aula Magna, die hinter der Casina entstehen sollte. Der Neubau harmoniert auf elegante Weise mit Ligorios Renaissancebau. Heute befindet sich dort die Päpstliche Akademie der Wissenschaften. Etwa 80 Wissenschaftler aller Nationalitäten und Glaubensrichtungen arbeiten dort der katholischen Soziallehre und Wissenschaftsethik zu.

˄ BLICK VON DER AKADEMIE
Östlich vom Portal der Akademie sieht man über den Hof hinweg hinüber zum Nymphäum.

› TORBAUTEN
Die Torbauten mit Eichentüren beiderseits des ovalen Hofs führen auf zwei breite Steintreppen.

˅ VERZIERTES GIEBELFELD
Die Giebelfelder der beiden aus Stein gehauenen Torbauten zeigen die vier Jahreszeiten.

< LOGGIA DES NYMPHÄUMS
Vom Säulengang des Nymphäums, hier von unterhalb des Hofes betrachtet, blickt man herab auf einen dekorativen Fischteich.

> JUGEND
Zwei antike Statuen, Allegorien der Jugend und der Anmut, flankieren die Statue der Cybele *(siehe unten)*.

˄ FLORALES DEKOR
Feine, vielfarbige Mosaike vom Anfang des 19. Jh. erinnern an die Blütezeit der antik-römischen Kunst.

˅ NEBENEINGANG
Durch das von dorischen Pilastern gerahmte Portal betrat ursprünglich nur der Papst die Akademie. Im Giebelfeld findet sich wieder das päpstliche Wappen Pius' XI.

˄ STATUE DER CYBELE
Im Sockelbau des Nymphäums, in der mittleren Nische, thront Cybele, die antike Göttin der Fruchtbarkeit.

< WASSERSPIELE
Eine rund um das Becken eingelassene Rille nimmt das über die Umfassung fließende Wasser auf.

< TREPPENFLUCHT
Zwei symmetrisch angelegte, von Obelisken flankierte Treppen aus Tuffstein schwingen sich hinauf zu den Torbauten des ovalen Hofs.

˅ HOF
Der mit Brunnen und Figuren gestaltete ovale Hof verbindet alle Elemente der Anlage. Das Marmorpflaster schuf der Bildhauer Niccolò Bresciano.

› NYMPHÄUM-FRIES
In der Mitte des Frieses über dem Eingang, unter dem Wappen des Medici-Papstes, sitzt Kalliope, die Muse der Dichtung.

˄ BRUNNENFIGUR
Zwei Putten, auf Wasser speienden Delfinen reitend, schmücken den ovalen Brunnen in der Mitte des Hofs. Die Muscheln, die sie sich ans Ohr halten, evozieren das in der Ferne rauschende Meer.

‹ FASSADE DES VESTIBÜLS
Dem Nymphäum gegenüber liegt die Schöpfungshalle mit ihrer prachtvollen Fassade. Sie ist der Eingang zur Villa.

› BRUNNEN IM NYMPHÄUM
Auf dem Sockel befindet sich das päpstliche Wappen mit den fünf Kugeln der Medici und die Inschrift »Pius IIII Pont[ifex] Max[imus]«.

< HAUPT DER MEDUSA
Das Schlangenhaupt der Medusa erinnert an den Mythos von Perseus, der es ihr abschlug.

> MUSCHELSCHMUCK
Beide Torhäuser, die vom Hof in die Gärten führen, ziert das Motiv der Kammmuschel.

∧ SITZBÄNKE
Hier, entlang der mit Vasen geschmückten Umfassungsmauer, saßen bei Lesungen und Konzerten die Gäste.

< HAHNENKOPF
Beim Mosaik, einer schon in der Antike bekannten Technik, werden, wie bei diesem Hahnenkopf, Bilder aus kleinen Stücken farbigen Glases zusammengesetzt.

∧ NYMPHÄUM
In diesem Tempel nicht nur der Nymphen, sondern auch der Musen debattierten Künstler und Gelehrte.

< BRUNNENNISCHE
Der links im Detail gezeigte Brunnen ist zwischen zwei Statuen in einer Fensternische aufgestellt.

> NISCHEN
In den beiden Torbauten befinden sich je zwei vollständig mit Mosaik ausgelegte Nischen. Die Motive, wie das mit Blumen und Früchten gefüllte Füllhorn, entstammen der Antike.

> STUCKDETAIL
Die Bildfelder an der Decke sind durch Stuckdekor voneinander getrennt, das aus Fruchtgirlanden und Bändern besteht.

˅ BRUNNEN IM VESTIBÜL
Im Vestibül, das sich zum Hof öffnet, stehen in den einander gegenüberliegenden Nischen zwei ovale Brunnen. Geflügelte Greife flankieren das päpstliche Wappen.

˅ DECKENFRESKEN
Die Fresken zeigen Szenen aus der biblischen Schöpfungsgeschichte, es finden sich aber auch halb-heidnische Motive, wie diese Putte auf einem Streitwagen, den eine Ziege zieht.

˄ > CLIO
Die Muse der Geschichte wird häufig mit einer Pergamentrolle dargestellt, so auch hier im Vestibül. Im Deckengewölbe über ihr wird die biblische Geschichte entfaltet.

‹ TONNENGEWÖLBE Der Bilderzyklus zur Erschaffung der Welt und der Geschichte von Adam und Eva, den Giovanni Schiavone 1561–1563 schuf, ist ein Beispiel für das Fortbestehen heidnischer Ikonografie in der christlichen Kunst.

˅ ARTEMIS Die Marmorstatue der Artemis, der griechischen Göttin der Jagd, Tochter des Zeus und der Leto, steht unter einer stilisierten Muschel in einer von vier Nischen, die mit Mosaiken im Rautenmuster ausgekleidet sind.

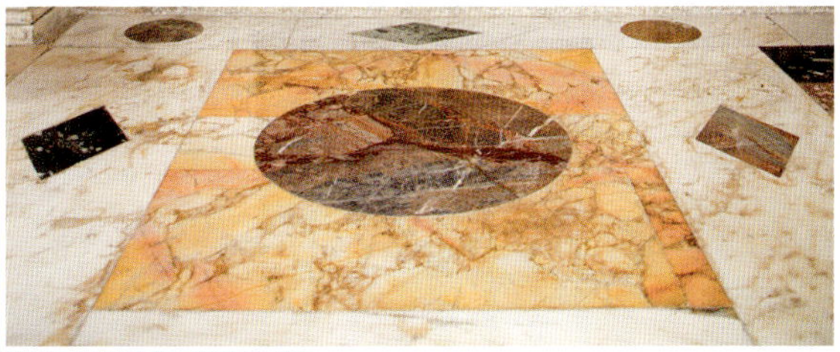

˄ MARMORBÖDEN In der Renaissance war es gängige Praxis, Marmorböden aus den verfallenen Bauwerken der Antike herauszunehmen und für den eigenen Bedarf zu restaurieren.

‹ MOSAIKTÜREN In einen Steinrahmen gefasst, soll das Mosaik wie eine Tür erscheinen. Im Muster sind Raute und Kreis des Bodenbelags *(oben)* aufgenommen.

˄ TEXTURIERTE OBERFLÄCHE Um der Villa einen rustikal-ländlichen Anstrich zu geben, verwendeten die Handwerker zur Dekoration farbige Kiesel, Muscheln und Mosaikglas, im 16. Jh. ein Novum.

SANTO STEFANO

KIRCHE IN DEN VATIKANISCHEN GÄRTEN

GRUNDRISS

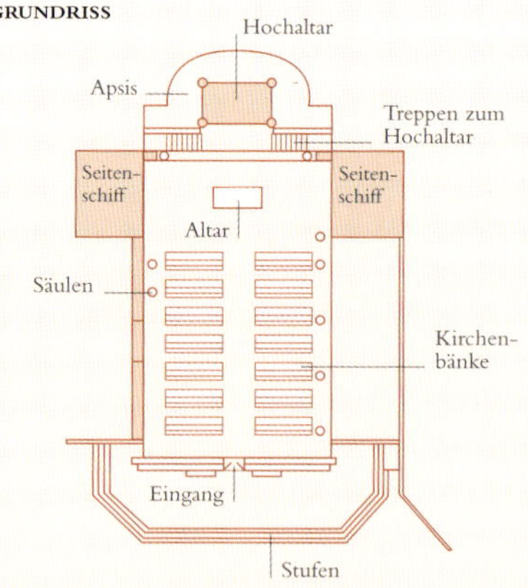

Die Kirche S. Stefano degli Abissini liegt nahe der Südwestecke des Petersdoms. Der Bau, den wir heute sehen, stammt aus dem 9. Jh. Er wurde über den 400 Jahre älteren Fundamenten eines ganzen Gebäudekomplexes errichtet, der ein Pilgerzentrum darstellte.

Zu dieser Anlage gehörten vier Kirchen, zwei davon waren dem hl. Stephan geweiht, der als erster Märtyrer des Christentums gilt, eine weitere Petrus und Johannes und die vierte dem hl. Martin von Tours. Dazu kamen verschiedene *diaconia,* in denen Arme und Pilger gespeist wurden. Im frühen 8. Jh. wurde ein Kloster gebaut, und 100 Jahre später unter Leo III. neu errichtet. Im Jahr nach Leos Tod ließ Papst Paschalis das Kloster, dessen Abt er gewesen war, nochmals erweitern. Er wollte mehr Unterbringungsmöglichkeiten für die Gläubigen schaffen, die in wachsender Zahl zum Petrusschrein pilgerten.

Unter Verwendung des Mauerwerks alter Bauwerke ringsum ließ Leo IV. Mitte des 9. Jh. S. Stefano nach dem Vorbild der Petersbasilika neu bauen. Im 12. Jh. wurden ein neues Querschiff und der Dekorfries am Kirchenportal hinzugefügt. Aus Anlass des Jubeljahres 1475 ließ Sixtus IV. die Kirche renovieren. Aus dieser Zeit stammt auch der Beiname »degli Abissini« (der Abessinier), der sich entweder auf die äthiopischen Mönche bezog, die für die Kirche sorgten, oder auf Rompilger aus Afrika.

Im Stil des Barock wurde die Kirche 1703 völlig neu gestaltet. Doch viele der damals vorgenommenen Veränderungen wurden in den 1930er-Jahren wieder rückgängig gemacht, um die ursprüngliche Schlichtheit der Kirche wieder herzustellen. Während der Renovierungsarbeiten fand man Bauteile aus unterschiedlichen Epochen und fügte sie als Spolien in die Wände ein. Das angrenzende Kloster der Abessinier wurde niedergelegt und ein Kolleg errichtet. Heute wohnen dort keine Priesterstudenten aus Afrika mehr, sondern Nonnen, die im Vatikan arbeiten.

˅ SCHMIEDEEISERNES KREUZ
Über dem Portal der meisten katholischen Kirchen steht ein Kreuz. Das schmiedeeiserne Kreuz von S. Stefano ist eine Arbeit aus dem 18. Jh.

˅ ZIEGELDACH
S. Stefano von einem Fenster im Petersdom aus gesehen: Die aus Lehm gebrannten Dachpfannen haben Tradition. Sie werden seit 2000 Jahren in Rom hergestellt.

˄ BAROCKFASSADE
Im Zuge der barocken Umgestaltung von 1703 wurden die Ziegelwände verputzt. Im Kirchenraum wurde der Putz in den 1930er-Jahren entfernt, Fassade und Außenwände blieben in ihrer barocken Gestalt erhalten.

˃ FENSTER
Die verglichen mit älteren Bauwerken in Rom kleinen Fensteröffnungen stammen aus dem 9. Jh. Die Rahmen aus Marmor und die Verglasung wurden in den 1930er-Jahren eingesetzt.

˃ SPRENGGIEBEL
Der dreieckige Giebel mit unterbrochenem (»gesprengtem«) Mittelteil ist typisch für das Barock. Das Giebelfeld trägt ein Wappen.

⋏ GIEBEL
Anstelle eines Familienwappens zeigt dieses Wappenschild eine Jakobsmuschel – das Zeichen der Pilger, die zum Jakobusschrein in Santiago de Compostela gezogen sind.

⋏ LAMM UND KREUZ
In der Mitte des Marmorfrieses am Türsturz befindet sich ein Medaillon mit dem Lamm Gottes: So nannte Johannes der Täufer Jesus.

⋏ MARMORFRIES
Der Schmuckfries um das Hauptportal – in Marmor gehauene Girlanden aus Blättern und Blüten – entstand bei den Umbauten im 12. Jh.

> MARMORRAHMEN
Die Marmorrahmen aus den 1930er-Jahren sind denen in frühchristlichen Kirchen nachempfunden, wenn sie auch, anders als die Originale, verglast wurden.

˅ SCHMUCKLOSE APSIS
Die Apsis, in der das Kirchenkapitel während der Messe saß, war reich mit Fresken geschmückt. Die Malerei wurde entfernt, es blieb nur der nackte Ziegelbau aus dem 9. Jh.

> CHORKREUZ
Das Kruzifix hat im Sanktuarium immer einen besonderen Platz. Dieses holzgeschnitzte Exemplar ist ein wunderbares Beispiel für die Handwerkskunst des 17. Jh. Möglicherweise wurde es bei Prozessionen mitgeführt.

˅ AUFGANG ZUM HOCHALTAR
Marmorstufen führen zum vom übrigen Kirchenraum abgetrennten Hochaltar. Darunter liegt die Krypta, in der Reliquien von Märtyrern aufbewahrt wurden.

< EINFACHER GRUNDRISS
Es gibt nur ein Kirchenschiff, das Licht fällt durch eine Reihe kleiner Fenster. Ein Baldachin aus Marmor erhebt sich über dem Hochaltar.

> KLEMENS XI.
Ihre barocke Gestalt erhielt die Kirche während des Pontifikats von Klemens XI. Mit diesem Marmorbildnis wird seiner gedacht.

> GRIECHISCHES KREUZ
Dieses Steinkreuz unbekannten Datums wurde bei den Renovierungsarbeiten im 20. Jh. geborgen.

˅ KORINTHISCHE SÄULEN
Für den Neubau im 9. Jh. wurden diese kannelierten Säulen wie auch einige Architrave aus der Zeit der Antike wiederverwendet.

˄ VERWITTERTER STEIN
Die Platte über dem Weihwasserbecken zeigt Tiara, Schlüssel und das Eichenlaub aus den Wappen von Sixtus IV. und Julius II.

˄ WAPPEN AUS MARMOR
Ein seltenes Hochrelief in feinster handwerklicher Ausführung zeigt das Wappen Pius' III., dessen Pontifikat 1503 nur wenige Monate währte.

< EISENGITTER
Das Gitter, welches das rechte Seitenschiff vom Hauptschiff abteilt, ist eine Ergänzung aus der Zeit des Umbaus im 12. Jh.

VATIKANISCHE GÄRTEN

DIE GRÜNANLAGEN DER VATIKANSTADT

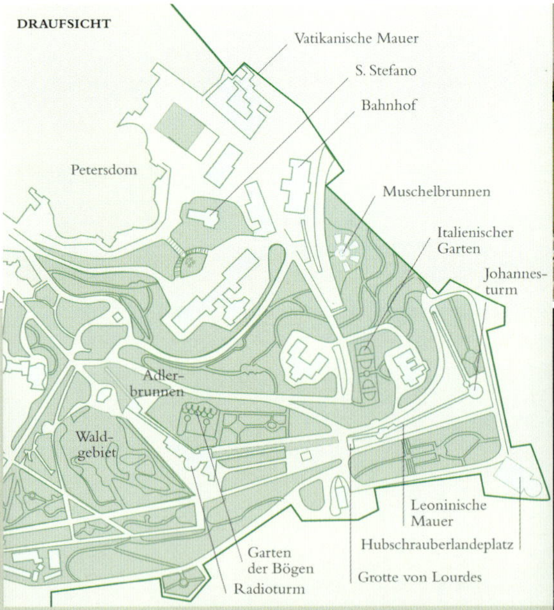

PÄPSTLICHES WAPPEN
Auf dem Rasen vor dem Palazzo del Governatorato wird aus Blumenrabatten und Hecken das Wappen des regierenden Papstes gestaltet.

BRUNNENSCHALE
Diesen eleganten, von einem Gehölz umgebenen Steinbrunnen neben dem Petersdom ließ Pius XI. errichten.

Hinter der Apsis des Petersdoms erstrecken sich den Vatikanhügel Richtung Westen hinauf auf einer Fläche von 16 Hektar die Vatikanischen Gärten, in denen formale Gärten mit stärker naturbelassenen Waldgartenstücken abwechseln. Die ersten ließ um 1279 Papst Nikolaus III. anlegen. Damals sollte hinter Alt-St.-Peter ein zeremonieller Ort für Feste und zum Empfang der Botschafter am päpstlichen Hof entstehen. 200 Jahre später ließ Nikolaus V. im Bereich vor dem Apostolischen Palast, heute der Cortile di San Damaso, eine neues Areal mit Hecken und Brunnen gärtnersich gestalten.

Im 17. Jh. entwarfen Gartenarchitekten wie Antonio Tempesta (1555–1630), Giovanni Maggi (1566–1618) und Giambattista Falda (1648–1678) Gartenanlagen im Barockstil: Spiele aus Schatten, Licht und Blickachsen. 97 Brunnen stehen in den Gärten, früher gespeist vom Wasser des Lago di Bracciano, etwa 37 km nördlich von Rom. Der Aquädukt, der das Wasser heranführte, wurde im 2. Jh. unter Kaiser Trajan angelegt, als eine von 13 Wasserleitungen, die täglich 1 Mio. Liter Wasser ins antike Rom brachten. 1930 wurde unter dem heutigen Hubschrauberlandeplatz ein riesiges unterirdisches Reservoir zur Bewässerung der Gärten angelegt. Den Bau leitete Franco Ratti, ein Neffe von Papst Pius XI.

Zu den in den Gärten verstreuten Gebäuden gehören die Kirche S. Stefano *(S. 104–107)*, der vatikanische Bahnhof, ein Kolleg, die Casina Pius' IV. und der imposante, zur Feier der Lateranverträge unter Pius XI. errichtete Palazzo del Governatorato. Ursprünglich sollte er ein Seminar beherbergen, heute sitzt dort die Regierung des Staates der Vatikanstadt.

An drei Seiten sind die Gärten von den Verteidigungsmauern aus dem 17. Jh. umgeben. Doch auch ein Stück der Leoninischen Mauern aus dem 9. Jh. ist im Park erhalten, wo übrigens auch ein Stück Berliner Mauer steht, ein Geschenk an Papst Johannes Paul II.

EISENBAHNGLEISE
Die Bahnlinie wurde 1930 eröffnet; verbunden mit der Strecke Rom-Viterbo, dient sie nur noch dem Güterverkehr.

MUSCHELBRUNNEN
Die typisch barocke Brunnenanlage im Italienischen Garten ist umgeben von einem Muster aus doppelreihigen Buchshecken.

˅ BÄNKE
Die Gärten wirken erstaunlich weitläufig, und das Gelände ist an einigen Stellen recht steil. Die vielen Steinbänke sind für die Besucher willkommene Orte zum Verweilen.

˃ FIGURENSCHMUCK
Zahllose Statuen schmücken die Wege, die durch die Vatikanischen Gärten führen: antike Bildwerke und Büsten, aber auch Skulpturen jüngeren Datums. Dargestellt sind christliche Heilige und wichtige Personen der Kirchengeschichte.

˅ STRASSENMAUER
Eine von einer beschnittenen Buchshecke gesäumte Mauer fasst die Straße, die sich, in den Hang des Vatikanhügels geschnitten, durch die Gärten windet.

˂ JUBELGLOCKE
In einer *capanna cinese* (chinesische Hütte) genannten Lichtung hängt zur Erinnerung an das Heilige Jahr 2000 eine Glocke mit dem Wappen Papst Johannes Pauls II.

˄ VERKRUSTETE BRUNNENSCHALE
Ablagerungen des in Rom sehr kalkhaltigen Wassers haben viele Brunnen des Gartens überzogen. Die von den Schalenrändern hängenden Stalagtiten haben die ursprünglichen Formen unkenntlich werden lassen.

˄ PÄPSTLICHER SPAZIERWEG
Diesen von Bäumen gesäumten Weg wählte Papst Pius XII. für seinen täglichen Spaziergang. Im Gehen las er Akten oder er versank in ein stilles Gebet.

JOHANNESTURM
Der Wehrturm, zur Verteidigung Roms Anfang des 15. Jh. innerhalb der Leoninischen Mauer ergänzt, wurde von Johannes XXIII. restauriert und als Refugium genutzt. Heute wohnen dort besondere Gäste des Heiligen Stuhls.

FENSTERSCHARTE
Diese Schlitze in der Außenmauer aus dem 17. Jh. waren mit Schützen besetzt. Die nach innen breiteren Nischen gewährten Bewegungsfreiheit und ein weiteres Schussfeld.

MONUMENTE
Die überlebensgroße Madonna von Guadaloupe steht zwischen Blumenrabatten, getrimmten Büschen, alten Eiben, Kiefern und Zedern.

MADONNA MIT KIND
Im Stil erinnert dieses Mosaik an Ikonen der orthodoxen Kirche. Engel bewachen Jungfrau und Kind, über ihnen schwebt als Taube der Heilige Geist.

ALTAR IM FREIEN
Zu mehreren Marienbildnissen, die sich in den Gärten finden, gehört auch dieses beim Johannesturm zu Ehren der Madonna der Göttlichen Liebe.

HUBSCHRAUBERLANDEPLATZ
Der Landeplatz in der Nordecke der Gärten wurde 1976 unter Paul VI. angelegt. Der Papst nutzt den Hubschrauber, wenn er Rom verlässt, um den Straßenverkehr nicht aufzuhalten.

MADONNA VON GUADELOUPE
Das Monument von A. Ponzanelli erinnert an die Erscheinung der Jungfrau Maria auf dem Umhang des hl. Juan Diego, eines aztekischen Bauern, 1531 in Guadeloupe.

< BRUNNEN DER FRÖSCHE
Vier Bronze-Frösche hocken um diesen schlichten Brunnen und spritzen Wasser in eine Amphore in der Mitte des Teichs.

> GEDENKTAFEL
Die Tafel erinnert an den Besuch Karekins I., Katholikos aller Armenier, bei Papst Johannes Paul II. 1996.

< ∧ ITALIENISCHER GARTEN
Das Muster aus Buchshecken ist typisch für die Gartenarchitektur des 16. Jh. Umgeben ist die Anlage von Pinien, Zypressen, Edelkastanien und Miniaturpalmen, volkstümlich »Petruspalmen« genannt.

< ∧ STRASSENNETZ
Asphaltierte Wege, durch Schilder markiert und nachts von Gaslaternen aus der zweiten Hälfte des 19. Jh. beleuchtet, verbinden die verschiedenen Bereiche der Gärten.

∨ TREPPENANLAGEN
Der Vatikanhügel steigt hinter dem Petersdom steil an. Er wurde terrassiert und die verschiedenen Ebenen über Treppen verbunden.

GARTEN DER BÖGEN
Nahe der Leoninischen Mauer, fast am höchsten Punkt der Gärten gelegen, findet man hier kurz gehaltene Rasenflächen, Buchshecken und eindrucksvolle Jasminbögen und Rosenspaliere.

GARTENTOR
Durch dieses elegante Tor gelangt man in die bewaldeten Bereiche mit weiteren Brunnen und verschwiegenen Bänken. Hier ist, anders als in den formalen Gärten, kühlender Schatten zu finden.

JASMIN
Die dekorativen Bögen in dem gleichnamigen Garten sind überzogen von süß duftenden Blüten. Im Hintergrund einer von zwei Sirenenbrunnen und die Leoninische Mauer.

SIRENENBRUNNEN
Den Kopf in den Nacken gelegt, pusten die Fabelwesen Wasser durch ein Muschelhorn in die Höhe. Sie sind von einem flachen Wasserbecken umgeben.

ANTIKE KAISERBÜSTE
Die Büste Marc Aurels steht versteckt in einem Gehölz. Schon in der Antike pflegten wohlhabende Römer ihre Gärten mit Statuen zu schmücken.

MADONNA
Diese Darstellung einer Marienerscheinung aus der Zeit des Pontifikats von Johannes Paul II. ist aus glasierten Terrakottakacheln gefertigt.

< ÜBERWACHSENER BRUNNEN
Moos überzieht den Wasserspeier dieses Brunnens. Alle Brunnen und Wasserspiele werden aus dem großen unterirdischen Reservoir gespeist.

∨ ENGELKÖPFE
Diese beiden Cherubim waren einmal Teil eines Denkmal zur Erinnerung an das Erste Vatikanische Konzil, das von 1869 bis 1871 stattfand.

∧ UNSERE LIEBE FRAU
Die Jungfrau Maria erscheint einem Bauern: Der kleine Schrein war ein Geschenk der Katholiken von Genua an ihren Mitbürger Papst Benedikt XV.

∧ ADLERBRUNNEN
1612 erteilte Papst Paul V. dem holländischen Bildhauer Jan van Santen (1550–1621) den Auftrag zu dieser pittoresken Anlage. Darüber erhebt sich ein Adler, das Wappentier der Borghese.

< PETRUSDENKMAL
Statue und Adlerbrunnen, von der Kuppel des Petersdoms aus gesehen. Das Standbild stand ursprünglich auf dem Janiculum, dem Hügel, der dem Vatikan gegenüberliegt.

> URNE UND KUPPEL
Hinter der Schmuckurne erhebt sich majestätisch die Kuppel des Petersdoms, wie sie Michelangelo über dem Petrusgrab plante.

▲ **KONTRASTE**
Eine moderne Bronzeskulptur in den Vatikanischen Gärten, dahinter die Casina Pius' IV. und die Kuppel des Petersdoms von Michelangelo im Abendlicht.

LEONINISCHE MAUER

MITTELALTERLICHE BEFESTIGUNGSANLAGE

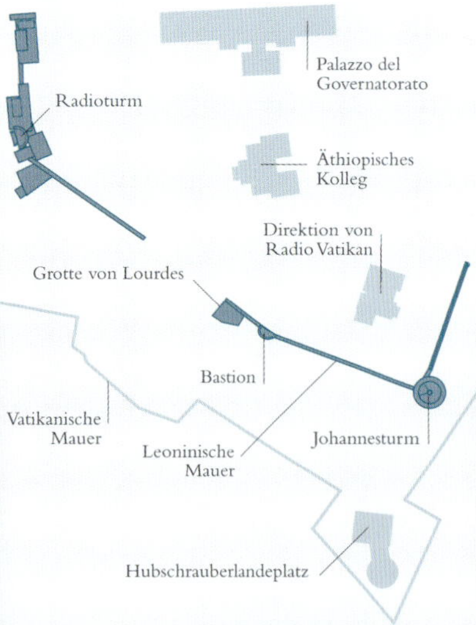

847, ein Jahr nach dem verheerenden Überfall der Sarazenen auf Rom, ließ Papst Leo IV. zum Schutz von Vatikan und Petrusgrab eine Mauer errichten *(S. 47)*. Auch wenn die alte Verteidigungsanlage zum größten Teil abgetragen ist, die erhaltenen Reste lassen erkennen, wie imposant sie war. Aus Beton und Bruchstein ausgeführt und mit Ziegeln verkleidet, hielten diese Mauern vielen Angriffen stand. In den turbulenten Zeiten im Spätmittelalter residierten die Päpste zwar noch im Lateranpalast, suchten aber bei Unruhen Schutz am bewehrten Petrusgrab.

Als im 16. Jh. die Vatikanischen Mauern errichtet wurden, die die Vatikanstadt bis heute umgeben, hatte die Befestigungsanlage ausgedient. Doch noch im 15. Jh. wurde die (heute sogenannte) Leoninische Mauer durch Wehrtürme verstärkt, mächtige Rundbauten mit einem Wehrgang, von dem die Wachen einen weiten Blick hinunter ins tiefer gelegene Tibertal hatten. Überall in der Stadt wurden solche Türme errichtet, doch verschwanden sie aus dem Stadtbild, als die Adligen ihre Stadtburgen zu Palazzi umbauten. So zeigen die zwei im Vatikan erhaltenen auch ein Stück mittelalterliches Rom.

Der eine, dem hl. Johannes gewidmet, wurde zum Refugium von Papst Johannes XXIII. Heute werden dort besondere Gäste des Heiligen Stuhls beherbergt.

Im zweiten Turm befand sich von 1919 bis 1933 die *Specola Vaticana,* die päpstliche Sternwarte. Heute sitzt dort Radio Vatikan. Die von Guglielmo Marconi (1847–1937), dem Erfinder der drahtlosen Telegrafie, gegründete Rundfunkanstalt strahlte 1931 mit einer Ansprache von Pius XI. ihre erste Sendung aus. Ursprünglich war sie in der nahe gelegenen Palazzina Leos XIII. untergebracht. Seit längerem befindet sich im »Radioturm« nur noch die Direktion, die Programme von Radio Vatikan werden in einem Gebäude an der Via della Conziliazione, also außerhalb der Vatikanstadt, produziert, die Sendemasten stehen am Lago Bracciano, etwa 37 km nördlich von Rom.

› JOHANNESTURM
Einer der beiden erhaltenen Wehrtürme mit einem Rest der Leoninischen Mauer.

˅ KLEINE TÜR
Ingesamt drei Türen führen in den Johannesturm, in dem wichtige Gäste des Vatikans untergebracht werden.

˄ HAUPTEINGANG
Die zwei Fenster mit den kleinen Austritten über dem Haupteingang im Sockel des Turms markieren das erste Drittel der Gesamthöhe.

› WAPPEN VON PAPST JOHANNES XXIII.
Über dem Eingang hängt, zusammen mit dem Löwen des hl. Markus, dem Wahrzeichen der Stadt Venedig, das päpstliche Wappen.

< **WEHRTURM**
Aus den Fenstern des heute Johannesturm genannten Rundturms hatten Wächter und Schützen ungehinderten Blick in die Umgebung.

LEONINISCHE MAUER
Das wuchtige Festungswerk bot ausgezeichneten Schutz gegen anrückende Feinde. Hinter den Zinnen fanden die Schützen Deckung.

DURCHGANG
Der niedrige, tunnelartige Durchgang lässt erkennen, was für eine mächtiger Wall die Leoninische Mauer war: über 3,5 m dick und 12 m hoch.

SOMMERSCHATTEN
Teile der Leoninischen Mauern sind heute von Kletterpflanzen berankt, im Vorfeld der Mauern spenden große Bäume Schatten.

< **BASTION**
Die halbrunden Vorsprünge mit Schießscharten ermöglichten es, anrückende Angreifer auch von der Seite zu attackieren.

RADIOTURM
Der Turm beheimatet Radio Vatikan seit seiner Gründung in den 1930er-Jahren. Die moderne Technik wirkt fremd auf dem alten Gemäuer.

GROTTE VON LOURDES
Bei der alten Bastion befindet sich die Nachbildung der Grotte, in der die Jungfrau Maria der hl. Bernadette erschien.

> **BISCHOF VON TARBES**
Dieses Rundmosaik zeigt den Bischof von Tarbes, der Papst Leo XIII. 1902 die Nachbildung der Grotte von Lourdes schenkte.

VATIKANISCHE MUSEEN

IN 500 JAHREN GEWACHSENE KUNSTSAMMLUNGEN

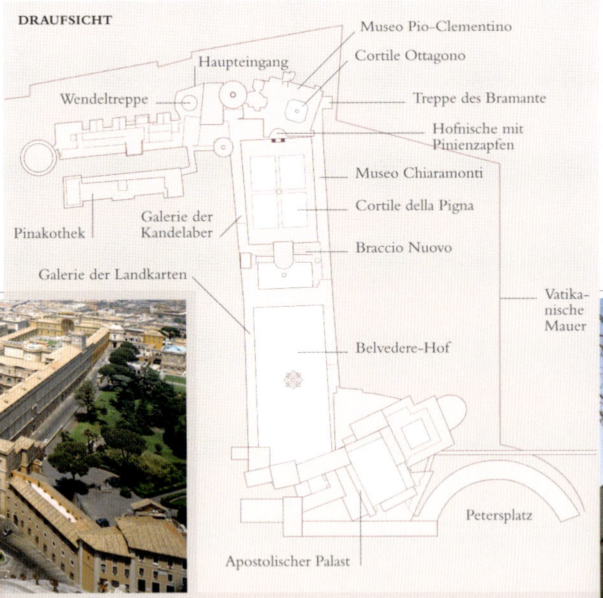

PORTAL BENEDIKTS XVI. Diese Bronzetür des Bildhauers Gino Gianetti wurde 2005 von Papst Benedikt dem XVI. eingeweiht.

VATIKANISCHE MAUER Die Museen liegen innerhalb der Mauern, die die Vatikanstadt umschließen und um deren Fundamente sich jeden Tag lange Besucherschlangen winden.

WAPPEN VON PAUL III. Nach dem *Sacco di Roma* (1527) ließ Papst Paul III. diese Mauern zum Schutz des Petrusgrabs hochziehen. Sein Wappen ziert diese Mauerecke.

Täglich einige Tausend Menschen besuchen die Vatikanischen Museen, die von der UNESCO als der bedeutsamste Museumskomplex weltweit eingestuft wurden. Den Anfang machte der kunstbeflissene Papst Julius II., der antike Skulpturen aufstellen ließ. 1506 erwarb er die Laokoon-Gruppe, die gerade in einer Höhle unter den Gärten des römischen Kaisers Titus entdeckt worden war, wo sie über 1000 Jahre lang verborgen gewesen war. Er ließ sie im Cortile Ottagono aufstellen, wohin alsbald nicht nur Künstler strömten, denen sie in der Renaissance als bewundertes Vorbild galt.

Viele Päpste erweiterten die Antikensammlung und ließen Säle bauen, in denen die Skulpturen aufgestellt werden konnten, dazu prächtige Treppen und Höfe. Kurz nach der Entdeckung Pompejis Mitte des 18. Jh. entstanden unter Klemens XIV. und Pius VI. Sammlungen archäologischer Funde aus Rom und dem Kirchenstaat. In zwei unter Gregor XVI. gegründeten Museen wurden Grabungsfunde aus Ägypten, der Toskana und Umbrien (Etrurien) ausgestellt. Die erste Gemäldesammlung geht auch auf Pius VI. zurück. 1790 ließ er eine Galerie für die wertvollsten Werke des Bestandes einrichten. Öffentlich zugänglich wurde die Sammlung jedoch erst 1817, als der Vatikan die von Napoleons Truppen verschleppten Werke zurückerhielt. Ihren endgültigen Ort fand sie 1932 in der von Luca Beltrami (1854–1933) für Pius XI. gebauten Pinakothek.

Einzigartig sind die Vatikanischen Museen nicht nur wegen der Kunstsammlungen selbst, sondern auch wegen der Gebäude, Meisterwerke der Renaissance und des Barock. Auch Teile des Apostolischen Palasts sind dem Publikum auf seinem Rundgang zugänglich: die Sixtinische Kapelle, die Borgia-Gemächer und die Wohnräume Julius' II. mit den Stanzen Raffaels. Der Platz ist begrenzt, trotzdem bemüht sich die Museumsleitung, möglichst viele Vatikanbesucher die Denkmäler und Kunstschätze samt der unvergleichlichen Umgebung erleben zu lassen.

PORTA NUOVA Cecco Bonanotte (geb. 1942) schuf den neuen Eingang zu den Museen. Über der Tür aus 208 Bronzetafeln das Wappen Johannes Pauls II.

MUSEUMSEINGANG Dieser Eingang wurde unter Pius XI. gebaut, darum ziert sein Wappen den Türsturz. Heut wird er als Personaleingang genutzt.

< CORTILE DELLA PIGNA
Der bronzene Pinienzapfen zierte früher einen römischen Brunnen aus dem 1. oder 2. Jh. n. Chr.

∨ WAPPEN VON PIUS XI.
Hoch oben an einer Mauer das Wappen Pius' XI., der maßgeblich an der Modernisierung der Museen beteiligt war.

< VATIKANISCHE PINAKOTHEK
Pius XI. ließ die Galerie für 249 in der nachnapoleonischen Ära in den Vatikan zurückgekehrte Gemälde bauen.

∨ ZUGANG ZUR PINAKOTHEK
Den Neubau von 1932 umgeben Gärten und breite Wege, sodass im Innern beste Lichtverhältnisse herrschen.

< PÄPSTLICHE INSIGNIEN
Papst Gregor XVI. war der Begründer der Galerien mit ägyptischen und der etruskischen Ausgrabungsfunden. Sein Wappen schmückt den Sockel des Brunnens, der im Hofgarten vor den beiden Museen aufgestellt wurde.

< MARMORBÜSTE
Antike Statuen prägen die besondere Atmosphäre in der Umgebung der Museen.

∧ HOFNISCHE
Der Cortile della Pigna ist das Werk von Bramante (1444–1514), die Nische mit Halbkuppel entwarf Pirro Ligorio (1510–1538).

< OBERLICHT
Durch eine achteckige, blau und weiß verglaste Öffnung fällt Licht auf die Wendeltreppe *(unten)* von Giuseppe Momo (1875–1940), die vom Atrium hinauf in die Säle führt.

∨ WENDELTREPPE
Auf- und Abgang der bronzenen Wendeltreppe von Giuseppe Momo von 1932 verlaufen ineinander verschränkt.

∧ CORTILE OTTAGONO
Der Hof mit seinen Nischen wurde 1772/73 von Michelangelo Simonetti (1724–1781) neben dem Antiquarium angelegt, in dem Julius II. seine Sammlung zuerst untergebracht hatte.

> MUSEO CHIARAMONTI
Dieser Korridor wurde von Pius VII. in Auftrag gegeben und von dem Bildhauer Antonio Canova (1757–1822) eingerichtet. Hier findet man Skulpturen aus der Römerzeit.

‹ TREPPE DES BRAMANTE
Bramante schuf dieses steinerne Treppenhaus für Julius II. Es ist so konstruiert, dass der Papst auch zu Pferd nach oben gelangen konnte.

˄ SKULPTURENGALERIE
Die Halle des Museo Pio-Clementino mit wertvollen Skulpturen der griechischen und römischen Antike ist das Werk Alessandro Doris (1702–1772).

GALERIE DER KANDELABER
Von dieser Galerie, unter Klemens VIII. im 18. Jh. ursprünglich als offene Loggia gebaut, hat man eine schöne Aussicht in die Vatikanischen Gärten. Hier sind griechische und römische Skulpturen ausgestellt.

BRACCIO NUOVO
Unter den römischen Statuen im »neuen Flügel« steht auch ein Marmorbildnis des ägyptischen Flussgottes aus dem 1. Jh. n. Chr., das seit 1513 zu den Sammlungen gehört.

SCALA SIMONETTI
Der Aufgang entstand in den 1780er-Jahren mit dem Umbau des Belvedere zum Museo Pio-Clementino.

BRACCIO NUOVO
Der »neue Flügel« wurde von Raffaele Stern (1784–1820) ganz im klassizistischen Stil errichtet. Im Boden sind Stücke aus Mosaikböden antiker römischer Villen eingelegt.

SAAL IN GRIECHISCHER KREUZFORM
Mittelpunkt dieses Raums im Museo Pio-Clementino bilden die Steinsarkophage der Mutter Kaiser Konstantins, Helena, und seiner Tochter, die im 18. Jh. hierhergelangten.

GALERIE DER LANDKARTEN
Die Galerie verdankt ihren Namen den Wandfresken mit 40 Landkarten, die die Regionen Italiens und die Besitztümer der Kirche zur Zeit von Gregor XIII. (1572-1585) zeigen und eine wichtige historische Quelle darstellen.

APOSTOLISCHER PALAST

RESIDENZ DES PAPSTES

APOSTOLISCHER PALAST
Der mehrfach erweiterte Gebäudekomplex gruppiert sich um drei Innenhöfe. Im Trakt ganz rechts, Ende des 16. Jh. von Domenico Fontana entworfen, befinden sich im obersten Geschoss die Privatgemächer des Papstes. Von hier aus erteilt er den sonntäglichen Segen.

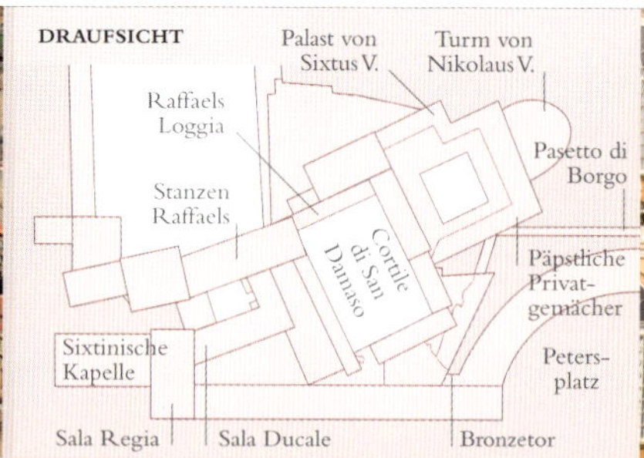

Der Apostolische Palast nordöstlich vom Petersdom entstand zwischen dem 13. und 16. Jh. Im 4. Jh. hatte Konstantin der Große den Bischöfen von Rom den in der Stadt gelegenen Lateranpalast geschenkt, der zur ersten offiziellen Residenz der Päpste wurde. Innozenz III. ließ den Palast Anfang des 13. Jh. vergrößern, seine Nachfolger mussten ihn während der unruhigen Zeiten im Mittelalter mehrfach befestigen. Ein neuer Flügel entstand unter Innozenz IV. und wurde von Nikolaus III. weiter ausgebaut, der auch einen ummauerten Garten, das Belvedere, anlegen ließ.

Die Päpste verließen den Lateran, als sie 1307 nach Avignon ausweichen mussten. Der Palast stand 70 Jahre leer und wurde bei einem Brand großenteils zerstört. Mit Martin V. kehrten die Päpste aus dem Exil nach Rom zurück.

Nikolaus V. legte den Grundstein für einen neuen, den Apostolischen Palast, der in den folgenden Jahrzehnten von großen Künstlern der Renaissance sukzessive ausgebaut und ausgeschmückt wurde. Sein letzter großer Umbau erfolgte Ende des 16. Jh. Sixtus V. beauftragte im letzten Jahr seines Pontifikats seinen Architekten Domenico Fontana (1543–1607) mit dieser Aufgabe.

Weil der Vatikan wegen der großen Feuchtigkeit am Tiberufer malariagefährdetes Gebiet war, ließ Gregor XIII. im 16. Jh. am Quirinal einen neuen Palast bauen, den Klemens XIII. zum offiziellen Papstsitz ernannte. Als Rom 1870 zur Hauptstadt des Königreichs Italien erklärt wurde, sah sich Pius IX. gezwungen, sich in den Apostolischen Palast im Vatikan zurückzuziehen. Zwar sollte dies nur ein vorläufiger Schritt sein, doch es blieb dabei: Der Quirinal wurde zur Residenz des Königs und nach 1946 des Staatspräsidenten der italienischen Republik.

Der Apostolische Palast beherbergt heute das Staatssekretariat der Vatikanstadt und weitere Organe der Kurie. Teile des Palastes sind in die Vatikanischen Museen integriert. Im dritten Stock liegen die Privatgemächer des Papstes.

EINGANG VOM INNENHOF
Der an drei Seiten von Loggien umgebene Cortile di San Damaso wurde von Bramante (1444–1514) begonnen und von Raffael (1483–1520) vollendet.

BRONZETOR
Das von Bernini (1598–1680) entworfene, 7,6 m hohe und 6 t schwere Bronzetor führt von den Kolonnaden des Petersplatzes in den Palast.

< ^ SCALA REGIA
Die von Bernini entworfene Treppe (1663–1666) verbindet den Apostolischen Palast mit dem Petersdom. Auf der linken Seite sieht man Berninis Statue von Konstantin dem Großen.

1508 BEAUFTRAGTE PAPST JULIUS II. DEN JUNGEN RAFFAEL SANTI AUS UMBRIEN MIT DER AUSGESTALTUNG SEINER GEMÄCHER. DIE ARBEITEN IN DEN VIER WOHNRÄUMEN (HIER DIE STANZA DELLA SEGNATURA) BESCHÄFTIGTE RAFFAEL FÜR DEN REST SEINES LEBENS. DIE FRESKEN VERBINDEN CHRISTLICHE THEMEN MIT MYTHOLOGISCHEN UND HISTORISCHEN EPISODEN AUS DER ANTIKE. DIE ERSTEN JAHRE VON JULIUS' PONTIFIKAT WAREN TURBULENT, UND DIE FRESKEN FEIERN DEN SIEG DES PAPSTES ÜBER SEINE GEGNER.

˄ STANZA DELLA SEGNATURA Der Raum, von Julius II. als Bibliothek genutzt, enthält Raffaels berühmteste Fresken. Über dem Fenster sind die vier Kardinaltugenden (Frauenfiguren) und die drei göttlichen Tugenden (Engel) dargestellt.

˃ DISPUTA Kirchenväter und Theologen diskutieren auf der Erde über das allerheiligste Sakrament. Im Himmel über ihnen thront die Heilige Dreifaltigkeit, umgeben von Heiligen.

STANZEN RAFFAELS

DIE GEMÄCHER VON JULIUS II.

< PARNASS Der ein Saiteninstrument schlagende Gott Apoll ist umgeben von Musen und Dichtern; links der lorbeerbekränzte Homer und (im Profil) Dante.

˅ > SCHULE VON ATHEN In der Mitte der Versammlung großer Philosophen *(unten)* steht Platon (mit den Zügen Leonardo da Vincis) und zeigt mit dem Finger nach oben, in die Welt der Ideen, während Aristoteles daneben auf die Bedeutung der Empirie verweist. Der Ausschnitt *(rechts)* zeigt Parmenides, Begründer der kritischen Beweisführung in der Philosophie.

< ˄ DECKENGEWÖLBE Die Medaillons um das Papstwappen zeigen Allegorien der Theologie, Philosophie, Gerechtigkeit und Poesie, in den Vierecken Adam und Eva, Salomon, die Astronomie sowie Apoll und Marsyas.

> MOSAIKBODEN Die gedämpften Farbtöne des Bodenbelags kontrastieren mit der Farbigkeit der Fresken. Die sepiafarbene Holzvertäfelung ersetzt seit dem 16. Jh. das Mobiliar Julius' II.

PAPST NIKOLAUS V., EIN GROSSER KUNSTMÄZEN, BERIEF DEN DOMINIKANERBRUDER FRA ANGELICO (1395–1455) VON FLORENZ NACH ROM, DAMIT ER SEINE KAPELLE AUSMALTE (1447–1449). DIE FRESKENFOLGE ILLUSTRIERT DAS LEBEN DES HL. STEPHAN, DES ERSTEN CHRISTLICHEN MÄRTYRERS, UND DAS DES HL. LAURENTIUS, EINEM DIAKON IN ROM IM 3. JH. FRA ANGELICO MACHTE GEBRAUCH VON EINER LANGE VERGESSENEN, VON DER RENAISSANCE WIEDERENTDECKTEN TECHNIK: DER PERSPEKTIVE.

LAURENTIUS VOR GERICHT Der Diakon wird vor den Präfekten von Rom geladen. Weil er während der valerianischen Christenverfolgung im 3. Jh. den Kirchenschatz nicht herausgab, sondern an die Armen verteilte, wurde er gefoltert und hingerichtet.

EINGANG ZUR KAPELLE Im Bildfeld über der linken Tür übergibt Papst Sixtus II. vor seiner Festnahme und Enthauptung dem Diakon Laurentius Almosen für die Armen, mit dem Auftrag, sie zu verteilen.

SEITENWÄNDE UND ALTAR Fra Angelico verwendete leuchtende Farben, um die kleine Kapelle aufzuhellen. Die Figuren seiner Fresken sind im Stil der Renaissance gekleidet und somit eine Quelle zur damaligen Mode.

CAPPELLA NICCOLINA

FRA ANGELICOS MEISTERWERK

MARTYRIUM DES LAURENTIUS
Der Legende nach wurde Laurentius am 10. August 258 über Feuer auf einem glühenden Eisenrost zu Tode gemartert.

DER ERSTE MÄRTYRER
Diakon Stephan, gekleidet in Blau und Orange, wird vor die Tore Jerusalems geschleppt und dort gesteinigt. Im Sterben kniet er nieder und betet für die, die ihn töten.

FENSTER ZUR KAPELLE
Wurden die Holzläden geöffnet, konnte man im angrenzenden Raum an der Messe teilnehmen, die der Papst zelebrierte. Die Fensterlaibung ist freskiert, die Paneele darunter sind mit Marmorimitationen bemalt.

> **DECKENGEWÖLBE MIT EVANGELISTEN**
In den vier Feldern zwischen den Gewölbebögen sind die vier Verfasser der Evangelien im Neuen Testament dargestellt: Matthäus, Markus, Lukas und Johannes.

˅ **SYMBOLIK**
Bei den Evangelisten stehen ihre Symbole: Ochse (Lukas), Löwe (Markus), Adler (Johannes) und ein Mensch mit Flügeln (Matthäus).

< > **FENSTERLAIBUNG**
Fresken mit Blumenrosetten und Heiligenbüsten rahmen die Fenster. Die Originalverglasung aus dem 15. Jh. ist noch erhalten.

˅ **BLICK VOM ALTAR**
Das Bildfeld links zeigt die Ordination des Laurentius durch Sixtus II. Laurentius bekam drei Tage Zeit, die Güter der Kirche zu sammeln, um sie zu übergeben. Später präsentierte er die von ihm beschenkten Armen dem Kaiser als die wahren Schätze der Kirche.

‹ **STEINBODEN**
Die rautenförmigen Muster sind in die Steinplatten eingeschnitten. Die Eckmedaillons tragen den Papstnamen: *Nicolaus PP Quintus.*

› **GEMALTER VORHANG**
Es war üblich, Kirchenräume mit Tapisserien zu schmücken. Hier bedecken gemalte »Vorhänge« den unteren Teil der Wände; in der Mitte Tiara und Schlüssel.

HIER, IM »HERZOGSSAAL« DES APOSTOLISCHEN PALASTS, EMPFINGEN DIE RENAISSANCEPÄPSTE FÜRSTEN UND ANDEREN HOHEN BESUCH. MIT DER GESTALTUNG DES GROSSEN REPRÄSENTATIONSRAUMS BEAUFTRAGTE PAUL III. (1534–1549) DEN ARCHITEKTEN ANTONIO DA SANGALLO D. J. (1484–1546). DIE FRESKEN STAMMEN VON RAFFAELINO DA REGGIO (1550–1578), LORENZINO DA BOLOGNA (1530–1577) UND MATTHÄUS BRILL (1550–1583) UND SIND AN RÖMISCH-ANTIKE VORBILDER ANGELEHNT. DER KUNSTVOLLE MARMORBODEN SPIEGELT DIE FARBIGKEIT DER FRESKEN.

MYTHISCHE SZENE
Deckenfresko mit Herkules, der den Riesen Cacus erschlägt, der ihm seine Rinder gestohlen hat. Das feuerspeiende Ungetüm soll auf dem Palatin gehaust haben, wo später Rom entstand.

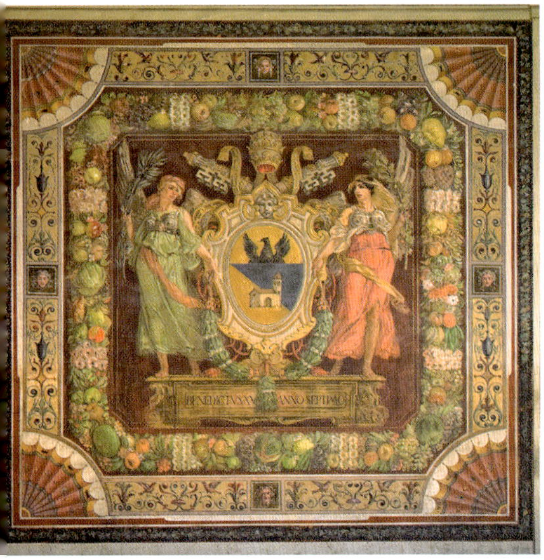

PAPSTWAPPEN
Das Wappen Benedikts XV. (1914–1922) fügt sich, von einer Bordüre im Renaissance-Stil und mit Jakobsmuscheln gerahmt, nahtlos in den Raumschmuck der Sala ein.

BERNINIS STUCKVORHANG
Der hintere Bereich von Sangallos Empfangssaal war sehr dunkel, ehe Bernini (1598–1680) den Raum vergrößerte. Der Stuckvorhang kaschiert die Stelle, an der eine Wand eingerissen wurde.

SALA DUCALE

AUDIENZSAAL DER RENAISSANCEPÄPSTE

< ∨ DAS PÄPSTLICHE WAPPEN
Im Zentrum der kunstvoll ausgemalten Decke befindet sich, von Girlanden aus Früchten und Gemüse umgeben, das Wappen Pauls IV. Er ließ das Bildprogramm fortsetzen, was sein Vorgänger Paul III. begonnen hatte.

∧ ANTIKE VORBILDER
Für den Bildschmuck an der Decke mit Motiven aus der griechisch-römischen Antike fanden die Künstler ihre Vorbilder in den römischen Villen, die damals ausgegraben und bewundert wurden.

∧ DIE VIER JAHRESZEITEN
Vier ländliche Szenen, eine in jeder Ecke des Saals, zeigen die vier Jahreszeiten. Es sind Werke von Matthäus Brill (1550–1583).

∧ FARBEN DER ANTIKE
Ocker- und Rottöne, wie sie in der Antike, besonders in Rom, sehr beliebt waren, dominieren in den Fresken und kehren im Marmorboden wieder.

> BALDACHINMOTIVE
Mit Baldachinmotiven und anderen von der Antike inspirierten Schmuckelementen zollten die Künstler der Renaissance der Kunst der alten Welt ihre Anerkennung.

▲ **STUCKVORHANG**
Bernini ließ 1656/57 eine Wand niederlegen, um die Sala Ducale zu vergrößern. Mit dem von Putten gerafften Vorhang drapierte er den Übergang zwischen beiden Räumen.

DIE SALA REGIA (KÖNIGSSAAL) WURDE 1573 VOLLENDET, NACH EINEM ENTWURF VON ANTONIO DA SANGALLO D. J. (1484–1546) FÜR PAPST PAUL III. DIE WANDFRESKEN ZEIGEN EREIGNISSE AUS DER GESCHICHTE DES PAPSTTUMS, DIE VOR ALLEM FÜR DIE BEHAUPTUNG IHRER WELTLICHEN MACHT VON BEDEUTUNG WAREN. DER GRÖSSTE TEIL DER ARBEITEN STAMMT VON GIORGIO VASARI (1511–1574), TADDEO ZUCCARO (1529–1566) UND FEDERICO ZUCCARO (1542–1609). SIXTINISCHE UND PAULINISCHE KAPELLE SOWIE DIE SCALA REGIA SIND VON DIESEM SAAL AUS ZU ERREICHEN.

< RAUMANSICHT
Das Tonnengewölbe ist wundervoll stuckiert und eindrucksvolle Fresken schmücken die Wände.

˅ SEESCHLACHT
In der Schlacht von Lepanto, 1571, gelang den christlichen Mächten ein wichtiger Sieg über das Osmanische Reich.

˄ PAULINISCHE TÜR
Das Fresko links von der Tür zur Kapelle zeigt die Einnahme von Tunis, das rechte Heinrich IV. vor Gregor VII., 1077 in Canossa.

SALA REGIA

GLANZVOLLE SELBSTDARSTELLUNG PÄPSTLICHER MACHT

⌄ VERSÖHNUNG VON PAPST UND KAISER
Das Fresko zeigt die Versöhnung zwischen Alexander III. und Friedrich I. Barbarossa 1177 in Venedig. Mit diesem Friedensschluss wurde das alexandrinische Schisma (1159–1177) beendet.

⌃ LIEGENDE AKTE
Übergroße Gipsfiguren liegen hingestreckt auf den Ziergiebeln der breiten Rahmen der Fresken. Sie sind, wie der übrige Ornamentschmuck im Saal, das Werk von Daniele da Volterra, geschaffen um 1540. Die Stuckrahmen sind mit Blattgold belegt.

⌄ VOR DER SCHLACHT
Vor der Seeschlacht von Lepanto gruppieren die Christen, als »Heilige Liga« vom Papst gesegnet, ihre Schiffe in der Form eines Kreuzes. Das Fresko zeigt die Aufstellung der Flotte in symmetrischer Perspektive; im Vordergrund links eine weibliche Allegorie des Papsttums, rechts der Tod und sein Schrecken.

⌃ MORDANSCHLAG
Der Anschlag auf Hugenottenführer Gaspard de Coligny war der Auftakt zu den Massakern der Bartholomäusnacht im August 1572.

⌃ KURFÜRSTEN
Die Kurfürsten leisten dem Papst den Treueeid und werden zur Kaiserwahl bevollmächtigt.

⌃ MASSAKER
In der Bartholomäusnacht wurden in Frankreich Hugenotten von Katholiken ermordet.

SIXTINISCHE KAPELLE

SITZUNGSORT DES KONKLAVES

LEGENDE ZU DEN WANDGEMÄLDEN

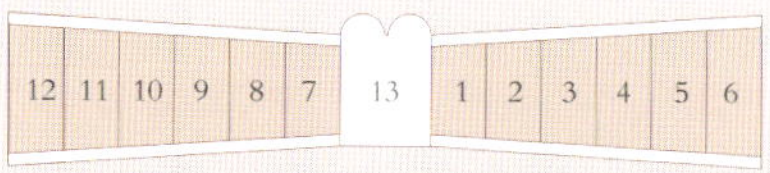

1 Taufe Christi
2 Versuchung Christi
3 Berufung der Apostel
4 Bergpredigt
5 Schlüsselübergabe an Petrus
6 Letztes Abendmahl
7 Rückkehr Mose nach Ägypten
8 Aus dem Leben Mose
9 Durchzug durch das Rote Meer
10 Übergabe der Gesetzestafeln
11 Bestrafung der Rotte Korachs
12 Vermächtnis Mose
13 Das Jüngste Gericht

GRUNDRISS

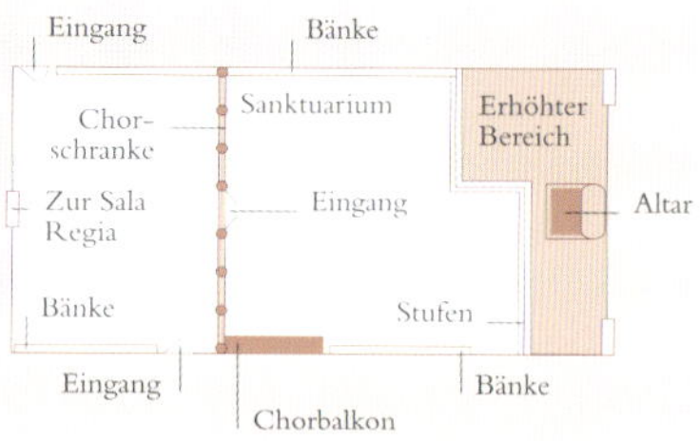

> DAS JÜNGSTE GERICHT
Engel blasen in Trompeten und wecken die Toten. Über Christus erscheinen Heilige, sie tragen das Kreuz und die Säule, an der er ausgepeitscht wurde.

> WELTENRICHTER
Christus erscheint am Jüngsten Tag als Richter über die Lebenden und die Toten. Mit erhobenem Arm trennt er die Seligen und die Verdammten. Zu seiner Rechten kauert Maria in verhaltenem Flehen.

˅ HÖLLENSCHLUND
Hinter Altar und Kruzifix gähnt der Eingang zur Hölle. Links öffnen sich Gräber, um die Toten freizugeben, rechts sinken die Verdammten hoffnungslos hinab zu Charons Totenschiff und dem rot glühenden Höllenschlund entgegen.

Die Sixtinische Kapelle, berühmt dafür, dass hier heute die Papstwahl abgehalten wird, wurde ab 1475 unter Sixtus IV. anstelle eines älteren Versammlungssaales errichtet und 1483 geweiht. Die Gestaltung der Wandfelder übertrug Sixtus umbrischen Künstlern, vermutlich unter der Leitung Peruginos (1446–1524). Unter der Fensterreihe mit Porträts früherer Päpste entstanden zwei aufeinander bezogene Bildfolgen mit Szenen aus dem Leben Christi und dem Leben Mose, gemalt von Pinturicchio (1454–1513), Ghirlandaio (1449–1494), Botticelli (1445–1510) und Signorelli (1445–1523). In der Gegenüberstellung dokumentieren sie die Einheit von Altem und Neuem Testament, aber auch politische Bezüge wurden hergestellt: Korach trägt die Züge von Sixtus' Gegenspieler Erzbischof Zamonetti, der eine Kirchenreform und die Wiedereinberufung des Basler Konzils forderte. Der Bestrafung Korachs gegenüber steht die Berufung Petri, Symbol päpstlicher Oberhoheit.

1508 beauftragte Papst Julius II. Michelangelo (1475–1564) mit den Deckenmalereien. Sie zeigen Szenen aus der Genesis, von denen diejenige, in der Gottvater mit ausgestrecktem Finger Adam zum Leben erweckt, weltberühmt wurde.

Über 20 Jahre später erhielt Michelangelo von Paul III. den Auftrag, die Altarwand mit einer Darstellung des Jüngsten Gerichts zu gestalten. Die Fenster in der Wand wurden vermauert, zwei Fresken der Bilderzyklen zu Moses und Christus entfernt. Bei der Christusfigur wich Michelangelo von der traditionellen Darstellung ab: Christus thront nicht, er springt auf und setzt mit richtender Geste das Geschehen in Gang. Um Gnade für die Menschen fleht unter seinem erhobenen Arm Maria. Auf der linken Seite zieht er die Seligen in die Höhe, rechts schleudert er die Verdammten in die Tiefe. Das Gemälde, an dem Michelangelo sieben Jahre arbeitete, bis 1541, entfesselte einen Sturm der Empörung. Nicht wenige hielten so viel Nacktheit für dem Ort unangemessen.

> MARMORBODEN
Die kontrastreichen Ornamente auf dem Boden korrespondieren in unaufdringlicher Weise mit der intensiven Farbigkeit der Malerei. Dabei ist der Bereich des Sanktuariums durch ein anderes Muster vom übrigen Raum der Kapelle abgetrennt.

MICHELANGELOS SCHÖPFUNG
Von Mai 1508 an verbrachte Michelangelo vier Jahre auf dem Gerüst, um die Deckenfelder auszumalen. Zuvor befand sich hier ein mit Sternen übersätes blaues Gewölbe.

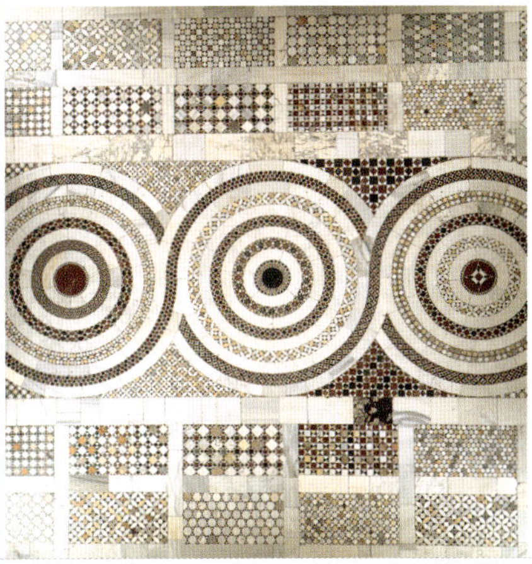

COSMATENKUNST
Seit dem 12. Jh. waren in Rom und Latium mehrere Künstlerfamilien tätig, die Intarsienarbeiten wie diese fertigten, wozu sie Marmor aus antiken Bauresten verwendeten.

LEGENDE ZU DEN DECKENFELDERN

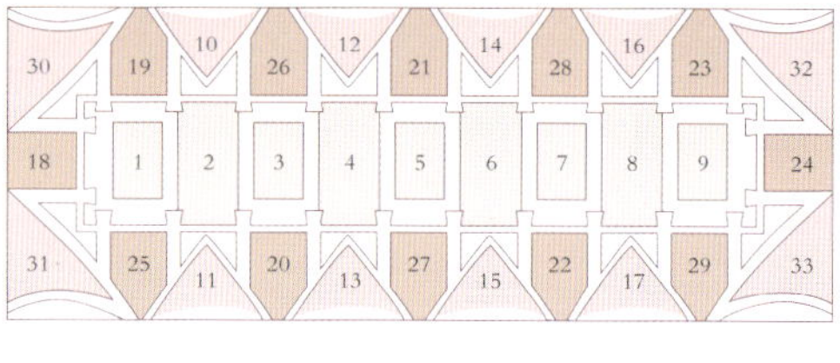

1 Gott trennt Licht und Finsternis
2 Erschaffung von Sonne und Mond
3 Scheidung von Wasser und Land
4 Beseelung Adams
5 Erschaffung Evas
6 Sündenfall und Vertreibung
7 Opfer Noahs
8 Sintflut
9 Trunkenheit Noahs
10 Salomon mit Eltern
11 Jesse mit Eltern
12 Rehabeam mit Mutter
13 Asa mit Eltern
14 Usiah mit Eltern
15 Hiskia mit Eltern
16 Serubbabel mit Eltern
17 Josiah mit Eltern
18 Jonas
19 Jeremia
20 Daniel
21 Hesekiel
22 Jesaja
23 Joel
24 Zacharias
25 Lybische Sybille
26 Persische Sybille
27 Cumäische Sybille
28 Erytraische Sybille
29 Delphische Sybille
30 Bestrafung Hamans
31 Eherne Schlange
32 David und Goliath
33 Judith und Holfernes

⋏ DECKE DER SIXTINISCHEN KAPELLE
Von der Genesis zum Bund mit Noah (Mittelfelder) und zur Rettung Israels (Eckbilder); Propheten und Seherinnen schauen die Szenen, dazu der Stammbaum Jesu (Lünetten). Die Restaurierung der Decke zwischen 1982 und 1994 förderte eine ungeahnte Farbigkeit zutage und Details, die seit Jahrhunderten nicht mehr zu sehen gewesen waren.

˄ BLICK AUF DIE SÜDWAND
Die Reihe unten besteht aus Bildfeldern mit gemaltem Vorhang, die größenmäßig denen in der Reihe darüber entsprechen. Über dem Moses-Zyklus, in gemalten Nischen zwischen den Fenstern, frühe Päpste. In den Lünetten beginnt das Werk Michelangelos.

˅ ˃ SEITEN- UND ALTARWAND
Unter der übergroßen Figur des grüblerischen Jeremiahs wirken die Bilder von den Vorfahren Jesu in den Lünetten winzig. Die dunkle Stelle in der rechten Ecke blieb, um den Zustand der Fresken vor der Restaurierung in den 1990er-Jahren zu zeigen, bei der auch die Tafeln mit den Namen wieder freigelegt wurden. Rechts die Altarwand mit Michelangelos *Jüngstem Gericht*.

˄ DAS LEBEN MOSE
An diesem Bildfeld malten Pinturicchio und Perugino. Da jedes Bild mehrere Episoden zeigt, unter anderen die Beschneidung seines zweitgeborenen Sohns, erscheint der grün und gelb gewandete Moses mehrfach.

˂ CHORBALKON
In der kleinen Loggia mit Kassettendecke, Schmuckbalustrade und Notenständer in der Mitte, finden acht Chorsänger Platz. Die Loggia an der Nordwand springt in den Kapellenraum vor.

< DIE LYBISCHE SYBILLE
Auch die heidnischen Seherinnen sollen die Ankunft Christi vorhergesehen haben. Wie viele Frauengestalten Michelangelos wirkt die Sybille sehr athletisch; es ist wahrscheinlich, dass ein Mann Modell saß.

˅ TAUFE JESU IM JORDAN
Von Perugino und Pinturicchio gemalt: Über der Jesusgestalt erscheint Gottvater in einem von Engeln umgebenen Medaillon; unter den Zuschauern sind damals bekannte Personen.

˄ DANIEL
In manieristischer Malweise verzerrte Michelangelo die Figuren an der Decke. Eine Putte hält das Buch, in das der Prophet Daniel schreibt; in dem Schreibpult links steckt eine Schriftrolle.

< ˄ CHORSCHRANKE
Die marmorne Transenna mit vergoldetem Holzgitter und acht Kerzenständern trennt den Bereich für den Klerus von dem für die Allgemeinheit. Die Eichenholztüren stammen aus dem 17. Jh.

˅ WAPPEN
Zwei Putten tragen eine Eichengirlande. In der Mitte der Eichbaum aus dem Familienwappen von Sixtus IV. und seinem Neffen Julius II., unter dessen Pontifikat ein großer Teil der Malereien in der Sixtina entstand.

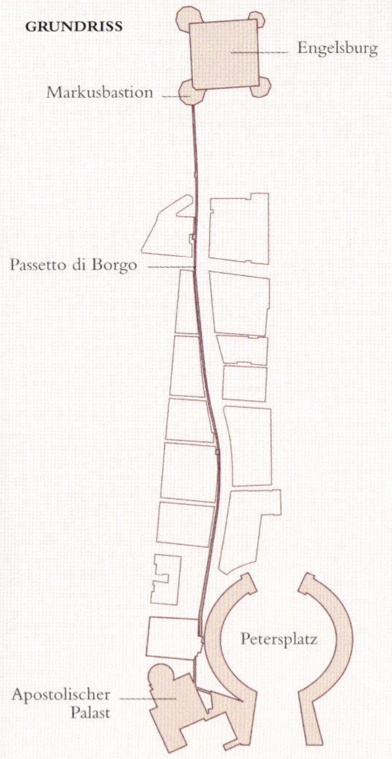

> ÜBER DEN GRABEN
Kurz vor den tiefen Gräben um die Engelsburg wird der *passetto* zu einer Brücke. Sie wurde im 16. Jh. von Antonio da Sangallo d.J. errichtet.

∧ > MARKUSBASTION
An der Markusbastion stößt der *passetto* auf die Engelsburg. Insgesamt vier Bastionen wurden zwischen den Pontifikaten von Nikolaus V. (1447–1455) und Urban VII. (1623–1644) errichtet.

Im Mittelalter war Rom nur noch ein Schatten der antiken Hauptstadt des römischen Imperiums. Mochten Kühe und Schafe friedlich zwischen den Ruinen grasen, die Verhältnisse waren unsicher: Bettler und Vagabunden belästigten und bedrohten die Pilger auf dem Weg zu den heiligen Stätten und Kirchen. Adelsgeschlechter stritten um die Vorherrschaft in der Stadt und dabei auch um das Amt des Papstes, denn dessen Stellung war ebenso einträglich wie angesehen.

Unter Papst Nikolaus III. wurde im 13. Jh. der *passetto,* ein überirdischer Fluchtgang gebaut, der den Vatikan mit der Engelsburg verband. Die Engelsburg, ursprünglich als Mausoleum für Kaiser Hadrian (78–138) errichtet, war im 5. Jh. von Kaiser Honorius in die Stadtbefestigung einbezogen und zu einer schwer einnehmbaren Verteidigungsstellung über dem Tibertal ausgebaut worden. Später besetzten verschiedene Adelsfamilien die Burg, und 1277 war sie in den Händen der Familie des neugewählten Papstes, der es für angebracht hielt, daran festzuhalten, da sie ihm in unsicheren Zeiten Zuflucht bot.

Der Fluchtgang, den er errichten ließ, verlief teilweise auf den alten, leicht gekrümmten Befestigungsanlagen, die Ostgotenkönig Totila (542–552) anlegen ließ, nachdem er den Byzantinern unter Justinian I. große Teile Mittel- und Süditaliens entrissen hatte. Etwa 800 m des *passetto* waren zum Schutz gegen die Witterung überdacht, durch verschieden große Fensteröffnungen fiel Tageslicht ein.

Als 1527 deutsche Soldaten und Söldner unter der Fahne Kaiser Karls V. Rom belagerten, flüchtete Papst Klemens VII. durch den Tunnel. Von seiner opferbereiten Schweizergarde gedeckt, entging er seinen Angreifern nur knapp.

Im 16. Jh. erhielt Antonio da Sangallo d.J. (1484–1546) den Auftrag, die Wehranlagen zu verstärken, die später von Francesco Laparelli (1521–1570) noch einmal erweitert wurden. Seit dem 17. Jh. wurde der Gang nicht mehr genutzt.

PASSETTO DI BORGO

FLUCHTWEG IN DIE ENGELSBURG

WEHRGANG
Vom zinnenbewehrten Dach des Fluchtgangs aus konnten Soldaten Angriffe von unten abwehren.

TORBÖGEN
Durchgänge wurden in den *passetto* gebrochen, damit die Gassen der Stadtteile Borgo und San Pio leicht erreichbar waren.

WAPPEN
Das Wappen Pius' IV. hängt über einem Torbogen, durch den man in den Borgo gelangt.

SPÄTANTIKE FUNDAMENTE
Der im 13. Jh. von Nikolaus III. errichtete *passetto* steht auf Befestigungsanlagen aus dem 6. Jh.

NEBENEINGANG
Der Nebeneingang zeigt Mauerwerk aus dem 6. Jh. und dem späteren Mittelalter. Unter dem viereckigen Fenster ist das Wappen Papst Alexanders VI. angebracht.

HENKERSWOHNUNG
Das Haus ohne Eingangstür ist einmalig: Zu seiner persönlichen Sicherheit war die Wohnstatt des Scharfrichters nur über den bewachten Passetto di Borgo zu erreichen.

WANDALTAR
Wie viele Mauern in Italien ist auch die des *passetto* mit einfachen Heiligenaltären geschmückt, dieser hier ist Maria der Sorgenreichen geweiht.

ZUM VATIKAN
Links von den Kolonnaden, unterhalb des Apostolischen Palasts erreicht der *passetto* den Vatikan. Die Zinnen entstanden unter Urban VIII.

FENSTERSCHLITZE
Fensterschlitze sorgten für Licht und Luft im Fluchtgang, waren aber so schmal, dass niemand hineinklettern konnte.

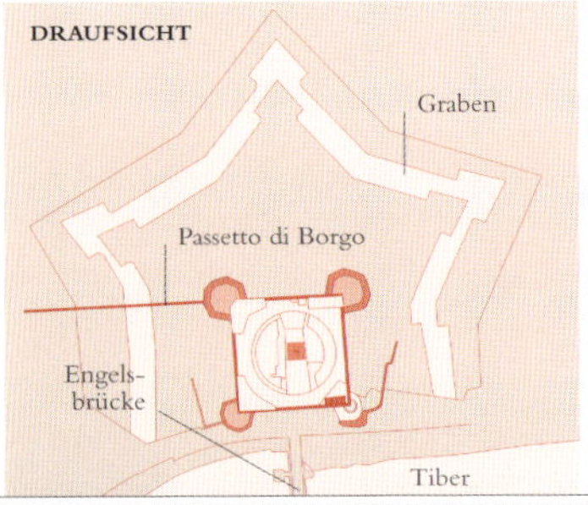

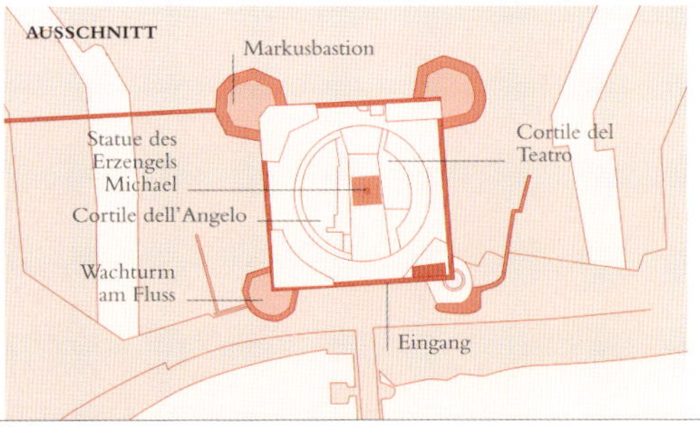

› BRONZEENGEL
Das Standbild des Erzengels Michael auf der Spitze der Burg wurde von Peter Anton von Verschaffelt (1710–1793) entworfen und von Francesco Giardoni (1692–1757) gegossen.

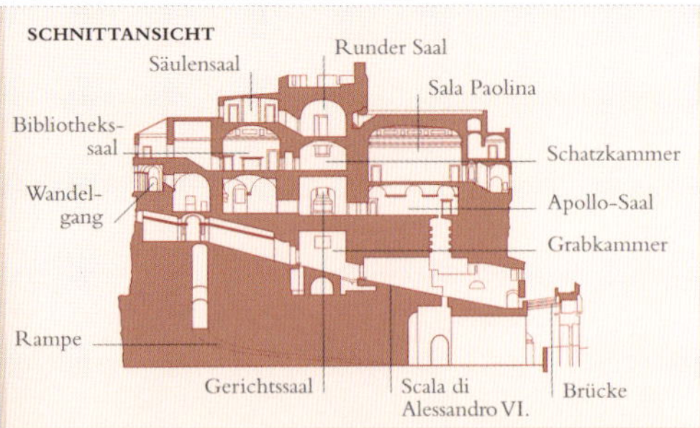

› PASSETTO DI BORGO
Vom Vatikan kommend, erreicht der Fluchtgang die Festung an der Markusbastion, an einem der vier Wachtürme, die Antonio da Sangallo im Auftrag Alexanders VI. errichtete.

˅ MARKUSBASTION
Von den auskragenden Umgängen des achteckigen Turms konnten Angreifer mit Steinen und siedendem Öl abgewehrt werden. Hinter den Schießscharten standen Kanonen.

Zwischen 123 und 138 ließ Kaiser Hadrian am Tiberufer ein gewaltiges Mausoleum für sich und seine Familie errichten. Unter Kaiser Honorius wurde es im Jahr 403 in die Stadtbefestigung einbezogen.

Mittelalterlichen Legenden zufolge soll Papst Gregor dem Großen während einer Bittprozession über dem Mausoleum der Erzengel Michael erschienen sein, der zum Zeichen, dass die mörderische Pest in der Stadt nun enden werde, sein Schwert in die Scheide steckte. Darauf geht der seit 825 belegte Name des Rundbaus zurück.

Ab dem 13. Jh. wurde er in eine Festung zum Schutz des Vatikans verwandelt. Im 15. Jh. beabsichtigte Nikolaus V., den päpstlichen Hof ganz zu verlegen, und erste Verteidigungswerke wurden angelegt. Alexander VI. beauftragte Antonio da Sangallo d. Ä. (1455–1535) mit dem Bau weiterer Befestigungen und ließ zwischen 1492 und 1495 auch prächtige Wohnräume für seine Familie einrichten, die der Maler Pinturicchio ausgestaltete.

Von Alexanders Residenz blieb nichts erhalten, als Papst Urban VIII. 1628 die Verteidigungsanlagen nochmals vergrößern ließ. Julius II. verbrachte das erste Jahr seines Pontifikats in der Burg, während Leo X. in den Burgverliesen Gefangene der Inquisition festsetzen ließ. Auch Giordano Bruno und Galileo Galilei saßen dort ein.

Am 6. Mai 1527 plünderten die Landsknechte Karls V. die Stadt und schleppten unermessliche Reichtümer davon. Mit knapper Not entkam Klemens VII. in die Engelsburg, und nur gegen Lösegeld und demütigende Zugeständnisse erhielt er ein halbes Jahr später die Freiheit zurück.

Sein Nachfolger Paul III. ließ die päpstlichen Gemächer neu ausgestalten. Er ließ auch Räume schaffen für den Schatz und die Archive des Vatikans, möglicherweise in der ursprünglichen Grabkammer Hadrians. Trotzdem diente die Engelsburg während der folgenden drei Jahrhunderte vornehmlich als Gefängnis. Heute beherbergt sie ein viel gerühmtes Museum.

ENGELSBURG

FESTUNG DER PÄPSTE

⋎ PÄPSTLICHE LOGGIA
Die mit Säulen geschmückte Loggia der Gemächer Papst Pauls III. öffnet sich zum Tiber. Das Papstwappen wurde nach der italienischen Einigung 1870 abgeschlagen.

⋏ RESIDENZ IN HOCHLAGE
In der Antike krönte ein Streitwagen mit Pferden das Mausoleum. Während der Renaissance entstand auf dem Rundbau die päpstliche Residenz.

< WACHTURM AM TIBER
Von diesem im 16. Jh. entstandenen Turm aus ließ sich die Schifffahrt zwischen Rom und dem Hafen Ostia kontrollieren.

⋏ BLICK VOM GRABEN
Schaut man von den früher häufig überfluteten Gräben nach oben, erkennt man die enormen Dimensionen des Mausoleums. Sowohl Alexander VI. als auch Klemens VII. mussten sich hier verschanzen.

▲ **DIE BURG UND IHRE ENGEL**
Dem Erzengel Michael zur Seite stehen die zehn Engelsstatuen auf der Engelsbrücke, die im 17. Jh. von Bernini und seinen Schülern geschaffen wurden.

> BLICK ÜBER DIE WEHRGÄNGE
Direkt an die Mauern des Mausoleum gesetzt, wie ganz rechts im Bild zu erkennen, umziehen die Wehrgänge die gesamte Burg. So konnte das Gebiet rundherum kontrolliert werden.

< RAMPE
Diese rundumlaufende Rampe windet sich im Innern des Mausoleums hinauf zur Grabkammer, in der die Urnen der kaiserlichen Familie beigesetzt wurden.

˅ CORTILE DELL'ANGELO
Es war eng auf der Burg, dennoch gelang es den Architekten, den Päpsten angemessene Örtlichkeiten zu schaffen, zu denen auch dieser offene, aber geschützte Hof gehörte.

˄ GESCHMÜCKTE KUGEL
Die Bienen auf der Kugel der Treppe zum Cortile dell'Angelo sind Wappenembleme der Barberini, der Familie Papst Urbans VIII., der die Burg im 17. Jh. erneuern ließ.

˄ MARMORENGEL MIT KUPFERFLÜGELN
Dieser Engel mit hellenistischem Kopf und in römischer Rüstung, 1544 von dem Bildhauer Raffaello da Montelupo (1504–1566) geschaffen, gibt dem Hof seinen Namen.

> BOGEN MIT LILIENWAPPEN
Der Torbogen trägt das Wappenemblem von Papst Paul III., der 1542–1549 die erste große Renovierung vornehmen ließ. Die Treppe führt zu den oberen Terrassen.

⋎ KATAPULT
Mit diesem mittelalterlichen Katapult, das sich von antiken römischen Kriegsmaschinen kaum unterscheidet, wurden Steine und ölgetränkte Fackeln gegen Angreifer geschleudert.

⋏ ANTIKER GOTT
Die Fresken mit antiken Gottheiten an den Wänden des Cortile del Teatro sind heute verblichen und beschädigt.

⋏ CORTILE DEL TEATRO
Dieser halbkreisförmige Hof wurde Anfang des 16. Jh. angelegt. Man geht davon aus, dass hier zur Zeit Leos X. Theateraufführungen stattfanden.

< VORDERLADER
Seit dem 13. Jh. wurden in Europa Kanonen eingesetzt. Diese steht im Cortile del Teatro; sie ist ein klarer Hinweis auf den militärischen Zweck der Engelsburg.

⌃ TREPPE ZUR GRABKAMMER
Die nach Alexander VI. benannte Treppe führt zur Grabkammer der Familie Kaiser Hadrians. Wände und Gewölbe waren in der Antike mit Marmor verkleidet, der jedoch im Mittelalter andernorts Verwendung fand.

› WANDELGANG
Das oberste Stockwerk wurde Mitte des 16. Jh. für Paul III. aufgesetzt. Der überwölbte Wandelgang bietet eine eindrucksvolle Aussicht über Rom und den Tiber.

ABGESCHLAGENES WAPPEN
Im 19. Jh. schlugen Nationalisten, die das Ende des Kirchenstaats begrüßten, das Papstwappen im Gewölbe des Wandelgangs *(linke Seite)* ab.

SALA PAOLINA
Die Fresken in der Sala Paolina feiern Macht und Glanz des römischen Weltreichs, zu dem sich die Päpste der Renaissance in Beziehung setzten.

SCHATZKAMMER
Ein Tresor, im Auftrag von Papst Paul III. im Herzen der Burg angelegt: Die eisenbeschlagenen Truhen, stets hinter Schloss und Riegel gehalten, enthielten Münzen und wertvolle Gefäße.

TÜR IN DER TÜR
Die beschlagene Eichentür führte in die Quartiere für die Wachsoldaten. Einzelne Personen wurde durch die kleine »Tür in der Tür« eingelassen.

ANTIKE VORBILDER
Die Decke des großen, für Papst Paul III. eingerichteten Saales trägt Fresken und Stuckaturen, deren Ornamente (und Technik) die Renaissance-Künstler von römischen Bauten übernahmen, die 1500 Jahre früher entstanden.

LATERANBASILIKA

MUTTER ALLER KIRCHEN DES ERDKREISES

CHRISTUS UND HEILIGE
Die Kirche ist Johannes dem Evangelisten und Johannes dem Täufer geweiht, die hier Christus flankieren.

FASSADE
Die Travertinfassade schuf Alessandro Galilei (1691–1736). Von der Loggia aus erteilt der neue Papst seinen ersten Segen.

AKANTHUS-KAPITELL
Die Säulen neben dem Hauptportal sowie die Pilaster an der Fassade tragen korinthische Kapitelle mit zarten Akanthusblättern.

GRUNDRISS

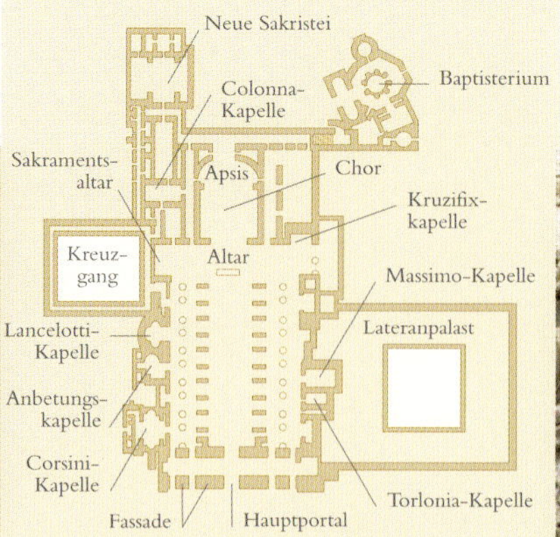

Die Basilika S. Giovanni in Laterano ist die erste für Christen gebaute Basilika und somit die Mutterkirche aller katholischen Kirchen. Seit dem 4. Jh. dient sie als Kathedrale des Bischofs von Rom. Sie wurde von Konstantin I. gestiftet und um 313 außerhalb des Stadtzentrums auf einem Grundstück errichtet, das der Kaiser Bischof Miltiades geschenkt hatte. Zwei weitere Kirchen wurden unter kaiserlicher Schutzherrschaft in Rom errichtet. Die Lateranbasilika war ursprünglich dem Erlöser geweiht. Der Bau folgte dem Grundriss antiker Basiliken: Säulenkolonnaden trennten je zwei Seitenschiffe vom Hauptschiff, Licht fiel durch die Obergaden. Den Abschluss bildete ein Querschiff mit Apsis. Die achteckige Taufkapelle entstand im 5. Jh. unter Sixtus III.

Konstantin stiftete auch wertvolle Silber- und Goldgefäße sowie Altäre. Als die Vandalen Rom plünderten, ging ein Großteil des wertvollen liturgischen Geräts verloren. Nach einem schweren Erdbeben 896 musste die Kirche teilweise neu errichtet werden. Papst Lucius II. weihte den Neubau dem Evangelisten Johannes. Nach Bränden 1306 und 1360 blieben nur Ruinen. Die alte Bischofskirche wurde wieder aufgebaut, als die Päpste nach Rom zurückkehrten; ihre Residenz verlegten sie jedoch in den Vatikan.

Ende des 16. Jh. betraute Sixtus V. seinen Hofarchitekten Domenico Fontana (1543–1607) mit dem Umbau der Basilika. Innozenz X. ließ sie zum Jubeljahr 1650 von Francesco Borromini (1599–1667) barockisieren. Die konstantinische Bausubstanz blieb erhalten, ist aber nicht mehr sichtbar. 1878 ließ Leo XIII. die Apsis niederlegen, um mehr Platz für die liturgischen Feiern zu schaffen. Die Mosaiken aus dem 4. Jh. wurden abgenommen und in der vergrößerten Apsis wieder angebracht.

Die Inaugurationszeremonien zu Beginn jedes Pontifikats finden ihren feierlichen Abschluss, wenn der neue Papst in seiner Funktion als Bischof von Rom »seine Kirche«, die Lateranbasilika, in Besitz nimmt.

KAISER KONSTANTIN I.
Die Statue aus dem 4. Jh. wurde 1737 im Atrium aufgestellt. Der Kaiser als Heerführer hält eine Schriftrolle in der Hand, Zeichen seiner Befehlsgewalt.

INSIGNIEN DES LATERAN
Geöffneter Schirm und gekreuzte Schlüssel sind Symbol sowohl für die Vakanz des Heiligen Stuhls wie auch für die Lateranbasilika.

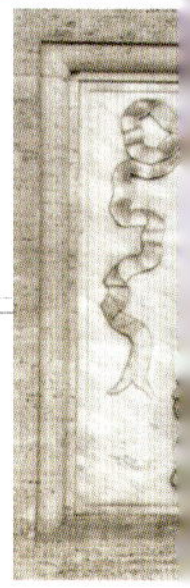

KIRCHENVÄTER
Die zwölf Statuen auf der Balustrade repräsentieren die Kirchenväter der West- und der Ostkirche.

HAUPTPORTAL
Die zweiflügelige Bronzetür stammt von der Curia auf dem Forum Romanum. Alexander VII. ließ sie 1660 einpassen.

OFT BERÜHRT
Skulptur an der Heiligen Pforte: Es ist Brauch, den Fuß des Jesuskindes zu berühren, darum ist die Bronze an der Stelle blank.

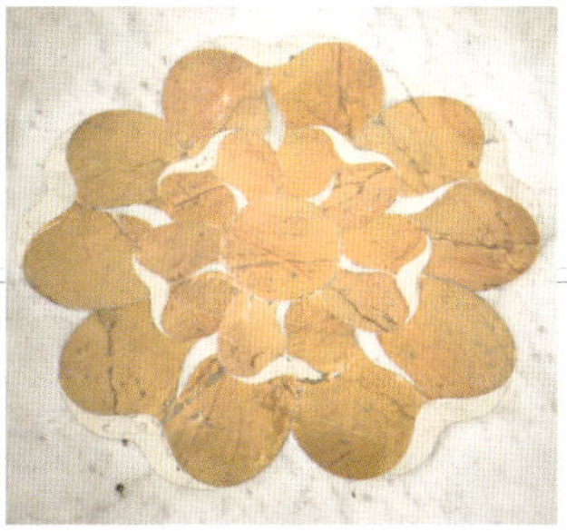

ROSETTE IM BODENBELAG
Die Rosette ist aus *giallo antico*, Marmor, den die Römer in großen Mengen in Tunesien brechen ließen.

PORTAL
In das der Architektur der Antike nachempfundene Repräsentationsportal ist eine kleinere Tür geschnitten.

› DECKE UND WAPPEN PIUS' IV.
Die vergoldete Holzdecke, begonnen 1562, wird Pirro Ligorio (1510–1583) zugeschrieben. Sie zeigt die Wappen verschiedener Päpste des Namens Pius.

˅ SAKRAMENTSALTAR
Der Altar, zum Jubeljahr 1600 von Pier Paolo Olivieri (1551–1599) geschaffen, wird flankiert von vergoldeten Bronzesäulen, die vom Jupitertempel des Augustus stammen sollen.

› SKULPTUREN
Die dynamischen Skulpturen der Apostel und Evangelisten wurden im 18. Jh. in Nischen im Hauptschiff aufgestellt.

< BALDACHIN DES HOCHALTARS
Silberbüsten in dem gotischen Marmorbaldachin (um 1367) enthalten Reliquien des hl. Petrus und des hl. Paulus.

> GRABMAL INNOZENZ' III
Die Lünette über dem Grabmal Innozenz' III. zeigt Christus mit den beiden Ordensgründern hl. Franz von Assisi und hl. Dominikus.

˅ VIERUNG UND HOCHALTAR
Borromini ummantelte die ursprünglichen Marmorsäulen mit Stützpfeilern, zwischen denen er Nischen für Statuen der Apostel und Evangelisten schuf.

˄ ORGEL
Das hölzerne Gehäuse aus dem 16. Jh. ist mit Musikinstrumenten und einer Darstellung König Davids geschmückt.

˅ BRONZEPULT
Auf diesem schlichten Pult liegt während des Gottesdienstes das Lektionar, das Buch, das sämtliche Texte der vorgesehenen biblischen Lesestücke enthält.

˄ ORGELGALERIE
Zwei Orgeln stehen in der Apsis, 1866 von Nicola Morettini aus Perugia gebaut.

< APSIS
Als Leo XIII. die Apsis vergrößern ließ, musste das Mosaik aus dem 4. Jh. abgenommen und wieder eingesetzt werden.

˄ SÄULE VON MARTIN V.
Martin V. ließ die Basilika im 15. Jh. restaurieren. Die Säule aus dem Familienwappen der Colonna schmückt den Cosmatenboden.

KUPPEL
Stuckgewölbe über der Lancelotti-Kapelle: in den von Putten gehaltenen Medaillons Szenen aus dem Leben des Franz von Assisi.

LANCELOTTI-KAPELLE
Die reiche Familie Lancelotti ließ diese dem hl. Franziskus geweihte Kapelle Ende des 17. Jh. im Stil des Hochbarock neu gestalten.

STUCKATUREN
Spielende Engel und Putti: Die lebhafte Stuckdekoration rund um das Gemälde *Der hl. Franz empfängt seine Stigmata* stammen von Filippo Carcani.

FRANZISKUS-ALTAR
Die goldene Altartafel in der Lancelotti-Kapelle, in die in der Mitte ein Tabernakel eingefügt ist, zeigt Heilige, die mit dem Franziskanerorden verbunden sind.

EMBLEM VON MARTIN V.
Überall in der Kirche finden sich Wappenembleme Martins V. Er ließ die Bischofskirche zum Zeichen der Rückkehr der Päpste nach Rom restaurieren.

WAPPEN VON INNOZENZ X.
Papst Innozenz X. beauftragte Borromini mit der barocken Ausgestaltung der Kirche. Auch sein Wappen taucht mehrfach auf.

SEITENSCHIFF
Auf Wunsch des Papstes blieb die Fünfschiffigkeit der Basilika erhalten; die alte Bausubstanz verschwand hinter barocken Pfeilern und Bögen mit Puttenköpfen.

PUTTENKOPF
Ein Merkmal der barocken Umgestaltung sind die vielen Putten und Cheruben im Kirchenraum.

SCHMIEDEEISEN
Gitter und Kreuz vor der Torlonia-Kapelle von Quintiliano Raimondi (1794–1848) kontrastieren mit der vergoldeten Kassettendecke der Kuppel.

PALMWEDEL
Das in der christlichen Kunst häufige Motiv symbolisiert Märtyrertum und erinnert an Jesu Einzug in Jerusalem vor seiner Kreuzigung.

TORLONIA-KAPELLE
Über dem Altar der Torlonia-Kapelle hängt die *Kreuzabnahme Christi* von Pietro Tenerani (1789–1869). Das Marmorrelief ist geschmückt mit Lapislazuli, Alabaster und Malachit.

OPTISCHE TÄUSCHUNG
Teile des ursprünglichen Bodens wurden von Borromini durch diesen fast dreidimensional wirkenden Bodenbelag aus Mamor ersetzt.

KREUZGANG, 13. JH.
Dieser Ort des Gebets und der Meditation ist der einzige Überrest eines großen Klosters, das der Basilika angeschlossenen war.

GESCHMÜCKTE PFEILER
Bei den feinen Ornamenten an einigen Pfeilern des Kreuzgangs handelt es sich um Glasmosaikeinlagen.

KLOSTERBRUNNEN
Der Brunnen in der Mitte des Hofes, aus dem die Mönche Wasser schöpften, stammt aus dem 9. Jh.

MITTELALTERLICHE SÄULEN
Die mit Akanthusblättern geschmückten Kapitelle imitieren antike Bauformen.

LÖWENFIGUR
Die Löwen tragen schwer am Gewicht der Säulenpaare, die den Zugang zum Hof flankieren.

WEIHRAUCHFASS
Ein Kleriker bläst in die Glut eines Weihrauchfasses: lebendiges Detail an der Grablege von Kardinal Annibaldi.

GRABMAL KARDINAL ANNIBALDIS
Arnolfo di Cambios (um 1240–1310) erstes größeres Werk in Rom: Die Prozession zeigt das erwachende Interesse des Künstlers an Bewegung und Ausdruck.

BISCHOFSSTUHL
Die Wände sind bedeckt mit Funden bei archäologischen Ausgrabungen. Dieser Thron, früher drinnen, wurde wahrscheinlich von den Päpsten benutzt.

< ∨ KUPPEL DES BAPTISTERIUMS
Den Tambour der Kuppel schmücken Ölgemälde. In der Mitte der Decke ist eine Taube abgebildet, das Symbol des Heiligen Geistes.

< ∧ TAUFBEREICH
Acht Porphyrsäulen aus der Residenz der Fausta, Gemahlin Konstantins I., tragen die Kuppel. An den Wänden befinden sich Fresken aus dem 17. Jh. mit Szenen aus dem Leben des Kaisers. Das Taufbecken ist aus grünem Basalt.

< LOGGIA VON SIXTUS V.
Der Nordeingang der Basilika, dem eine zweigeschossige Loggia vorgelagert ist, wurde unter Sixtus V. erbaut.

∧ BAPTISTERIUM
Das achteckige Baptisterium aus der Zeit Konstantins wurde im 5. Jh. wiederaufgebaut. Die Seitenkapellen sind jünger.

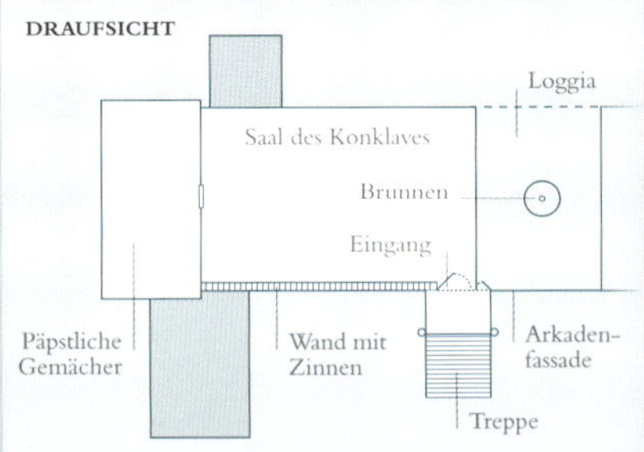

PALAZZO DEI PAPI
Das Hauptportal des päpstlichen Palasts wurde 1266 vollendet. Die Gebäude sind sämtlich aus *pepperino,* einem örtlichen Vulkangestein, errichtet. Ein Löwe, Emblem der Stadt Viterbo, ziert stolz den Eingang.

LOGGIA
Zwischen 1271 und 1276 gebaut, zeigt die Loggia des Palasts unter den gekreuzten Schlüsseln das Adlerwappen Gregors X. Die Schlüssel im Papstwappen erscheinen hier zum ersten Mal.

Im 8. Jh. gelangte Viterbo, eine alte etruskische Stadt, in den Besitz der Päpste. Etwa 60 km nördlich vor Rom in Latium gelegen, war der Papstpalast für einige Jahrhunderte immer wieder Residenz und Zufluchtsort, und so wurde Viterbo, einer der besterhaltenen mittelalterlichen Orte Italiens, zur »Stadt der Päpste«. Noch immer sind die im 11. und 12. Jh. errichteten Mauern um das historische Zentrum vollständig erhalten.

Im Spätmittelalter, als die Päpste ihre Autorität in Rom nur schwer durchsetzen konnten *(S. 54),* nutzten mehrere von ihnen Viterbo, das nicht weit entfernt lag, ihnen aber mehr Sicherheit bot, als Hauptsitz. Papst Eugen III. suchte hier Schutz, als ihm die Bürger Roms das Wohnrecht verweigerten, und rief von Viterbo aus zum Zweiten Kreuzzug auf. Ein Jahrhundert später, wieder herrschten in Rom Unruhen, musste Alexander IV. die sieben Jahre seines Pontifikats in Viterbo verbringen. Auch Klemens IV. lebte hier, während die erbitterten Auseinandersetzungen mit dem Heiligen Römischen Reich ihren Höhepunkt erreichten.

Fünf Päpste wurden in Viterbo gewählt: Gregor IX. (1227), Urban IV. (1261), Gregor X. (1271), Johannes XXI. (1276) und Martin IV. (1281). Hier begann auch der Brauch, die Kardinäle zur Papstwahl im »Konklave« einzuschließen. Das sollte, als sich 1271 französische und italienische Kardinäle 33 Monate lang nicht einigen konnten, die Wahl beschleunigen. Als schließlich der Franzose Simon de Brie als Papst Martin IV. gewählt worden war, vertrieben ihn die Bürger aus der Stadt, so erbost waren sie über die Wahl eines Nichtitalieners.

Im 14. Jh., während des Exils der Päpste in Avignon, schwand die Bedeutung von Viterbo. Zwar ließ Sixtus IV. den Palast im 15. Jh. restaurieren und auch Paul III., der aus dem nahe gelegenen Canino stammte, förderte die Stadt. Im 16. Jh. aber sank ihr Stern endgültig. 1871 wurde die Stadt ins Königreich Italien eingegliedert.

PALAZZO DEI PAPI

DER PAPSTPALAST IN VITERBO

> WAPPEN
Steinplatte mit dem Wappen von Bonifatius VIII. Seit Urban IV. (13. Jh) enthalten die Papstwappen Embleme der jeweiligen Familien.

< ∨ BRUNNEN
Der Brunnen auf dem Hof der Loggia wurde unter Sixtus IV. aus Überresten mittelalterlicher Bauwerke errichtet.

∧ MONUMENTALFASSADE
An den Audienzsaal *(links)* mit Bogenfenstern in der unteren Fensterreihe schließt die noch erhaltene Fassade der nicht überdachten Loggia an. Die sieben Bögen der Arkade werden von schlanken Doppelsäulen getragen.

< BRUNNENKOPF
Über den Wappen der Diözese und der in Viterbo mächtigen Familie Gatti steht ein Korb mit Eicheln, Wappenemblem der Familie von Sixtus IV.

∧ LÖWENKOPF
Durch diese Wasserspeier fließt das Wasser aus der oberen Schale ins untere Becken. Die Brunnen der Stadt versorgten ihre Bewohner mit Trinkwasser.

GEKRÖNTER LÖWE
Der gekrönte Löwe, Emblem der Stadt, war Teil eines größeren Wandfreskos. Von der Allianz zwischen Stadtbürgerschaft und Papsttum profitierten beide Seiten.

KONKLAVE
In diesen Saal wurden die zerstrittenen Kardinäle während des langen Konklaves 1268–1271 gesperrt, ihre Verpflegung wurde reduziert, schließlich das Dach teilweise abgedeckt, um sie zu einer Entscheidung zu »ermutigen«. Nach 33 Monaten wählten sie Gregor X.

MARMORTAFEL
Die Tafel wurde zum Gedenken an die fünf Päpste, die in Viterbo residierten, angebracht. Der päpstliche Hof brachte der Stadt Ansehen und Reichtum.

> FAMILIENWAPPEN
Die päpstlichen Gemächer wurden unter Klemens VIII. renoviert. Die Embleme seiner Familie, gezackter Stab und sechs Sterne, schmücken den Wandfries.

< ÖLGEMÄLDE
Im 17. Jh. zog man für Gemälde die Ölmalerei der Freskomalerei vor. Fresken dienten nurmehr als architektonischer Raumschmuck.

^ DETAIL
Die Putte sitzt rittlings auf einer Girlande aus Artischocken, Zwiebeln, Lorbeer, Trauben, Birnen und Auberginen – bis heute Zutaten der regionalen Küche.

< PÄPSTLICHE GEMÄCHER
Der im 17. Jh. entstandene Fresko-Wandfries zeigt Szenen aus dem Landleben in der Umgebung.

ALLTAG

VATIKAN INTERN

Mitten in Rom gelegen, stellt die Vatikanstadt dennoch ein unabhängiges Staatswesen dar, mit allem, was dazu gehört: Staatsbürgerschaft und diplomatisches Corps, Sicherheitsdienst und Finanzsystem, Postunternehmen und Medien. Seit fast 2000 Jahren lenken die Päpste als Bischöfe von Rom und Nachfolger des hl. Petrus von hier aus die Geschicke der katholischen Kirche. Und wenngleich der Papst als Souverän des Staates der Vatikanstadt ein absoluter Monarch ist, obliegt das Tagesgeschäft einer ganzen Reihe von Kommissionen und Einzelpersonen, die über das Verhältnis des Vatikans zum Rest der Welt wachen und Entscheidungen treffen, die auf die Lebensumstände von weltweit 1,2 Mrd. Katholiken Einfluss haben. Davon abgesehen, ist der Vatikan auch auf viele Laien als Mitarbeiter angewiesen, die verschiedene Aufgaben wahrnehmen.

INNERHALB DER MAUERN

LEBEN UND ARBEITEN IM VATIKAN

Der Staat der Vatikanstadt ist alles, was vom ehemaligen Kirchenstaat, wie er unter der Oberherrschaft des Papstes vom 8. Jh. bis 1870 existierte, noch übrig ist. Heute ist der Zwergstaat die geistliche Heimat von über einer Milliarde Katholiken weltweit und dazu eine Stätte der größten Sammlungen abendländischer Kunst. Der Vatikan ist die älteste Wahlmonarchie der Welt, Oberhaupt ist der Papst. Er ist Bischof von Rom und Staatschef in Personalunion, darüber hinaus besitzt er die volle und höchste Gewalt über die katholische Kirche. Seine Wahl obliegt den Kardinälen.

Die Päpste haben in den zwei Jahrtausenden christlicher Geschichte weit überwiegend in Rom residiert, und Italien spielt im vatikanischen Alltag eine wichtige Rolle. Der größte Teil der Arbeitskräfte, die den Dienstbetrieb im Vatikan unterhalten, stammt aus Italien, und für die Versorgung mit Trinkwasser und Elektrizität ist der italienische Staat zuständig. Eine Beziehung auf Gegenseitigkeit: Der Vatikan wäre ohne die Unterstützung Italiens nicht existenzfähig, und die Italiener sehen die Bedeutung des Vatikans für die Tourismusindustrie mit Wohlgefallen.

DER STAAT DER VATIKANSTADT

Am 11. Februar 1929 unterzeichneten die italienische Regierung und der Heilige Stuhl ein Konkordat, mit dem der Vatikanstaat gegründet wurde. Die sogenannten Lateranverträge beendeten eine fast 60 Jahre andauernde Zeit politischer Spannungen, die durch die Besetzung Roms durch die Truppen König Viktor Emanuels II. ausgelöst worden waren. Mit dem Konkordat wurde die Eigenstaatlichkeit des Heiligen Stuhl anerkannt und zugleich die Souveränität des Papstes innerhalb der Vatikanstadt begründet. Damit verbunden war eine Entschädigung für konfisziertes Kircheneigentum und die Erklärung zahlreicher Baulichkeiten in Rom für exterritorial. Der Vatikan seinerseits erkannte die Rechtmäßigkeit der Regierung Italiens an.

DAS STAATSWAPPEN Die Tiara und gekreuzten Schlüssel zeigt auch die Staatsflagge des Vatikans.

VATIKANISCHES STAATSGEBIET

Die Vatikanstadt in Rom stellt den kleinsten souveränen Staat der Welt dar. Das eng an den Tiber geschmiegte Areal umschließt mit seinen Mauern etwa 44 Hektar. Gärten machen fast die Hälfte der Fläche aus. Die Grenzen folgen im Großen und Ganzen dem Verlauf der im 16. Jh. errichteten Verteidigungsmauern.

Während der Verhandlungen, die dem Abschluss des Konkordats vorausgingen, sicherte sich der Vatikan den Besitz einer Reihe von exterritorialen bebauten Grundstücken, die sich zumeist innerhalb Roms befinden. Dazu zählen die Kirche S. Callisto in Trastevere, eine Reihe vatikanischer Bürogebäude an der Via della Conciliazione und der Sitz der Kongregation für die Evangelisierung der Völker in der Nähe der Spanischen Treppe.

Der Vatikan besitzt des Weiteren drei große Basiliken in Rom, die Lateranbasilika S. Giovanni in Laterano als römische Bischofskirche und Residenz des vom Papst ernannten Vikars, S. Maria Maggiore, eine beeindruckende Basilika aus dem 5. Jh., sowie St. Paul vor den Mauern – der hl. Paulus ist neben dem hl. Petrus der andere Schutzheilige Roms. Die Villa in Castel Gandolfo im Süden Roms gehört ebenfalls dem Vatikan. Sie wurde im 16. Jh. erworben und dient den Päpsten für jährlich etwa drei Monate als Sommerresidenz.

> Der Vatikan, die geistliche Heimat von über einer Milliarde Katholiken, umfasst ein Territorium von 44 Hektar.

STAATLICHE SYMBOLE

Trotz seiner geringen Fläche besitzt der Vatikan fast alles, was in unserer Welt einen Staat auszeichnet. Er hat eine Staatsflagge und ein Staatswappen und er hat eine Verfassung. Seit 1949 besitzt er sogar eine klangvolle Nationalhymne, den sogenannten Pontifikalmarsch. Gespielt wird sie zu Weihnachten und Ostern sowie zu anderen feierlichen Anlässen, wenn der Papst zugegen ist.

Die Vatikanstadt führt ein eigenes Postunternehmen, gibt eigene Briefmarken aus und schlägt eigenes Hartgeld (Euro). Da der Vatikan jedoch keine eigene Münzanstalt betreibt, lässt er die Münzen und Banknoten gegen Entgelt vom italienischen Staat produzieren. Die ersten vatikanischen Euro-Münzen wurden 2002 mit dem Bildnis Papst Johannes Pauls II. in Umlauf gebracht. Es ist nahezu unmöglich, an prägefrische Münzen zu kommen: Die Leute stehen vor dem ersten Ausgabetag stundenlang Schlange, leidenschaftliche Sammler reißen sie sofort an sich.

Briefmarken werden vom Vatikan seit 1929 ausgegeben; man hält damit die Erinnerung an wichtige Ereignisse wach oder würdigt Geburtstage und Jubiläen. Von Philatelisten heiß begehrt, erzielen sie auf Auktionen Höchstpreise, insbesondere wenn sie einen Ersttagsstempel tragen. Eine Abteilung der Vatikanischen Museen ist der Geschichte der Philatelie am Heiligen Stuhl gewidmet.

Die Vatikanstadt hat auch ihren eigenen Medienverbund; dazu gehören ein Rundfunksender, ein Fernsehzentrum und eine Tageszeitung, *L'Osservatore Romano*.

VERWALTUNG

Die Aufgaben der Verwaltung liegen in den Händen der Päpstlichen Kommission für den Staat der Vatikanstadt, die im Palazzo del Governatorato hinter der Petersbasilika residiert. Der Papst ernennt die dem Gremium angehörenden Kardinäle für eine jeweils fünfjährige Amtszeit.

Der Vatikan besitzt kein Militär, er steht aber im Falle einer bewaffneten Auseinandersetzung unter dem Schutz der Haager Konvention vom 14. Mai 1954, der der souveräne Staat beigetreten ist. Auch das Recht, eine eigene Staatsflotte zu führen, das der Vatikan besitzt, obwohl er über keinen direkten Zugang zum Meer verfügt, übt er nicht aus.

DER VATIKAN AUS DER VOGELSCHAU
Aus der Luft ist keine Grenze zwischen Vatikan und Rom auszumachen. Besucher sind oft verwundert, dass die Vatikanischen Gärten die Hälfte des Staatsgebiets bedecken.

⋏ **INFORMATIONSAUSTAUSCH**
Plausch in der Galerie der Landkarten im Vatikanischen Museum. Die meisten der 5000 katholischen Bischöfe sind nur gelegentlich zu Konferenzen im Vatikan.

FINANZEN

Als unabhängigem Staat kommt dem Vatikan keinerlei finanzielle Unterstützung von Seiten Italiens zu. Die Verwaltung des Stadtstaates und die Unterhaltung der Kunstschätze in seinen Mauern sind sehr kostspielig. Trotzdem muss der Vatikan mit relativ wenigen Geldquellen auskommen, darunter der Tourismus, die Einnahmen aus den Eintrittsgeldern der Museen und das Geschäft mit Kunstreproduktionen. Etwas Gewinn wirft auch der Verkauf der vatikanischen Presseerzeugnisse, Briefmarken und Münzen ab. Zahlreiche Organisationen unterstützen den Heiligen Vater bei seinen Dienstgeschäften. Treue Anhänger spenden große Beträge, so haben die Knights of St. Columbanus, die größte Laienbruderschaft der Kirche, die Fassadenreinigung am Petersdom bezahlt.

Die Diözesen unterstützen den Vatikan mit Spenden, und die karitativen Einrichtungen unter Obhut des Papstes kommen jedes Jahr in den Genuss erheblicher finanzieller Zuwendungen der Gläubigen. Die Praxis, zugunsten päpstlicher Wohltätigkeit Geld zu sammeln, der sogenannte Peterspfennig, stammt aus England, wo im Mittelalter jeder Haushalt mit einer Jahressteuer zugunsten des Papstes belegt wurde. Heute erfolgt der Obulus auf freiwilliger Basis. Die eingenommenen Gelder werden dem Papst persönlich überreicht, der sie dann den verschiedenen Organisationen zuweist, die auf seine Hilfe bauen.

INTERNATIONALE ANGELEGENHEITEN

Der Vatikan rühmt sich eines der ältesten diplomatischen Dienste der Welt. Die früheste Erwähnung eines päpstlichen Abgesandten findet sich beim Konzil von Nizäa im Jahr 325, wohin Papst Silvester I. (314–335) zwei Presbyter (örtliche Kirchenführer) delegierte.

Heute verfügt der Vatikan über gute diplomatische Verbindungen zu vielen Staaten rund um den Erdball. Da der Katholizismus über so viele Länder verbreitet ist, sind die internationalen Beziehungen höchst lebendig, und die vom Papst ernannten Botschafter (Nuntien) wirken zugleich als Bindeglied zwischen dem Heiligen Stuhl und den katholischen Gemeinden des Wirtslandes. Die Nuntien halten außerdem enge Verbindung mit den nationalen Bischofskonferenzen und pflegen die Kontakte mit Christen anderer Konfessionen wie auch Anhängern anderer Religionen. Angehende Diplomaten werden an der päpstlichen Diplomatenakademie, der Pontificia Ecclesiastica Academia, ausgebildet. Der Studienplan umfasst Staats- und Völkerrecht, Grundlagen der Diplomatie und Fremdsprachen.

Der Heilige Stuhl ist in verschiedenen internationalen Organisationen vertreten. Er besitzt den Status eines Ständigen Beobachters bei den Vereinten Nationen, was bedeutet, dass er bei Debatten im Plenum zwar Rederecht, aber kein Stimmrecht hat. Die Neutralität des Vatikans ist damit gewahrt. Die gleiche Position nimmt der Heilige Stuhl auch bei anderen Körperschaften wahr, unter anderem beim Welternährungsprogramm WFP, bei der Weltgesundheitsorganisation WHO und bei der Internationalen Organisation für Migration IOM. Der Heilige Stuhl gehört außerdem der Hohen Kommission der UN für Flüchtlinge (UNHCR) und der UN-Konferenz zu Handel und Entwicklung (UNCTAD) an, wo er eine aktive Rolle spielt.

> Alle politischen Führer heutiger Zeit von Stalin bis Reagan haben den Einfluss des ältesten diplomatischen Corps der Welt, den des Heiligen Stuhls, anerkannt.

LEBEN IM VATIKAN

Das Alltagsleben des kleinsten souveränen Staats der Erde bekommt die Außenwelt nur selten zu Gesicht, doch hinter öffentlichen Zeremonien, Massenaudienzen und dem üppigen Gepränge der päpstlichen Schätze und unbezahlbaren Kunstwerke funktioniert die Stadt wie jede andere. Die Zivilangestellten des Vatikans arbeiten unermüdlich, um die Gebäude sauber und in Schuss zu halten, die Gärten zu pflegen und ehrgeizige Restaurationsvorhaben in die Tat umzusetzen. Am Ende eines Arbeitstages gehen die Angestellten einkaufen, sie kochen, spielen und ruhen sich aus.

Nur sehr wenige Menschen wissen, was es heißt, im Vatikan zu leben und zu arbeiten. Den meisten Besuchern gilt der Vatikan als ehrfurchtgebietender, bisweilen einschüchternder Ort. Die, die dort ihrem Tagewerk nachgehen, empfinden nichts als unbeschwerte Vertrautheit. Manche nennen ihn »das Dorf«, und tatsächlich, es liegt eine gewisse Ungezwungenheit in der Art, wie ein Schweizergardist einen vorbeikommenden Geistlichen grüßt oder wie eine Hausfrau mit einem Korb voller Einkäufe von der Annona, dem vatikanischen Supermarkt, nach Hause eilt. Sich begegnende Nonnen grüßen einander freundlich, auf den Höfen stehen Kardinäle, ins Gespräch vertieft, und ein Seminarist radelt zum Postamt. Von Zeit zu Zeit kommt ein Autokorso mit Staats- oder sonstigen Gästen vorbei. Ungefähr 800 Menschen arbeiten im Stadtstaat, etwa 450 von ihnen besitzen die vatikanische Staatsbürgerschaft. Da diese an die Ausübung eines Amtes gebunden ist, geht sie bei Rücktritt oder mit Beginn des Ruhestands verloren. Daher besitzen die meisten Bediensteten zusätzlich noch den Pass ihres Heimatlandes.

Wer den Vatikan in beruflichen Angelegenheiten besucht, ist zum Schutz seiner Bewohner strengen Sicherheitskontrollen unterworfen. Alle, die innerhalb der vatikanischen Mauern leben und arbeiten, sind der Person des Papstes gegenüber loyal und ergeben.

⋏ INSTANDHALTUNG DES MAUERWERKS
Der Petersdom und die Kolonnaden sind durch die Luftverschmutzung ständig bedroht. Fassadenreinigung ist daher ununterbrochen nötig.

ENERGIE UND INSTANDHALTUNG

Angesichts der geringen Ausdehnung des Vatikans innerhalb der ausufernden Metropole Rom ist es nicht verwunderlich, dass er sich nicht nur bei der Gewährleistung der Grundversorgung mit Wasser, Strom und anderer Energie stark auf den italienischen Staat verlässt. Beinahe sämtliche Nahrungsmittel, Baumaterialien, Maschinen und andere Anlagen, die zum Betrieb des Stadtstaates unerlässlich sind, müssen importiert werden. Die Lage des Vatikans im Zentrum Roms bedeutet, dass alle Versorgungsgüter die Stadt durchqueren müssen, ehe sie an den Bestimmungsort gelangen. Schwergut kann dabei per Bahn herangeführt werden, der Vatikan hat Gleisanschluss.

Die historischen Gebäude und ausgedehnten Grünflächen innerhalb der vatikanischen Mauern bedürfen ständiger Aufmerksamkeit, Unterhaltungsarbeiten sind fortwährend im Gange. Ein engagiertes Team von Bauleuten und Restauratoren arbeitet unermüdlich an Ausbesserung und Instandhaltung der Baulich-

⋏ ARBEITER IM EINSATZ
Eine Gruppe von Handwerkern ist regelmäßig mit der Instandhaltung der vatikanischen Bauwerke beschäftigt. Viele der alten Gebäude bedürfen fortwährender Kontrolle.

keiten, während sich ein Team von Landschaftsarchitekten und Gärtnern um die Pflege der Grünflächen kümmert.

> 2007 wurde der Vatikan der erste CO_2-freie Staat der Welt. Solarkollektoren und Bäume kompensieren die Kohlenstoffemissionen.

SICHERHEITSDIENSTE

Die Schweizergardisten, junge Männer in farbenprächtigen, gestreiften Landsknechtskostümen, bewachen die Zugänge zur Vatikanstadt. Außerdem begleiten die Wachsoldaten den Papst bei allen öffentlichen Auftritten im Vatikan. Obwohl es sich weitgehend um einen reinen Ehrendienst handelt, besteht die Schweizergarde aus gut ausgebildeten, tüchtigen Männern, die notfalls imstande sind, den Papst zu verteidigen.

Der Vatikan besitzt aber noch ein zweites, spezielleres Sicherheitssystem, den Corpo di Vigilanza, die vatikanische Sicherheits- und Ordnungspolizei. Diese Truppe, etwa 130 Mann stark, schützt die Vatikanzugänge und ist für den allgemeinen Wachdienst im Stadtstaat zuständig. Die vatikanische Polizei, die mit den italienischen Kollegen eng zusammenarbeitet, ist für die innere Sicherheit verantwortlich, das bedeutet Grenzkontrollen, Verbrechensbekämpfung und Verkehrsregelung.

Besucher, die keiner geregelten Arbeit im Vatikan nachgehen, müssen die Genehmigungsstelle aufsuchen, wo sie sich ausweisen müssen und ein Erkennungszeichen in Empfang nehmen. Die unauffällige Videoüberwachung stellt sicher, dass Besucher nicht von dem ihnen genehmigten Weg abweichen. Touristen, die den Petersdom besichtigen wollen, müssen eine Sicherheitsschleuse unter den Kolonnaden passieren.

GESUNDHEITSWESEN

Der Vatikan beschäftigt fachmännisch ausgebildetes Personal zum Einsatz in Notfällen. Die Feuerwehr, der kostspieligste dieser Notdienste, ist zur Stelle, wenn es gilt, Bürger und Besucher sowie die Baulichkeiten des Vatikans zu schützen. Bedenkt man, wie viele Kunstschätze hier angehäuft sind, muss für bestmöglichen Brandschutz gesorgt sein. Überall wurden teure Brandschutzmaßnahmen getroffen.

Auch ein Erste-Hilfe-Dienst ist eingerichtet, der den Tausenden täglicher Besucher des Vatikans zur Verfügung steht. Helfergruppen sind in den Museen und am Rande des Petersplatzes postiert, zudem gibt es einen ärztlichen Notfalldienst für den Papst und die Mitglieder der Kurie, deren Pflichten den Verbleib im Vatikan verlangen. Krankenwagen stehen bereit für den Fall, dass jemand ins Krankenhaus gebracht werden muss, und im Gemelli-Krankenhaus nördlich des Vatikans ist eine kleine Suite für den Fall reserviert, dass der Papst stationärer Behandlung bedarf. Papst Johannes Paul II., der sich mehrfach auf dieser Station befand, witzelte einmal, sie sei wohl inzwischen als vatikanische Dependance bekannt.

TRANSPORTWESEN

Bei der Größe des Stadtstaats ist zur Fortbewegung höchstens ein Fahrrad erforderlich. Die meisten Leute sind zu Fuß zwischen den Gebäuden und Liegenschaften unterwegs, deren Zugänge häufig von der Schweizergarde oder der vatikanischen Polizei überwacht werden. Im Vatikan Beschäftigte dürfen mit dem Auto fahren, doch die Parkmöglichkeiten sind knapp. 2003 wurde ein neues Parkhaus unter dem Vatikan erbaut, bei den Bauarbeiten wurden archäologische Artefakte eines unterirdischen Begräbnisplatzes zutage gefördert.

Am nördlichen Rand der vatikanischen Gärten befindet sich ein Hubschrauberlandeplatz, wo eine Maschine bereitsteht, falls der Papst

< SCHWEIZERGARDISTEN IM DIENST
Die in Landsknechtskostüme gekleidete Schweizergarde sichert den Apostolischen Palast und geleitet Besucher an deren Bestimmungsort.

die Vatikanstadt verlassen will. Im ohnehin chaotischen römischen Straßenverkehr würde die Durchfahrt des Papstes nur für Unruhe und zusätzliche Störungen sorgen.

Der Bahnhof, der 1933 von Giuseppe Momo im neoklassizistischen Stil erbaut wurde, dient heute nur noch zur Verbringung schwergewichtiger Wirtschaftsgüter in den Vatikan. Den höheren Mitgliedern des päpstlichen Haushalts, Kardinälen und besonderen Gästen steht eine kleine Fahrbereitschaft zur Verfügung. Die Fahrzeuge des Vatikans tragen das Kennzeichen SVC (Stato Vaticano Città), der Wagen des Papstes hat das Nummernschild SVC 1.

POSTAMT DES VATIKANS
Das Postamt kann von den Bediensteten des Vatikans in Anspruch genommen werden. Besucher können Briefmarken und Postkarten erwerben.

KOMMUNIKATION

Die vatikanische Post gilt als äußerst effizient. Interne Briefe benötigen keine Frankierung und werden noch am gleichen Tag zugestellt. Italien verlassende Dokumentensendungen werden oftmals als Diplomatenpost an die Nuntiaturen (Botschaften des Heiligen Stuhls) auf den Weg gebracht, von wo aus sie dem Empfänger mit der gewöhnlichen Inlandspost zugestellt werden.

Die vatikanische Telefonzentrale betreut ein Kollegium von Nonnen. Die Frauen beherrschen mehrere Sprachen fließend und sind bestens darauf eingerichtet, Anrufern aus aller Welt behilflich zu sein. Der Telefondienst hat täglich Hunderte Anrufe aus den über den ganzen Erdball verstreuten Diözesen und der Öffentlichkeit zu bewältigen.

Der Vatikan betreibt auch eine eigene Website (www.vatican.va), von der Besucher Bilder und Dokumente unentgeltlich herunterladen können. Die Site ist ausdrücklich zur Nutzung durch die Öffentlichkeit eingerichtet und ein wertvolles Hilfsmittel für Katholiken in aller Welt, um sich über Entwicklungen im Vatikan und in der römisch-katholischen Kirche auf dem Laufenden zu halten.

EINKAUFEN UND BANKWESEN

Die Bezüge der vatikanischen Bediensteten sind etwas geringer als die der Angestellten in Rom und dem übrigen Italien. Der Vatikan ist jedoch eine Oase der Steuerfreiheit, so wurde es in den Lateranverträgen festgelegt, und die vatikanischen Angestellten ziehen aus dieser Vertragsregelung ihren Nutzen, denn Lebensmittel, Toilettenartikel und Medikamente sind demzufolge hier billiger.

Ein Supermarkt innerhalb der vatikanischen Mauern, die Annona, hat von Grundnahrungsmitteln bis zu alkoholischen Getränken und Tabakwaren alles im Angebot. Um hier einkaufen zu können, muss der Kunde sich als im Vatikan wohn- bzw. arbeitsberechtigt ausweisen. Milch und Molkereiprodukte stammen von einem bäuerlichen Betrieb, der zur päpstlichen Sommerresidenz in Castel Gandolfo in den Albaner Bergen südlich von Rom gehört.

Der Vatikan unterhält noch einen weiteren Laden. Er befindet sich im alten Bahnhof und es gibt dort Kleidung, geistliche wie profane, zu kaufen, ferner Elektrogeräte, Schmuck und Geschenkartikel. Der Erwerb dieser Waren ist ausschließlich vatikanischen Bediensteten und einigen anderen dem Vatikan verbundenen Personen vorbehalten, zum Beispiel dem Personal der Botschaften und Gesandtschaften.

Die Vatikanapotheke ist mit Medikamenten aus allen Gegenden der Welt bevorratet, die in italienischen Apotheken nicht so ohne

> Von den Schweizergardisten bis zu den *Sediari* haben Generationen dem Papst stolz und treu gedient.

Weiteres erhältlich sind. Sie wurde 1874 von den damals auf der Tiberinsel tätigen Hospitalitern des hl. Johannes von Gott gegründet und befindet sich beim St.-Anna-Tor. Die Apotheke beliefert Missionsstationen in aller Welt mit Medikamenten.

Die Vatikanbank Istituto per le Opere Religiose (IOR) wurde 1944 gegründet. Sie ist für die Bediensteten des Heiligen Stuhls wie eine gewöhnliche Geschäftsbank tätig, Karte und Schecks haben jedoch außerhalb des Vatikans keine Gültigkeit. Die Bank offeriert karitativen Organisationen ethisch unbedenkliche Investitionsmöglichkeiten; viele Ordensgemeinschaften lassen ihre Gelder von ihr verwalten.

FREIZEITGESTALTUNG

Die Gärten bieten neben der Möglichkeit zu Spaziergängen auch eine Tennisanlage und einen kleinen Ballspielplatz. Viele der Kollegien, die von Seminaristen besucht werden, haben eigene Sportstätten, die inoffiziell aber auch anderen Gruppen wie der Schweizergarde offenstehen.

Ein paar kleine Kantinen bieten den Beschäftigten der verschiedenen Ämter mittags und abends Gelegenheit, eine einfache Mahlzeit zu sich zu nehmen. Restaurants oder Bars gibt es in der Vatikanstadt nicht, doch es sind genügend Cafés und Restaurants in der unmittelbaren Nachbarschaft, und es bedeutet keinen Aufwand, von den gastronomischen Möglichkeiten außerhalb der Vatikanmauern Gebrauch zu machen.

FAMILIENLEBEN

Wenige Familien wohnen im Vatikan. Einigen Schweizergardisten beispielsweise stehen Familienwohnungen zur Verfügung. Schulen gibt es im Vatikan nicht, die Kinder, die hier wohnen, besuchen außerhalb des Vatikans verschiedene römische Schulen. Besuche bei den Bewohnern des Vatikans unterliegen keinerlei Auflagen, die Kinder laden des Öfteren Schulfreunde nach Hause ein und spielen mit ihnen in den Anlagen. Regelmäßige Besucher sind auch die Jungen des Sixtinischen Chors, der seine Mitglieder in und um Rom rekrutiert. In dem ihnen zur Verfügung stehenden Übungsraum bereiten sie sich auf ihre Auftritte während der liturgischen Feiern des Papstes vor.

∧ BALLSPIEL
Dieses Foto aus den 1950er-Jahren zeigt eine Gruppe afrikanischer Seminaristen, die ihre Freizeit mit Ballspiel in den vatikanischen Anlagen verbringen.

> Mithilfe von Radio Vatikan und der Website des Vatikans dringt die Stimme des Papstes weit über den Petersplatz hinaus.

VATIKANISCHE MEDIEN

Der Vatikan nutzt jedes Medium, um der Welt das Evangelium nahezubringen – Radio, Fernsehen, Zeitungen, Bücher, Internet und neueste digitale Technologien. Obwohl Latein nach wie vor Amtssprache des Heiligen Stuhls ist, ist die Beherrschung vieler Sprachen unerlässlich, damit der Heilige Stuhl mit den Gläubigen in aller Welt kommunizieren kann. Aus diesem Grunde ist ein Großteil der bei den vatikanischen Medien Beschäftigten mehrsprachig, auch die Dokumente werden daher in etlichen Sprachen veröffentlicht.

RADIO UND FERNSEHEN

Radio Vatikan ist einer der ältesten Rundfunksender der Welt: Am 12. Februar 1931 wurde unter Papst Pius XI. die erste Sendung ausgestrahlt. Ein bedeutender Schritt war 1957 die Eröffnung der großen Sendeanlage Santa Maria di Galera 25 km nördlich von Rom, die eine problemlose weltweite Ausstrahlung der Programme möglich machte. Die Senderzentrale befindet sich heute in der Via della Conciliazione auf vatikanischem Territorium. Mit der Leitung hat der Heilige Stuhl den Jesuitenorden betraut. Der Sendebetrieb wird beinahe vollständig durch Spenden der Gläubigen und andere Wohltäter finanziert.

Die Hauptaufgabe des Senders besteht in der Verbreitung von Informationen über die Aktivitäten und die Lehren des Papstes. Er hat sich auf kirchliche und glaubensbezogene Nachrichten ebenso spezialisiert wie auf ein breites Angebot gründlicher Analysen zu moralischen und religiösen Fragen. Das betrifft häufig auch Jugendthemen und Fragen der sozialen Gerechtigkeit. Selbstverständlich werden auch Informationen zu aktuellen Weltereignissen geliefert, und die Musik kommen nicht zu kurz.

Radio Vatikan sendet rund um die Uhr und ist auf Kurzwelle, Mittelwelle, UKW und via Satellit zu empfangen. Die Sendungen sind auch über das Internet zugänglich und als Podcast erhältlich.

Eine besondere Bedeutung hat Radio Vatikan in den Ländern, wo die katholische Gemeinde nur klein oder Verfolgung ausgesetzt ist. Die Hörer können sich über die Entwicklungen im Vatikan und in der Kirche auf dem Laufenden halten, können liturgische Ereignisse verfolgen sowie dem sonntäglichen Angelusgebet des Papstes und den Generalaudienzen jeden Mittwoch beiwohnen. Das Programm wird in 34 Sprachen ausgestrahlt, sodass es einer internationalen Hörerschaft zugänglich ist.

Das Vatikanische Fernsehzentrum wurde 1983 eingerichtet, anfangs, um päpstliche Liturgien und Zeremonien zu übertragen. In den letzten Jahren hat es sein Angebot erweitert und arbeitet nun Fernsehsendern weltweit zu, indem es Filmmaterial zu Ereignissen mit dem Papst zur Verfügung stellt. Das Fernsehen sendet nicht als selbstständiger TV-Kanal.

NEUESTE NACHRICHTEN
Ein Bischof informiert sich vor Sitzungsbeginn im *Osservatore Romano,* der amtlichen Zeitung des Heiligen Stuhls, noch rasch über die Meldungen vom Tage.

IN DEN VATIKANISCHEN MUSEEN
In den Gewölben der Vatikanischen Museen liegen Kataloge, Poster und andere Souvenirs zum Verkauf aus.

DER PAPST AUF SENDUNG
Im März 2006 besuchte der Papst Radio Vatikan in der Via della Conciliazione, wo er sich den Runkfunkleuten zum Interview stellte.

DRUCKERZEUGNISSE

Die vatikaneigene Druckerei wurde 1587 von Papst Sixtus V. eingerichtet, um Bücher für die römische Kurie und den päpstlichen Hof zu drucken. Unter der Leitung der Salesianer Don Boscos ist die Druckerei nach wie vor in Betrieb und befindet sich heute in einem 1908 errichteten Gebäude, das 1991 erweitert wurde.

Aus der Druckerei ging der Verlag hervor, der seit 1926 eine unabhängige Institution ist. Er gibt die liturgischen und rechtlichen Veröffentlichungen des Heiligen Stuhls heraus und sorgt für deren Verbreitung, darunter auch die Schriften des Papstes und amtliche Dokumente der vatikanischen Ämter. Der Verlag mit Sitz beim St.-Anna-Tor produziert zudem eine Reihe von Drucksachen wie Poster oder Führer durch die Vatikanischen Museen. Die nach Johannes Paul II. benannte internationale Buchhandlung des Vatikans am Petersplatz hält alle Materialien des Vatikanverlags bereit – viele davon in bis zu 30 Sprachen.

In der vatikanischen Dreimonatsschrift *Acta Apostolicae Sedis*, dem Amtsblatt des Heiligen Stuhls, werden alle Verlautbarungen des Vatikans in lateinischer Sprache veröffentlicht. Es ist frei erhältlich.

Das offizielle Organ des Vatikans ist *L'Osservatore Romano*. Bei seiner Gründung war dem Blatt die Aufgabe zugedacht, der Besorgnis der Kirche über das Aufkommen der italienischen Unabhängigkeitsbewegung Ausdruck zu verleihen, die damals eine Bedrohung der weltlichen Macht der Kirche darstellte. Die Nullnummer erschien am 1. Juli 1861. Heute ist die Zeitung ein wertvolles Medium zur Verbreitung von Nachrichten mit allgemeinem konfessionellem Bezug. In italienischer Sprache erscheint sie täglich, als Wochenblatt auch auf Englisch, Spanisch, Deutsch, Portugiesisch, Polnisch und Französisch. Dem *Osservatore* ist ein Bilderdienst angeschlossen, der seinen Sitz in der Via dell Pellegrino hat. Zur Wiedergabe in Zeitungen, Zeitschriften und Büchern sind dort Fotos zu beziehen von Ereignissen und Anlässen, die in Verbindung mit dem Heiligen Stuhl stehen. Die Aufnahmen stehen aber auch dem breiten Publikum zur Verfügung, die sie direkt im Vatikan oder über das Internet erwerben kann.

DAS PRESSEAMT

Im Palazzo dei Propilei am Rande des Petersplatzes befindet sich das Pressebüro des Vatikans: Informationsquelle aller Journalisten, die beim Heiligen Stuhl akkreditiert sind. Täglich zur Mittagsstunde erscheinen amtliche Verlautbarungen in mehreren Sprachen, nachmittags gehen diese per E-Mail raus. Daneben veranstaltet das Büro Pressekonferenzen zu allen Angelegenheiten, die für den Heiligen Stuhl bzw. die Kirche von Belang sind – sie können auf der Website des Presseamtes im Internet mitverfolgt werden. Der Leiter des Presseamtes fungiert bei Bedarf auch als Pressesprecher des Papstes.

Die umfangreiche Aufgabe, den Medien in aller Welt zuzuarbeiten, wird vom Päpstlichen Rat für die sozialen Kommunikationsmittel wahrgenommen. Der Rat, 1988 ins Leben gerufen, liefert Informationen zu den Aktivitäten des Heiligen Stuhls und ist zuständig für die Bearbeitung von Anträgen auf die Genehmigung von Bild- und Tonaufnahmen innerhalb des Vatikans. Der Rat unterstützt Studien zur Massenkommunikation und finanziert Seminare zur Untersuchung des Einflusses neuer Kommunikationsmittel wie Internet und Digitaltechnologie sowie zur Prüfung, wie diese neuen Medien zur Informationsverbreitung genutzt werden können.

< ZIBORIUM VON SIXTUS IV. Das Marmorrelief aus dem 15. Jh., das früher das Grab des hl. Petrus bedeckte, wird derzeit sorgfältig restauriert.

DAS KULTURELLE ERBE

Auf engstem Raum zusammengedrängt, besitzt der Vatikan eine erstaunliche Fülle von kostbaren Kunstwerken und Baulichkeiten von großem historischem Wert. Die ehrfurchtgebietende Petersbasilika, unschätzbar wertvolle Fresken, Gemälde und Skulpturen, die Geheimen Archive und die päpstliche Sakristei sind wahre Fundgruben mit einigen der schönsten Kunstwerken der Welt. Die Sammlungen wurden teilweise im Auftrag der Päpste zusammengetragen, doch auch ihre privaten Erwerbungen sowie Vermächtnisse und Schenkungen reicher Wohltäter gingen darin ein.

DIE GEHEIMEN ARCHIVE

Seit dem 4. Jh. haben die römischen Päpste ihre Beschlüsse und Taten schriftlich festgehalten und sorgsam archiviert. Zuerst wurde auf Papyrus geschrieben, später griff man zum Pergament. Im 11. Jh. jedoch ging ein großer Teil dieser alten Bestände während Unruhen verloren.

1612 gründete Papst Paul V. die heute sogenannten Vatikanischen Geheimen Archive. Nach dem Ersten Weltkrieg verdreifachte sich der Anfall an von der Bürokratie verfassten Papieren, und in den 1940er-Jahren wurden unter dem weitläufigen Hof des Belvedere Gewölbe angelegt, um die immer rascher anwachsende Masse wichtiger Dokumente und Korrespondenz zu lagern.

In den Archiven befinden sich Schriftstücke und päpstliche Bullen, die mehr als 1000 Jahre in die Vergangenheit zurückreichen, darunter auch das Gesuch Heinrichs VIII., seine Ehe mit Katharina von Aragon für ungültig zu erklären. Jedes Dokument von Belang wird hier verwahrt.

Da viele Papiere vom Zerfall bedroht sind, und wegen des oft nicht weniger heiklen Inhalts stehen die Archive nur ausgewählten Wissenschaftlern und nur auf Antrag zur Verfügung. Aus Sicherheitsgründen wurde der gesamte Bestand digital erfasst und in dieser Form auf fünf Archive an geheimen Orten verteilt.

RESTAURIERUNGS-ARBEITEN

Die unschätzbar wertvolle Sammlung von Kunstschätzen bedarf permanenter Restaurierungsarbeit. Die ungeheuer großen Anhäufungen von Büchern, uralten Handschriften, Gemälden, Skulpturen, dazu die Fresken, Mosaiken und Gobelins werden von einer Gruppe engagierter Fachleute betreut, deren Können die Gewähr bietet, dass nichts unwiederbringlich verloren geht.

Der Vatikan besitzt eine Anzahl von Gobelins, darunter ein Zyklus, den Raffael (1483–1520) als Festtagsbehang für den unteren Teil der Wände der Sixtinischen Kapelle schuf. Bedauerlicherweise kamen viele Wandteppiche des Vatikans im Zuge der Plünderung Roms 1527 abhanden. Heute ist ein Team von Spezialisten damit befasst, die feinen Woll- oder Seidenbehänge, die oft noch mit Gold- oder Silberfäden durchwirkt sind, in mühsamer Arbeit zu restaurieren.

Ein großer Teil der antiken Skulpturen in den Vatikanischen Museen wurde im 16. und 17. Jh. bei Grabungen zwischen den Ruinen des antiken Roms geborgen; Restaurationsarbeiten sind fortwährend erforderlich. Auch Michelangelos *Pietà* benötigte eine »Reparatur«, nachdem sie 1972 beschädigt wurde. Die abgebrochenen Teile wurden mit Marmorstaub aus Carrara, vermischt mit einer Art Klebstoff, wieder fixiert.

Räumlichkeiten innerhalb zweier Kuppeln des Petersdoms beherbergen das Archiv der Bauhütte aus der Zeit des Kirchenbaus (1506–1626). Diese Bestände, dazu alte Handschriften, Inkunabeln und Bücher aus anderen vatikanischen Archiven sind dermaßen empfindlich, dass die konservatorische Betreuung besonderes Können erfordert, damit auch die angegriffensten, hinfälligsten Stücke gerettet werden können.

Die Ölgemälde, die einmal die Wände der Peterskirche schmückten, wurden – bis auf eines – im 17. und

Die Vatikanstadt verfügt über die weltweit größte Sammlung von Kunstschätzen.

ARCHIV IN ST. PETER
Hinter dieser Innenkuppel liegt das Archiv des Petersdoms, das jahrhundertealte Abrechnungen der geleisteten Arbeiten mit Künstlern und Architekten enthält.

RESTAURIERUNG EINES MOSAIKS
Fachleute bei der Arbeit. Durch Antippen der Glasstückchen kann der Restaurator feststellen, ob der dahinter befindliche Gips noch bindet.

18. Jh. durch originalgetreue Mosaik-Kopien ersetzt. Infolgedessen ist ein großer Teil des Innern der Basilika mit Mosaiken verkleidet. Um diese Mosaike zu restaurieren, müssen die Glasstückchen einzeln herausgenommen werden. Die Arbeiten werden von einer Gruppe speziell geschulter Mosaikrestauratoren besorgt.

Zur Finanzierung der Restaurierung der Kunst in den Vatikanischen Museen wurde 1983 ein Förderverein gegründet. Die Restaurierungsarbeiten an der Sixtinischen Kapelle wurden durch eine Vereinbarung zwischen dem japanischen Unternehmen Nippon und dem Heiligen Stuhl möglich.

DIE VATIKANISCHEN MUSEEN

Die unüberschaubar große Anhäufung antiker Plastiken, religiöser Artefakte, Gemälde, Mosaiken und Fresken in den Vatikanischen Museen ist in einem Komplex mit vier großen Gebäuden untergebracht: dem Ägyptischen Museum mit Monumenten und Artefakten aus dem antiken Ägypten sowie Funden aus Mesopotamien, dem Etruskischen Museum, in dem Objekte aus den antiken Städten im südlichen Etrurien ausgestellt werden, der Pinakothek mit Gemälden italienischer Maler aus der Zeit vom 12. bis 19. Jh. und dem Museo Missionario Etnologico mit religiösen Artefakten und anthropologischen Zeugnissen aus Asien, Afrika und ganz Amerika.

Die Gebäude selbst sind bereits Kunstwerke, wie der Betrachter beim Durchstreifen der Borgia-Gemächer mit prachtvollen Wandgemälden oder in den Räumlichkeiten Julius' II. und Leos X. mit Fresken von Raffael unschwer bemerken wird. Die reich verzierten hölzernen Schränkchen, die sich die Wände der mit Fresken verschönerten Gänge und Gewölbe entlangziehen, sind voller Exponate. Auch die Sixtinische Kapelle und die Stanzen des Raffael liegen auf dem Weg der Besucher durch die Vatikanischen Museen.

Zu den weiteren Exponaten zählen die Uniformen und Waffen der Palatin-, Nobel- und Gendarmeriegarde, päpstlichen Wachen, die Anfang der 1970er-Jahre aufgelöst wurden. Außerdem moderne religiöse Kunst, Gobelins und kartografische Werke. Das Museum für zeitgenössische Kunst, 1973 gegründet, beweist das anhaltende Interesse der Kirche an der Kunst. Zu guter Letzt besteht ein Teil der Auststellungen aus Schenkungen.

TOURISMUS IM VATIKAN

Jahr für Jahr wird der Vatikan von schätzungsweise 4 Mio. Menschen besucht. Das Interesse der Pilger gilt vor allem dem Grab des hl. Petrus unter dem Hochaltar des Petersdoms, dazu hegen sie die Hoffnung, den Papst zu Gesicht zu bekommen. Andere Reisende strömen hierher, um die Architektur und den Reichtum an Kunstwerken zu besichtigen, der in den Vatikanischen Museen ausgestellt ist.

Die Museen sind sonntags geschlossen, am letzten Sonntag des Monats jedoch bei freiem Eintritt zugänglich, weshalb sich dieser Tag bei den Besuchern größter Beliebtheit erfreut: Schon am frühen Morgen bilden sich lange Schlangen, die Wartezeit kann sich über mehrere Stunden hinziehen. Dass die Menschenreihen sich von den Eingängen der Museen an den Stadtmauern entlang und zurück bis zum Petersplatz ziehen, ist keineswegs ungewöhnlich. An den übrigen Besuchstagen wird ein Eintrittsgeld erhoben, mit dem die Besucher den täglichen Dienstbetrieb der Museen finanzieren. Im Jahre 2000 wurde ein neuer Eingang geschaffen, um der Besucherströme Herr zu werden. Alle Eingänge sind mittlerweile rollstuhlgerecht.

Die Vatikanischen Museen verfügen über eine inhaltsreiche Website, über die die Besucher neben Hintergrundinformationen auch alle notwendigen zweckdienlichen Informationen beziehen können. Die Exponate der vier Haupthäuser sind online zu betrachten; es gibt virtuelle Führungen, die die Glanzstücke der einzelnen Museen erläutern und ins rechte Licht rücken.

IN DEN VATIKANISCHEN MUSEEN
Halt einer Besuchergruppe in der Galerie der Landkarten, wo die Museumsführerin die Geschichte dieses berühmten Gewölbegangs erläutert.

▲ PAPST BENEDIKT XVI.
Der Papst, einer der meistfotografierten Menschen der Welt, blickt bei seiner Generalaudienz auf dem Petersplatz in die Objektive unzähliger Kameras.

DAS PAPSTTUM

DAS LEBEN DES PAPSTES

Von allen geistlichen Führern der Welt ist der Papst der bekannteste. Gut 1 Mrd. Katholiken blicken zu ihm als ihrem geistlichen Vater auf, und auch die Christen vieler anderer Konfessionen respektieren ihn als Nachfolger Petri. Die Lehren der katholischen Kirche berühren nicht nur Fragen der Moral, sondern beschäftigen sich auch mit politischen, sozialen und wissenschaftlichen Themen. Wegen ihrer ungeheuren Breitenwirkung, die mit der Verfügbarkeit neuer Medien weiter zunimmt, haben die päpstlichen Verlautbarungen in der Tat weitreichende Folgen. In den letzten Jahrzehnten haben Papst Johannes Paul II. und sein Nachfolger Benedikt XVI. sämtliche Kontinente bereist. Diese apostolischen Pilgerreisen tragen ebenfalls erheblich dazu bei, die internationale Bekanntheit des Papsttums weiter zu steigern.

DER RANG DES PAPSTES

Als Oberhaupt der römisch-katholischen Kirche ist der Papst auch Inhaber der höchsten Amtsgewalt in der Universalkirche (Gesamtheit der katholischen Kirche). Von allen seinen Titeln ist »Papst« (vom griechischen *pappas* für Vater) der bei Weitem geläufigste; zu den übrigen Bezeichnungen zählen Bischof von Rom, Stellvertreter Christi, Nachfolger des Apostelfürsten, Primas von Italien, Souverän des Staats der Vatikanstadt, Diener der Diener Gottes. Der wichtigste dieser Titel ist der erstgenannte, denn aus dem Bischofsamt ist seine Stellung als Leiter der Universalkirche hergeleitet. Nach Kirchenrecht ist der Bischof von Rom »das Haupt des Bischofskollegiums und Hirte der Gesamtkirche« und verfügt über die höchste und unmittelbare Gewalt in der Kirche. Was nicht bedeutet, dass der Papst eine neue Lehre ersinnen und einführen dürfte. Hier gilt das Traditionsprinzip von Vinzenz von Lérins aus dem 5. Jh.: Ein Bischof darf nur lehren, was *ubique, semper, ab omnibus* (überall, immer und von allen) gelehrt wurde. Der Papst muss in Übereinstimmung mit den anderen Bischöfen lehren, und ausschließlich das, was durch Überlieferung auf ihn überkommen ist. Dieses Prinzip wird »kollegiale Autorität« genannt.

Die Aufgaben des Papstes sind umfassend. Es wird erwartet, dass er sich sämtlicher Probleme annimmt, die die Kirche berühren, sei es Armut, Unrecht oder Glaubensverfolgung. Er steht dazu im engen Austausch mit den Diözesen. Er hat auch über Fragen der kirchlichen Praxis und Lehre zu entscheiden. Dies geschieht mit Unterstützung durch den Ökumenischen Rat, einer Konferenz aller Bischöfe, und der Bischofssynode, dem Beraterkollegium des Papstes, das aus gewählten Bischöfen aus aller Welt besteht und alle zwei oder drei Jahre zusammenkommt. Der Papst ist verpflichtet, den Verlauf dieser Versammlungen bekanntzumachen. Nach einer Bischofssynode verfasst er dazu eine Apostolische Exhortation. Als Bischof einer der ältesten Diözesen der Welt ist der Papst eine nicht nur von den Katholiken, sondern auch von vielen anderen Christen hochgeachtete Persönlichkeit. Diese christlichen Kirchen und Gemein-

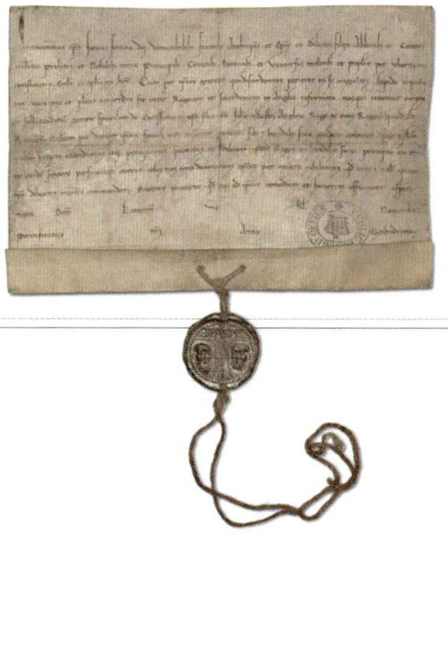

PÄPSTLICHE BULLE
Diese auf Anordnung des Papstes erstellten Urkunden tragen eine bleierne *bulla* (Siegel) als Zeichen ihrer Echtheit.

> Gegen ein Urteil oder ein Dekret des Papstes gibt es weder Berufung noch Beschwerde.
>
> CODEX DES KANONISCHEN RECHTS (CIC), 333

schaften zusammenzuführen, gehört ebenfalls zu seinen Aufgaben. Er äußert sich in Apostolischen Schreiben und Enzykliken, liest Messen und hält Audienzen. Er ist für die Führung und Anleitung der Katholiken in aller Welt verantwortlich und steht dazu einem komplexen Verwaltungssystem mit Kongregationen, Komissionen, Tribunalen und Ämtern voran.

Neben seiner geistlichen Autorität übt der Papst auch weltliche Macht aus. Jahrhundertelang bedeutete die päpstliche Herrschaft für weite Gebiete in Mittelitalien Sicherheit und Wohlstand. Seit 1929 ist der Papst Souverän des Staates der Vatikanstadt und als solcher ein Staatsoberhaupt.

TÄGLICHE ARBEIT

Ohne Hilfe könnte der Papst die Universalkirche, das Bistum Rom und den Vatikan nicht regieren. Ein Generalbevollmächtigter, gewöhnlich ein Kardinal, wird mit der Führung der Staatsgeschäfte betraut, und auch die verschiedenen Abteilungen der römischen Kurie, einer dem öffentlichen Dienst vergleichbaren Institution, unterstützten den Papst.

Zu den Routineverpflichtungen des Papstes gehört das Begrüßen von Staatsoberhäuptern, Politikern, Kardinälen, Bischöfen und Pilgern, die dem Vatikan einen Besuch abstatten, sowie Besuche außerhalb Roms und in andern Ländern. Ansprachen und Gespräche müssen vorbereitet werden. Eine kleine Gruppe Nonnen kümmert sich um die päpstliche Garderobe und sorgt dafür, dass alle Gewänder, die zu besonderen Anlässen anzulegen sind, bei Bedarf bereitliegen.

Der Papst ist von allen christlichen Würdenträgern am leichtesten zu erkennen, trägt er doch stets Gewänder, die ihm allein vorbehalten sind. Zur Alltagskleidung gehört ein weißes, knöchellanges Gewand, dazu eine vorn geknöpfte Soutane mit Schulterüberwurf. Eine lange seidene, mit dem päpstlichen Wappen bestickte Leibbinde, das Zingulum, hängt seitlich herab. Hinzu kommen ein goldenes Brustkreuz an einer Halskette und ein seidenes Pileolus auf dem Kopf. Dazu trägt er manchmal einen burgunderroten, bis zu den Ellenbogen reichenden Schulterumhang, die Mozzetta. Zur Messe legt er über sein Messgewand ein schmales weißes Pallium, eine Art Stola, bestickt mit Kreuzen, die als Zeichen seines pastoralen Amtes gilt. Eine Tiara, jahrhundertelang die traditionelle Kopfbedeckung bei zeremoniellen Ereignissen, tragen die Päpste heute nicht mehr.

In einer Zeit der Massenmedien muss sich auch der Papst Fernsehen, Radio, Internet und Printmedien stellen. Die fortwährende Präsenz in der Öffentlichkeit setzt den Vatikan unter enormen Druck, denn ständig werden Stellungnahmen erwartet, zu

EINE MESSE IM PETERSDOM
Papst Benedikt XVI. begeht den Festtag der Heiligen Peter und Paul. Das Fest der beiden Schutzheiligen Roms ist in ganz Italien ein gesetzlicher Feiertag.

Fragen, die die Kirche und die Welt beschäftigen. In dieser Situation entlastet die römische Kurie den Papst;. Sie bereitet Dokumente vor, trägt Material zusammen und sorgt für die Verbreitung der päpstlichen Lehren. Schließlich soll der Papst vor allem anderen ein Mann des Gebets sein und täglich die Zeit für die Feier der Heiligen Messe und das *Officium Divinum*, das Stundengebet, finden. In der Fastenzeit werden für eine Woche alle öffentlichen Auftritte ausgesetzt und der Papst zieht sich zu geistlichen Exerzitien zurück, um sich auf das Osterfest vorzubereiten. Er bittet dazu einen Prediger als Exerzitienmeister in den Vatikan, der täglich zu drei Meditationen lädt, die um ein spirituelles Thema kreisen.

Als Bischof ist der Papst für die Gottesdienste und Gebete in seiner Gemeinde verantwortlich. Als Oberhirte der Universalkirche hat er Einfluss auf die Katholiken in aller Welt. Von überall her kommen Pilger nach Rom, um an den liturgischen Feiern und Audienzen des Papstes teilzunehmen. Jeden Mittwochmorgen hält der Papst Generalaudienz, entweder im Audienzsaal Pauls VI. oder, wenn der Zuspruch es verlangt, auf dem Petersplatz. Er begrüßt die Pilger und prominente Besucher, und äußert ein paar knappe Gedanken zu einer Bibelstelle. Sonntagmittags und an einigen anderen Festtagen wendet er sich vom Fenster seines Arbeitszimmers aus an die auf dem Petersplatz versammelte Menschenmenge. Bei diesen Anlässen spricht der Papst den Angelus, ein Gebet zu Ehren Marias, der Mutter Christi, und hält dann eine kurze Ansprache.

Ein noch größeres Publikum profitiert von den Reisen, die die

< PAPST BENEDIKT XVI.
An jedem Sonntag und einigen Festtagen wendet sich der Papst vom Fenster seines Arbeitszimmers aus an die Menge.

Päpste seit einigen Jahrzehnten unternehmen. Johannes Paul II. bereiste in 27 Jahren Amtszeit fast alle Länder der Erde. Er hatte seinen Nachfolger im Sinn, als er schrieb: »Gott, der die Last aufbürdet, wird ihn mit seiner Hand stützen, sodass er sie zu tragen vermag. Indem er ihm die schwere Aufgabe überträgt, wird Gott ihm auch helfen, sie zu vollenden, und, indem er ihm die Würde verleiht, wird er ihm Stärke geben, vom Gewicht seines Amtes nicht erdrückt zu werden.«

Der Papst kann von seinem Amt zurücktreten. Eine solche Entscheidung muss seinem freien Willen entsprechen und darf nicht unter Druck von irgendeiner Seite zustande kommen. Ist sie gefallen, bietet er den Rücktritt niemandem an, denn niemand hat das Recht, ein Rücktrittsangebot anzunehmen, sondern gibt seinen Entschluss bekannt. Das Kirchenrecht schreibt vor: Falls der Papst auf sein Amt verzichten sollte, muss der Verzicht aus freien Stücken geschehen und wird von keiner Instanz angenommen (Codex des kanonischen Rechts, 332). Selbst wenn ein Papst geschäftsunfähig wird, kann er nicht zum Rücktritt gezwungen werden. Entschließt er sich dazu, muss der Amtsverzicht der ganzen Welt bekannt gemacht werden. Darüber, wo sich ein abgedankter Papst aufzuhalten hat, ist nichts vorgeschrieben.

Im Falle eines Rücktritts sind der Dekan des Kardinalskollegiums und der Leiter der Päpstlichen Kammer, der Camerlengo, verpflichtet, alle Vorkehrungen zu einem Konklave zur Wahl eines neuen Papstes zu treffen. Es sind Päpste zurückgetreten: Der erste war Pontianus, Mitte des 3. Jh., der bisher letzte Gregor XII. (1406–1415). Lediglich ein einziger Papst, Johannes XII. (955–963), wurde bisher seines Amtes enthoben, er starb jedoch noch im Jahr darauf, sodass eine reguläre Wahl des Nachfolgers erfolgen konnte.

< GENERALAUDIENZ
Tausende Gläubige strömen auf den Petersplatz, um die Ansprache zu vernehmen, die der Papst jeden Mittwoch an die Menge richtet.

> Der Papst muss gegen eine Flut von Post und Schriftsätzen abgeschirmt werden, um seine Pflichten mit der nötigen Ruhe erledigen zu können.
>
> DER PRIVATSEKRETÄR DES PAPSTES

DIE BISCHOFSSYNODE
Die Eröffnungszeremonie der XI. Ordentlichen Generalversammlung der Bischofssynode beginnt mit einer Messe, die von Papst Benedikt XVI. zelebriert wird.

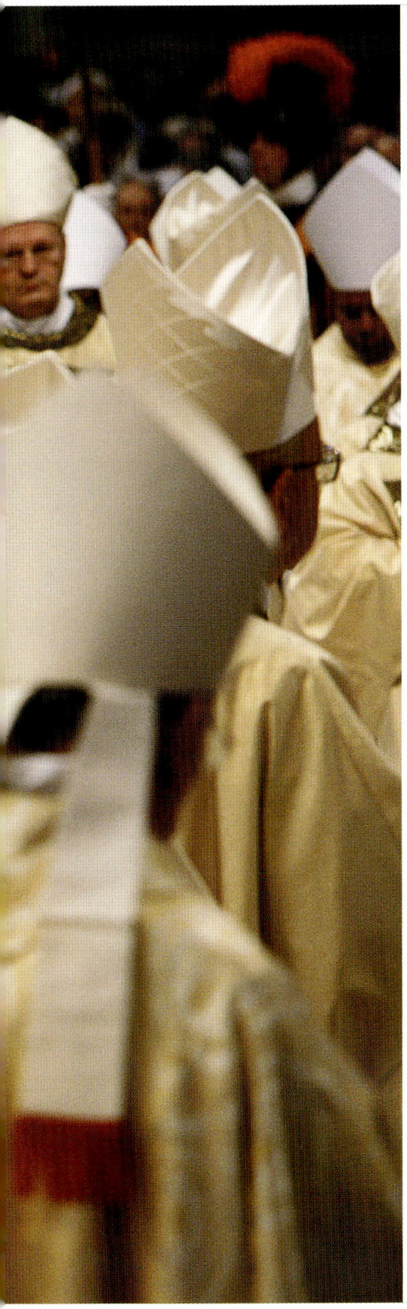

DER PÄPSTLICHE HAUSHALT

In der Vergangenheit wies der päpstliche Haushalt alle Merkmale eines Fürstenhofs auf. Zu den klangvollen Titeln der Bediensteten gehörten Meister des heiligen Palasts und Präfekt des Schlafgemachs. Im Zuge einer Reform unter Papst Paul VI. wurde 1970 die Anzahl des Personals erheblich reduziert; heute ist der Stab der Mitarbeiter des Papstes überraschend bescheiden.

DIE PRIVATSEKRETÄRE

Von besonderer Bedeutung sind die beiden Privatsekretäre. Sie wachen über den täglichen Zeitplan, führen einen Teil der Korrespondenz und bereiten die Arbeitsgespräche vor. Die vom Staatssekretariat abgestellten Priester, ausgezeichnet mit dem päpstlichen Ehrentitel Kaplan seiner Heiligkeit, sind auch mit einer Fülle von privaten Aufgaben betraut. Mit der Präfektur des Päpstlichen Hauses koordinieren sie den Terminkalender ihres Dienstherrn, stellen Telefonverbindungen her oder bereiten die Korrespondenz mit Freunden und Bekannten vor. Einer der beiden muss dem Papst zu jeder Zeit verfügbar sein.

DIE PRÄFEKTUR

Der Präfekt des päpstlichen Hauses, gewöhnlich ein Bischof, ist für den Terminkalender des Papstes verantwortlich. Die Präfektur nimmt sich auch der päpstlichen Gemächer und der häuslichen Bedürfnisse des Papstes an. Der Papst bezieht weder ein Gehalt noch verfügt er über ein Bankkonto. Daher gehört es zu den Aufgaben des Präfekten, alle persönlichen Geldangelegenheiten des Papstes in dessen Namen zu regeln. Der Präfekt legt die Sitzordnung bei den öffentlichen Auftritten des Papstes fest, so auch bei den mittwöchlichen Generalaudienzen und allen liturgischen Feiern, die im Vatikan stattfinden. Verlässt der Papst den Vatikan, um sich in seine Diözese Rom oder eine andere italienische Diözese zu begeben, trifft der Präfekt alle Vorkehrungen. Zusammen mit dem Staatssekretariat bereitet er Pastoralbesuche im Ausland vor.

DIE BISCHOFSSYNODE

Nach dem Zweiten Vatikanischen Konzil (1962–1965) richtete Papst Paul VI. die Bischofssynode ein. Das Gremium rekrutiert sich aus Angehörigen der Kurie und Bischöfen aus aller Welt und konferiert alle zwei oder drei Jahre in Rom über aktuelle Fragen. Der Papst präsidiert der Synode entweder selbst oder ernennt einen Präsidenten als seinen Stellvertreter. Im Wesentlichen ist die Synode ein Beraterkollegium. Zu verbindlicher Legislation ist sie nicht ermächtigt, vielmehr unterbreitet sie dem Papst Vorschläge. Nach der Konferenz verfasst der Papst eine sogenannte Apostolische Exhortation, in der er seine Schlussfolgerungen aus der Synode zusammenfasst.

DIE DIENERSCHAFT

Einst bestand der päpstliche Haushalt aus Angehörigen des höfischen Adels, von denen jeder eine genau festgelegte Rolle im Protokoll in unmittelbarer Umgebung des Papstes spielte. Heute finden sich davon nur noch Rudimente. Zu diesen zählen die *Sediari* (Sänftenträger), die keine Sänfte mehr tragen, sondern heute die Besucher betreuen, die der Papst bei seinen Audienzen empfängt und denen zur Erinnerung an dieses Ereignis einen Rosenkranz oder eine Medaille überreicht wird. Ein weiteres Kollegium, die Kämmerer Seiner Heiligkeit, ist zugegen, wenn der Papst Persönlichkeiten des öffentlichen Lebens empfängt. Die Kämmerer eskortieren die Gäste auf dem Weg zur Audienz und zurück.

Zu den päpstlichen Angestellten gehört auch ein Beichtvater, den der Papst persönlich ernennt. Er findet sich wöchentlich im Vatikan ein und nimmt dem Papst die Beichte ab. Der Papst verfügt auch über einen Leibarzt und ein Ärzteteam, das immer bereitsteht, um gesundheitlichen Problemen abzuhelfen.

TRAUER UM DEN PAPST
Während der letzten Lebensstunden von Johannes Paul II. vermochte der Petersplatz die Menge kaum zu fassen. Alle beteten für den Papst, der am 2. April 2005 verstarb.

DIE PAPSTWAHL

Das aufwendige Zeremoniell beim Tod eines Papstes und der Wahl des Nachfolgers ist jahrhundertealt. Die Begräbniszeremonien ziehen sich über neun Tage hin. Menschen aus aller Welt eilen nach Rom, um dem Verstorbenen die letzte Ehre zu erweisen und den Trauerfeierlichkeiten beizuwohnen. Gleichzeitig bereiten die vatikanischen Kardinäle das Konklave vor, jene geschlossene Veranstaltung, in deren Verlauf das Kardinalskollegium den Nachfolger auf den Stuhl Petri wählt.

DER TOD EINES PAPSTES

Unmittelbar nachdem er die Nachricht vom Tod erhalten hat, muss sich der Kardinalcamerlengo in Anwesenheit des Zeremonienmeisters persönlich vom Tod des Papstes überzeugen. Sodann wird dem Leichnam der Fischerring mit dem persönlichen Siegel des Papstes vom Finger gezogen und das Siegel feierlich zerstört; der Ring wird später mit dem Papst beigesetzt. Für die Zeit der sogenannten Sedisvakanz, also die Zeit, in der das Amt des Papstes nicht besetzt ist, übernimmt der Camerlengo die Verantwortung für die Kirche. Dem Kardinalvikar von Rom, dem Stellvertreter des Papstes als Bischof der Diözese Rom, obliegt es, der Welt das Ableben des Papstes mitzuteilen. Bis auf drei Kardinäle stellen alle Angehörigen der römischen Kurie ihre Arbeit ein. Es sind dies der Camerlengo, der päpstliche Zeremonienmeister und der Großpönitentiar, der für Absolution und Dispensation zuständig ist.

Der Leichnam des Papstes wird in rote Pontifikalgewänder gekleidet, den Kopf bedeckt eine einfache weiße Mitra. Zunächst wird er zur Verehrung in der Sala Clementina des Apostolischen Palastes aufgebahrt. Nur mit Genehmigung des Camerlengo darf der Leichnam fotografiert werden.

Am zweiten Tag wird der Leichnam in die Petersbasilika gebracht, damit die Öffentlichkeit dem Papst die letzte Ehre erweisen kann. Vor der Beisetzung Papst Johannes Pauls II. defilierten etwa 4 Mio. Menschen an dem aufgebahrten Leichnam vorbei.

DAS KONKLAVE

Am Morgen des Konklaves feiert das Kardinalskollegium eine öffentliche Messe im Petersdom. Am Nachmittag versammeln sich die wahlberechtigten Kardinäle, das sind alle, die jünger als 80 Jahre sind, oben in der Basilika im Saal der Segnungen. Von dort aus ziehen die Kardinäle in feierlicher Prozession durch die Sala Regia in die Sixtinische Kapelle ein, angeführt vom Sixtinischen Chor, der das *Veni Creator Spiritus* singt, um Gottes Segen zu erflehen.

Beim Betreten der Kapelle wird ihnen der Schwur des Konklaves abverlangt, wie Paul VI. es 1975 bestimmte. Sie verpflichten sich zu Vertraulichkeit und Unvoreingenommenheit. Sobald die 120 Kurienkardinäle im beengten Innern der Sixtinischen Kapelle ihre Plätze eingenommen haben, befiehlt der Zeremonienmeister allen anderen »*Extra omnes!*« (Alle hinaus!). Nur wenige, die nicht zum Kardinalskollegium gehören, bleiben. Zu ihnen gehört der Zeremonienmeister, der für die während des Konklaves herzusagenden Gebete zuständig ist, der Delegierte der Päpstlichen Kommission für den Staat der Vatikanstadt, der gesetzgebenden Körperschaft der Vatikanstadt, und einige unentbehrliche Wahlhelfer. Auch nach Beendigung der Wahl dürfen die Kardinäle nicht über die Vorgänge sprechen, es sei denn untereinander und gegenüber ihrem Beichtvater.

IM INNEREN DES KONKLAVES
Zu Beginn geloben die Kardinäle feierlich, den Kandidaten zu wählen, den sie für den besten Anwärter auf das Amt halten, und ihm loyal zu dienen.

WAHLVERFAHREN

In der Kapelle stehen jedem Kardinal ein Stuhl und ein schmales Pult zur Verfügung. Zwei Wählgänge finden vormittags statt, nachmittags noch einmal zwei. Jeder Kardinal muss also vier Mal am Tag seine Stimme abgeben. Vor jedem Wahlgang sitzen die Kardinäle an ihren Pulten und vervollständigen ein bereits mit »*Eligo in summum pontificem*« (Ich wähle zum höchsten Pontifex) beschriftetes Kärtchen mit dem Namen des Amtsbruders, den sie für geeignet halten. Alle geben sich größte Mühe, ihre Handschrift zu verstellen. Dann ziehen sie hintereinander zur Urne auf dem Hochaltar. Während er sein gefaltetes Kärtchen in die Höhe hält, verkündet jeder Kardinal mit vernehmlicher Stimme: »Ich rufe Christus den Herrn, der mein Richter sein wird, zum Zeugen an, dass ich meine Stimme dem gegeben habe, von dem ich glaube, dass er nach Gottes Willen gewählt werden sollte.« Sodann wirft er sein Wahlkärtchen in die Urne. Kann ein Kardinal aus gesundheitlichen Gründen nicht an der Sitzung teilnehmen, holen drei delegierte Kardinäle seine Stimme ein.

Das Auszählen der Stimmen besorgen drei zu Wahlprüfern und Stimmzählern bestimmte Kardinäle, die die Namen laut von den Zetteln ablesen. Führt der Wahlgang zu keinem Ergebnis, klauben die Stimmzähler die Wahlzettel zusammen und übergeben sie dem Zeremonienmeister, der sie hinten in der Kapelle in einen Ofen stopft und anzündet. Vom Ofen führt der Schornstein zum Kapellendach hinaus. Die unten auf dem Petersplatz gespannt wartende Menge kann anhand der Farbe des Rauchs erkennen, ob jemand zum Papst gewählt wurde: Weißer Rauch deutet auf eine erfolgreiche Wahl hin, schwarzer bedeutet, dass noch niemand gewählt wurde. Seit 1978 wird durch die Beigabe von Chemikalien sichergestellt, dass die Rauchzeichen eindeutig erkennbar sind.

Haben die Kardinäle nach drei Tagen noch immer keinen Kandi-

> Die römische Redensart »Stirbt der Papst, wählen wir einen neuen« zeigt, dass das Amt wichtiger ist als sein Inhaber.

EINZUG INS KONKLAVE
Die Kardinäle ziehen vom Saal der Segnungen vorbei an der Ehrenformation der Schweizergarde in die Sixtinische Kapelle, wo die Wahl eines neuen Papstes vorgenommen wird.

< MESSE ZUR AMTSEINFÜHRUNG
An der Messe zur Amtseinführung von Benedikt XVI. am 24. April 2005 nahmen Tausende teil. Via Satellit wurde sie in die ganze Welt übertragen.

daten zum Papst erhoben, werden sie aufgefordert, die Wahlhandlungen für einen Tag des Gebets und der Meditation zu unterbrechen. Beim Warten auf göttliche Eingebung kann es vorkommen, dass einige Kardinäle für bestimmte Kandidaten Propaganda machen.

Es schließen sich sieben weitere Wahlgänge an und nach einer weiteren Unterbrechung weitere sieben (jeder Kardinal muss seine Stimme 14-mal abgeben). In der Pause danach erfolgt eine Ansprache des Kardinaldekans. Seit 1831 – damals währte das Konklave erstaunliche sieben Wochen – brauchte es nie mehr als fünf Tage, um einen neuen Papst zu wählen. Erhält ein Kandidat zwei Drittel plus eine Stimme, so gilt er als gewählt.

DER NEUE PAPST

Sobald ein Kandidat das erforderliche Quorum auf sich vereint, geht der Kardinaldekan in Begleitung zweier weiterer Kardinäle zum Platz des Gewählten und fragt ihn auf Lateinisch: »*Acceptasne electionem de de te canonice factam in Summum Pontificem?*« (Nimmst du die kanonisch vollzogene Wahl zum Summus Pontifex an?) Ist dies der Fall, antwortet er: »*Accepto.*« Sodann fragt der Kardinaldekan: »Wie willst du dich nennen?«, und der neue Papst nennt den Namen, den er gewählt hat, um ihn während seiner Amtszeit zu tragen. Der erste Papst, der sich einen neuen Namen zulegte, war Johannes I. im 6. Jh. Sein Taufname Mercurino galt als heidnischer Name. Albino Luciani, 1978 gewählt, war der erste, der einen Doppelnamen wählte: Zu Ehren seiner beiden Vorgänger Johannes XXIII. und Paul VI. nannte er sich Johannes Paul I.

Wenn der vom Konklave gewählte Kardinal noch kein Bischof ist, wird er vom Kardinaldekan unverzüglich dazu geweiht. Der neue Papst wird zu einer kleinen Sakristei links neben dem Hochaltar geführt, die »Zimmer der Tränen« genannt wird. Dort kleiden der Zeremonienmeister und der päpstliche Schneider den Papst ein. Der Schneider hat drei vorfabrizierte Garnituren zur Hand – klein, mittelgroß, groß. Der neue Papst legt eine knöchellange weiße Soutane an, ein leinenes Chorhemd mit Spitzenärmeln und eine rotseidene Mozzetta, über die eine rot-goldene Stola gelegt wird. Der scharlachrote Pileolus macht einem weißen Platz. Auch die schwarzen Schuhe werden gegen die standesgemäßen roten ausgewechselt. Dann wird der neue Papst an den Hochaltar unter Michelangelos *Jüngstes Gericht* geführt, wo er auf einem Thron Platz nimmt. Die Kardinäle erweisen dem Gewählten ihre Huldigung durch einen Handkuss und leisten ihm das Gehorsamsversprechen.

> Indem er ihm die schwere Aufgabe überträgt, wird Gott ihm die Stärke geben, die Last seines Amtes zu tragen.
>
> PAPST JOHANNES PAUL II.

DIE BEKANNTGABE

Wenn die Huldigung beendet ist, wird auch die geschlossene Sitzung aufgehoben. Der dienstälteste Kardinaldiakon (Kardinalprotodiakon) verlässt die Sixtinische Kapelle, um die Welt von der Wahl des neuen Papstes in Kenntnis zu setzen. Weißer Rauch ist bereits aus dem Schornstein über dem Dach der Kapelle aufgestiegen, und nun beginnen die Glocken aller römischen Kirchen zu läuten und verkünden, dass die Stadt einen neuen Bischof, die Welt einen neuen Papst hat. Während die Medien die Nachricht in die Welt hinausschicken, eilen noch mehr Menschen zum Petersplatz, um mit Spannung auf die Bekanntgabe des neuen Papstes zu warten. Während Tausende auf den Platz strömen, durchquert die Prozession der Kardinäle den Saal der Segnungen, der sich über dem Eingang der Basilika die Innenfassade entlang erstreckt. Die Fenster der großen Benediktionsloggia werden geöffnet und die Vorhänge zur Seite geschlagen. Hinter einem großen Prozessionskreuz tritt der Kardinalprotodiakon auf den Balkon hinaus und spricht: »*Annuntio vobis gaudium magnum. Habemus papam!*« (Ich verkünde euch große Freude. Wir haben einen Papst!) Sodann nennt er den Namen des gewählten Kardinals und gibt den Namen bekannt, den er sich als Papst gegeben hat. Unmittelbar nach dieser Proklamation tritt der Papst in Begleitung auf die Loggia, wo er sich der versammelten Menge in Person vorstellt und eine kurze Ansprache hält, in der er sich für die freudige Begrüßung durch die Anwesenden bedankt und seinen ersten Apostolischen Segen spendet.

Später trifft der Papst im Apostolischen Palast mit dem Camerlengo und dem Zeremonienmeister zusammen, um den Tag der Amtseinführung festzulegen. Am folgenden Morgen ist er bei der Heiligen Messe in der Sixtinischen Kapelle Konzelebrant; in seiner Homilie umreißt er seine Gedanken zu seinem neuen Amt als Nachfolger Petri.

INAUGURATION

Die Messe zur Amtseinführung findet einige Tage nach der Wahl statt. Während der Messe empfängt der Papst sein Exemplar des Fischerrings. Er bezieht die päpstlichen Gemächer, die seit dem Tod des Vorgängers versiegelt waren. Wieder einige Tage später begibt er sich in die Lateranbasilika, wo er für die Menschen seiner neuen Diözese die Messe feiert. Nach der Messe empfängt der Papst alle Würdenträger und Staatsoberhäupter, die an der Messfeier teilgenommen haben.

˅ DER NEUE PAPST DER WELTKIRCHE
Nach der Messe zu seiner Amtseinführung grüßt Papst Benedikt XVI. die Gläubigen – viele solche Auftritte werden folgen.

DER HEILIGE STUHL

DIE LEITUNG DER KIRCHE

Heiliger oder Apostolischer Stuhl ist heute die Bezeichnung für den Papst und die in seinem Namen tätige römische Kurie. Denn darin liegt die größte Bedeutung des Vatikans: Er ist das Zentrum der Gemeinschaft aller Katholiken weltweit, hier laufen alle Fragen des Glaubens und alle praktischen Fragen zusammen. Der Papst als Oberhaupt der katholischen Kirche muss den Gläubigen mit Lehre und geistlicher Führung dienen. Die römische Kurie ist ihm bei der Ausübung seines Amtes als Oberhirte der Universalkirche behilflich.

Überkonfessionell, global tätig ist der Heilige Stuhl als Förderer der Beziehungen zwischen den Staatsregierungen. Päpstliche Gesandtschaften haben ein Auge auf politische Entwicklungen, insbesondere auf ihre moralischen und ethischen Aspekte, und der Heilige Stuhl ist bei einigen internationalen Organisationen mit Beobachterstatus ohne Stimmrecht vertreten.

DIE RÖMISCHE KURIE

Die die katholische Kirche leitende und verwaltende Körperschaft der römischen Kurie ist eine leistungsfähige Organisation, die der Erleichterung der Kommunikation zwischen dem Heiligen Stuhl und den Gläubigen in aller Welt dient. In ihrer heutigen Form wurde sie 1588 von Papst Sixtus V. (1585–1590) eingerichtet. Die letzte Kurialreform fand 1988 unter Paul VI. statt.

An der Spitze steht der Staatssekretär. Dieses Amt wird stets von einem Kardinal bekleidet, der als erster Stellvertreter des Papstes mit der Leitung der Kirche beauftragt ist. Ihm steht ein Sekretariat zur Seite, dem etwa 70 Mitarbeiter, zumeist Geistliche, angehören. Sie kommen von überall aus der Welt und vertreten in der Regel eines oder mehrere geografische Gebiete. Das Sekretariat ist zweigeteilt: Die erste Sektion befasst sich mit allgemeinen Angelegenheiten innerhalb der Kirche, die zweite widmet sich den Beziehungen der Kirche zu den Staatsregierungen.

Um den enormen Anforderungen gerecht zu werden, besteht die Kurie aus eine Anzahl weiterer Ämter, Kongregationen, Päpstlicher Räte und Päpstlicher Kommissionen. Die katholische Kirche ist weltweit in eine Vielzahl von Aufgaben eingebunden – vom Bildungssektor bis zum Gesundheitswesen, vom eigenen Ritus bis zu Beziehungen mit anderen Religionen – diese Vielfalt kommt in den verschiedenen Institutionen zum Ausdruck.

⌃ DER STAATSSEKRETÄR
Gleich nach dem Papst kommt der Kardinal-Staatssekretär, der für die römische Kurie verantwortlich ist.

DIE KONGREGATIONEN

Die meisten der neun kurialen Kongregationen wurden im 16. Jh. ins Leben gerufen. Die Kongregationen regeln die Beziehungen zwischen dem Heiligen Stuhl und den örtlichen Kirchen. Jeder Kongregation steht ein Kardinal mit einem kleinen Mitarbeiterstab vor.

Die Unterstützung der Priesterschaft ist für die Kirche lebenswich-

> Nach dem Vorbild des Römischen Reichs hat die Kurie die Aufgabe, den Papst bei der Erfüllung seiner Amtspflichten zu unterstützen.

tig, daher wurde die Kongregation für den Klerus eingerichtet, um für alle Priester und Diakone Sorge zu tragen, aber auch zur Überwachung der Strukturen der örtlichen Gemeinden und ihres nicht ordinierten Personals. Nicht weniger wichtig ist das Bildungswesen. Allen katholischen Schulen und Universitäten steht die Kongregation für das katholische Bildungswesen zur Seite.

Zu den kurialen Kongregationen gehören außerdem die Kongregation für den Gottesdienst und die Sakramentenordnung, welche für die liturgische Praxis zuständig ist, die Kongregation für die Selig- und Heiligsprechungen, die die Viten der in Betracht kommenden Persönlichkeiten prüft und alles vorbereitet, was für eine Selig- oder Heiligsprechung erforderlich ist, und die Kongregation für die orientalischen Kirchen. Die älteste Kongregation ist die Kongregation für die Glaubenslehre. Sie hat eine Schlüsselposition inne, da sie in allen die Glaubens- und Sittenlehre betreffenden Fragen die Verantwortung hat.

PÄPSTLICHE RÄTE

Die Päpstlichen Räte wurden im Zuge der Reformen des Zweiten Vatikanischen Konzils (1962–1965) eingerichtet. Sie sind zuständig für Fragen der Ökumene, der Ethik und der sozialen Gerechtigkeit. Geschlossenheit ist zum Gedeihen der Kirche unerlässlich, daher wirkt der Päpstliche Rat zur Förderung der Einheit der Christen im Sinne der Förderung der Beziehungen und des Verständnisses innerhalb der christlichen Familie, während der Päpstliche Rat für den interreligiösen Dialog die Beziehungen zwischen der katholischen Kirche und anderen Religionen fördert.

Der Päpstliche Rat für Gerechtigkeit und Frieden richtet seine Aufmerksamkeit auf die Verhältnisse insbesondere in armen, von Kriegen heimgesuchten Gebieten, wo gesundheitliche Missstände, Ausbeutung und Prostitution die Bevölkerung bedrohen. Der Päpstliche Rat »Cor Unum« beaufsichtigt die von der Kirche getragenen karitativen Dienste, während die Sorge um die Pflege von Kranken und ihre Betreuer im Gesundheitswesen dem Päpstlichen Rat für die Pastoral im Krankendienst übertragen ist.

PÄPSTLICHE KOMMISSIONEN

Die Aufgabengebiet der Päpstlichen Kommissionen sind breit gefächert. Einige, wie die Päpstliche Kommission für Lateinamerika, die die Arbeit der Kirche in Lateinamerika unterstützt, tragen Sorge für innerkirchliche Belange, während andere mit Aufgaben betraut sind, die mehr den Vatikan selbst betreffen. Die Päpstliche Kommission für sakrale Archäologie zum Beispiel ist zuständig für die Instandhaltung der Grabstätte Petri und des Petersdoms selbst, wozu sie auch die Aus- und Fortbildung von Archäologen fördert. Die Päpstliche Kommission für die Kulturgüter der Kirche betreut Bibliotheken, Archive und Museen, das Päpstliche Komitee für Geschichtswissenschaft befasst sich mit der Erforschung für die Kirchengeschichte relevanter Ereignisse und Themen.

› KARDINÄLE IM GESPRÄCH
Dem Kardinalskollegium gehören Geistliche aus fast allen Ländern der Erde an. Es berät den Papst und ist einem Senat vergleichbar.

PRIESTER-AUSBILDUNG

Fühlt sich jemand zum Priesteramt berufen, ist der erste Schritt die Kontaktaufnahme mit einem Bischof oder einem geistlichen Orden. Der Beruf, der sehr viel Disziplin verlangt, setzt Überzeugung, Hingabe und Menschenkenntnis voraus. Der Bitte um Aufnahme in den Priesterstand wird daher erst nach genauer Prüfung der Eignung des Kandidaten stattgegeben. Angehende Geistliche absolvieren eine Ausbildung im Priesterseminar oder ein Noviziat, ihre theologische Bildung erhalten sie an der Hochschule. Bis zur Priesterweihe dauert es sieben Jahre und auch wenn es keine Altersbeschränkung gibt, sind die Anwärter meistens junge Männer, die bei der Ordination mindestens 25 Jahre alt sein müssen.

Gewöhnlich gehören die Priester einer Diözese oder einem geistlichen Orden an. Diözesanpriester arbeiten unter der Jurisdiktion ihres Bischofs und sind einem Pfarrbezirk zugeordnet, in dem ihnen die Sorge für das Seelenheil der Pfarrgemeinde anvertraut ist und von dem sie sich nicht unerlaubt entfernen dürfen. Dem Priester geht der Gemeinderat zur Hand, der aus Gemeindemitgliedern besteht, die gemeinsam die Verwaltung und die Öffentlichkeitsarbeit übernehmen. Priester ohne Pfarrgemeinde übernehmen Ämter in den bischöflichen Generalvikariaten; in großen Diözesen ernennen die Bischöfe Moderatoren, die in ihrem Namen bestimmte Aufgaben wahrnehmen.

Priester, die einem geistlichen Orden angehören (Ordensleute), versehen besondere Dienste, beispielsweise im Unterrichtswesen oder in der Krankenpflege.

> Die Kirche »macht« niemanden zum Heiligen, sie »erkennt« die Heiligen.

Wer zum Bischof geweiht wird, bekommt eine eigene Diözese übertragen, für die er dann verantwortlich ist. Um Bischof zu werden, muss ein Kandidat sich als klug und glaubensstark erweisen und über gute verwaltungstechnische Kenntnisse und Fähigkeiten verfügen. Der Ernennung können monatelange Konsultationen vorausgehen, ehe der Papst die endgültige Entscheidung trifft.

Den Seminaristen steht die Kongregation für den Klerus zur Seite. Sie überwacht die Ausbildung und die seelsorgerische Leistung der gesamten Geistlichkeit und sorgt dafür, dass eine hinreichend große Zahl von Priestern über den Globus verteilt tätig ist, um so eine bestmögliche Betreuung der Gläubigen zu gewährleisten.

DER WEG ZUR HEILIGKEIT

Den Vatikan erreichen aus allen Teilen der Erde viele Anträge auf Selig- oder Heiligsprechung, mit denen sich eine spezielle kuriale Einrichtung, die Kongregation für die Selig- und Heiligsprechungen, befasst. In ihren Händen liegt der gesamte Prozess einer Kanonisierung.

Der Weg zu Selig- oder Heiligkeit ist immer wieder faszinierend. Am Beginn muss nicht unbedingt das Martyrium stehen, es genügt ein gewöhnlicher Christenmensch, dessen Frömmigkeit für andere Quelle religiöser Inspiration geworden ist. Bereits im Neuen Testament findet sich der Begriff des Heiligen, als eines Menschen, dessen Lebenswandel Züge außerordentlicher Frömmigkeit trug. In den ersten Jahrhunderten entschied die Ortskirche, wer des Titels »Heiliger« würdig war, doch 1173 verfügte Papst Alexander III. (1159–1181), dass Bischöfe einen Menschen nicht als Heiligen anerkennen sollten »ohne die Genehmigung der römisch-katholischen Kirche«.

Im 15. Jh. wurde die Praxis der Seligsprechung entwickelt. Damit wurde den Diözesen eine Möglichkeit zugestanden, der lokalen Verehrung eines Kandidaten Rechnung zu tragen und ihn zu ehren.

HEILIGE IN SPE
Friedensnobelpreisträgerin Mutter Teresa (1910–1997) auf der National Right To Life Convention 1985 in Washington.

1588 richtete Papst Sixtus V. (1585–1590) die Ritenkongregation ein. Dieses Gremium erkannte manchen »Seligen«, die überregional verehrt wurden, die Kanonisierung, das heißt die Anerkennung als Heilige, zu. Aus ihr ging die heutige Körperschaft hervor.

Das Verfahren der Heiligsprechung wurde zuletzt 1983 von Papst Johannes Paul II. aktualisiert. Er legte fest, dass ein Diözesanbischof frühestens fünf Jahre nach dem Tod eines zur Heiligsprechung ins Auge Gefassten damit beginnen darf, dessen Lebensführung auszuforschen. Der Bischof braucht die Genehmigung des Heiligen Stuhls, um ein örtliches Tribunal zu installieren, das diese Untersuchungen anstellt. Wenn nach sorgfältigem Abwägen hinreichende Belege für die Heiligkeit des Kandidaten zusammengetragen sind, wird das Material zur Kongregation für die Heiligsprechungen nach Rom geschickt, wo weitere Nachforschungen angestellt werden. Wird der Antrag genehmigt, verleiht der Papst den ehrenden Titel »Diener Gottes«. Zur Seligsprechung, das heißt, um mit dem Titel »Beatus« bedacht zu werden, muss ein Wunder nachgewiesen werden, zumeist eine physische Heilung. Eine Kommission von Medizinern, die durchweg keine Katholiken sind, um Parteilichkeit auszuschließen, begutachten das Wunder und wenden dazu eine Reihe strenger Kriterien an. Eine vollständige medizinische Dokumentation samt Befund vor und nach der Heilung müssen eingereicht werden.

Zur Heiligsprechung ist der Nachweis eines weiteren Wunders erforderlich. Stirbt indessen jemand als Märtyrer, das heißt für seinen Glauben, müssen keine Wunder nachgewiesen werden. Ein Antrag auf Heiligsprechung wird stets vom Papst persönlich geprüft. Wenn er von der positiven Sachlage überzeugt ist, setzt er das Kardinalskollegium davon in Kenntnis und nennt einen Termin für den Festakt der Heiligsprechung. Der Papst bekommt als Geschenk eine Reliquie des neuen Heiligen – eine Haarlocke, ein Kleidungsstück oder gelegentlich ein Stückchen Knochen.

Die bekannteste »Heilige« des 20. Jh. ist Mutter Teresa, eine katholische Nonne. Die gebürtige Albanerin weihte ihr Leben dem Dienst an den Armen und Kranken Kalkuttas in Indien und war dort bis zu ihrem Tode 1997 tätig. Der von ihr gegründete Orden der Missionarinnen der Nächstenliebe ist in 124 Ländern tätig. 1979 wurde Mutter Teresa für ihre Arbeit mit dem Friedensnobelpreis ausgezeichnet, und aufgrund der Anerkennung einer wundersamen Heilung wurde sie 2003 seliggesprochen und erhielt den Titel »Selige Mutter Teresa von Kalkutta«.

DER SELIGE SIMON VON LIPNICA
Während der Pest in Krakau, 1482–1483, pflegte der polnische Franziskanermönch Simon die Sterbenden, bis er selbst erkrankte. Er wurde im Juni 2007 kanonisiert.

> Vermeiden wir Spaltung, üben wir Solidarität, wechselseitiges Vertrauen und Achtung vor der Verschiedenheit.
>
> PAPST BENEDIKT XVI.

DIE EINHEIT DER KIRCHE

Der Heilige Stuhl hat den Auftrag, innerhalb der Kirche Einheit zu schaffen und zu erhalten. Die Kongregation für das katholische Bildungswesen steht dazu allen akademischen Einrichtungen zur Seite, in denen katholische Theologie gelehrt wird. Die Kongregation für die orientalischen Kirchen pflegt die Verbindungen zwischen Rom und den Ostkirchen.

Bei dem Bemühen, die über alle Kontinente verteilten Gläubigen zu einen, spielen die apostolischen Reisen eine besondere Rolle. Sie geben dem Papst Gelegenheit, die Lebensumstände der Christen auch in abgelegenen Regionen kennenzulernen und sie dem Heiligen Stuhl zu verbinden. Er trifft auch Angehörige anderer christlicher Gemeinden und fremder Religionen.

Schon zu Lebzeiten der Apostel gab es Risse innerhalb der Kirche. Das Zweite Vatikanische Konzil (1962–1965) räumte Fehler in der Vergangenheit ein und drängte die Katholiken zur Verbesserung der Beziehungen mit Christen anderer Konfessionen. Obwohl noch keine vollständige Einheit erreicht ist, ist Ökumene bei der Arbeit, beim Gebet und im Gottesdienst heute unter Christen eine Selbstverständlichkeit.

Der Heilige Stuhl jedoch steht neuen Herausforderungen gegenüber und seine Anpassungsfähigkeit ist für das Überleben der Kirche von größter Bedeutung. Das Dekret *Unitatis redintegratio* vom 21. November 1964 stellt fest: »Die Kirche wird … von Christus zu dieser dauernden Reform gerufen, derer sie allzeit bedarf, soweit sie menschliche und irdische Einrichtung ist.«

AFRIKAREISE
Auf einer apostolischen Reise durch Afrika wird Papst Johannes Paul II. bei der Ankunft in Mali mit einem animistischen Tanz begrüßt.

JENSEITS DES GLAUBENS

In der Vergangenheit war das Verhältnis zwischen der katholischen Kirche und anderen Konfessionen und Religionen von Missverständnissen und Feindseligkeit gekennzeichnet. Das sollte das Zweite Vatikanische Konzil ändern. Die Erklärung *Nostra Aetate* (In unserer Zeit) vom 28. Oktober 1965 war ein Bekenntnis zur Toleranz: »Die katholische Kirche lehnt nichts von alledem ab, was in diesen [nichtchristlichen] Religionen wahr und heilig ist. Mit aufrichtigem Ernst betrachtet sie jene Handlungs- und Lebensweisen, jene Vorschriften und Lehren, die zwar in manchem von dem abweichen, was sie selber für wahr hält und lehrt, doch nicht selten einen Strahl jener Wahrheit erkennen lassen, die alle Menschen erleuchtet.« Fehler wurden bekannt: »Da es jedoch im Lauf der Jahrhunderte zu manchen Zwistigkeiten und Feindschaften zwischen Christen und Muslim[en] kam, ermahnt die Heilige Synode alle, das Vergangene beiseitezulassen, sich aufrichtig um gegenseitiges Verstehen zu bemühen …«

Zu Zeiten missionarischer Expansion zwischen dem 16. und 18. Jh. machten die Christen sich oftmals einer anmaßenden Geringschätzung der Glaubensüberzeugungen der eingeborenen Bevölkerung schuldig.

Trotz Aufrechterhaltung des Tauf- und Missionsbefehls suchte die Kirche mit dem Vatikanischen Konzil die Fehler früherer Jahrhunderte zu tilgen: »Deshalb verwirft die Kirche jede Diskriminierung eines Menschen oder jeden Gewaltakt gegen ihn um seiner Rasse oder Farbe, seines Standes oder seiner Religion willen, weil dies dem Geist Christi widerspricht.«

Johannes Paul II. lud 1986 die Führer der christlichen Kirchen und anderer Weltreligionen zum interreligiösen Friedensgebet nach Assisi ein. Bei dieser Gelegenheit stellte der Papst fest: »Mit den anderen Christen teilen wir viele Überzeugungen und besonders, was den Frieden betrifft. Mit den Weltreligionen teilen wir eine gemeinsame Achtung des Gewissens und Gehorsam ihm gegenüber, das uns alle lehrt, die Wahrheit zu suchen, die einzelnen und die Völker zu lieben und ihnen zu dienen und deshalb unter den einzelnen Menschen und unter den Nationen Frieden zu stiften.« Es war das erste geistliche »Gipfeltreffen« der Weltgeschichte.

Der Vatikan setzt seine Bemühungen um Einvernehmen mit anderen Religionen fort. Die Päpstlichen Räte für den interreligiösen Dialog und für Gerechtigkeit und Frieden wurden installiert, um sich konfessionsübergreifender Fragen anzunehmen und auf größere Toleranz und mehr Verständnis anderen Religionen gegenüber hinzuwirken.

^ DIE HAND REICHEN
Papst Benedikt XVI. wird auf seiner Reise in die Türkei 2006 vom Istanbuler Mufti Mustafa Çağrıcı durch die berühmte Blaue Moschee geführt.

MENSCHEN

EIN TAG IM LEBEN

Zum typischen Bild vom Vatikan gehören der Papst, ganz in Weiß, die Schweizergarde in leuchtender Landsknechtuniform und die schwarz gekleideten Kardinäle. Doch hinter diesem farbenfrohen Anblick steht eine große Zahl weiterer Beteiligter, die mit ihren täglichen Verrichtungen für ein reibungsloses Funktionieren des Vatikans sorgen: die Sicherheitskräfte, das Personal in den Museen, Mönche, Nonnen, Kunsthistoriker und Restauratoren, Verwaltungsangestellte und viele andere mehr. Der Vatikan hat eine wahrhaft internationale Bevölkerung, obwohl einige seiner Bürger von italienischen Familien abstammen, die schon seit Generationen in päpstlichen Diensten stehen. Das folgende Kapitel beleuchtet den Tagesablauf von zwölf Menschen im Vatikan, von denen einige der kirchlichen Hierarchie angehören, während andere mit Dienstleistungen säkularer Natur befasst sind.

PAPST BENEDIKT XVI.

OBERHAUPT DER RÖMISCH-KATHOLISCHEN KIRCHE

Vornehmliche Aufgabe des Vatikans ist es, den Papst bei der Ausübung seines Amtes zu unterstützten. Dieses Amt als Nachfolger Petri und Bischof von Rom hat sich über fast 2000 Jahre hinweg im Grunde nicht verändert, doch im Laufe der Zeit wuchs mit der Bedeutung des Papstes auch der Umfang der Dienstgeschäfte. Der gegenwärtige Amtsinhaber Papst Benedikt XVI. wurde am 19. April 2005 gewählt *(S. 78–79)*.

Benedikt XVI. wurde 1927 als Joseph Ratzinger im bayerischen Marktl am Inn geboren. Bevor er 2005 am zweiten Tag des Konklaves im vierten Wahlgang zum Papst gewählt wurde, stand er als Präfekt an der Spitze der Kongregation für die Glaubenslehre.

Die meiste Zeit des Jahres verbringt der Papst im Vatikan. Im Apostolischen Palast *(S. 124–125)* befinden sich seine privaten Räumlichkeiten – sieben große, schlicht eingerichtete Räume sowie eine kleine Kapelle. Das Schlafzimmer des Papstes befindet sich an einer Ecke des Palastes, sodass ein Fenster auf den Petersplatz hinausweist, während ein zweites den Blick auf die Engelsburg gewährt. Der angrenzende Raum ist das Arbeitszimmer, von dessen Fenster aus der Papst den sonntäglichen Segen spendet.

Papst Benedikts Arbeitstag ist streng geregelt. Einer privaten Messe in den frühen Morgenstunden folgen mehrere Stunden des Aktenstudiums und der Korrespondenz. Vor den Vormittagsaudienzen, die er Besuchern wie Staatsoberhäuptern, Politikern und Geistlichen gewährt, wird er über das Tagesgeschehen informiert. Die Mittwochvormittage sind den Generalaudienzen vorbehalten, die auf dem Petersplatz oder im Audienzsaal Pauls VI. stattfinden. Jeden Nachmittag machen Kardinäle und andere Amtsbrüder ihre Besuche. Der Vikar von Rom, der als Stellvertreter des Papstes die Diözese leitet, wird regelmäßig empfangen. Die Arbeitspausen werden von Benedikt zum Spaziergang in den Vatikanischen Gärten oder auf der Dachterrasse genutzt.

Von Juli bis September hält sich der Papst auf seinem Landsitz in Castel Gandolfo oberhalb des Albaner Sees auf, etwa 20 km südlich von Rom. Die Arbeit des Papstes nimmt dort ihren Fortgang, er gewährt Privataudienzen und befasst sich mit Leitungs- und Verwaltungsfragen. Mittwochs begibt er sich zu seinen Generalaudienzen per Hubschrauber in den Vatikan.

DIE PRIVATKAPELLE
Papst Benedikt beginnt den Tag mit einem Gebet. Oft genug ist es seine einzige Gelegenheit zum Zwiegespräch mit Gott.

MORGENMESSE
Nach dem Morgengebet feiert der Papst in seiner Privatkapelle die Messe. Anwesend sind seine Sekretäre und die Hausangestellten. Gäste werden nur selten hinzugebeten.

DAS ARBEITSZIMMER
Den halben Vormittag verbringt der Papst in seinem Arbeitszimmer. Einer seiner beiden Sekretäre legt ihm den Pressespiegel vor und bespricht mit ihm die anstehenden Termine.

DIE VATIKANISCHEN SÄLE
Begleitet vom Präfekten des päpstlichen Hauses, geht der Papst durch die Säle des Vatikans zu seiner ersten Vormittagsaudienz. Die Schweizergardisten salutieren vor dem Vorbeieilenden.

< **AUDIENZ HAITIANISCHER BISCHÖFE**
Alle fünf Jahre statten die Bischöfe eines Landes dem Papst einen Besuch ab, um wichtige Fragen zu besprechen.

˅ **PÄPSTLICHER SEKRETÄR**
Monsignore Georg Gänswein war schon Privatsekretär Ratzingers, bevor dieser Papst wurde, und geht ihm bei den täglichen Pflichten stets zur Hand.

˅ **MITTAGSPAUSE**
Der Papst isst mit seinen beiden Sekretären zu Mittag, gelegentlich kommt ein Gast dazu. Meistens gibt es italienische oder bayerische Gerichte.

˅ **EMPFANG EINES KARDINALS**
Der Papst empfängt in seinem Arbeitszimmer Kardinal Leonardo Sandri *(S. 212–215)*. Der Kardinal berichtet dem Papst regelmäßig über die Lage der Katholiken im Nahen Osten.

˄ **AUF DER DACHTERRASSE**
Am Nachmittag macht der Papst einen kleinen Spaziergang auf der Dachterrasse über seinen Privaträumen. Stauden und Kübelpflanzen verschönern den Bogengang.

BEWUNDERUNG FÜR DIE GÄRTEN
Die Vatikanischen Gärten sind nachmittags für Besucher gesperrt, um dem Papst die Möglichkeit zu einem ungestörten Spaziergang zu geben.

Wir verlieren unsere freie Zeit nicht, wenn wir sie Gott schenken. Wenn Gott in unsere Zeit eintritt, wird sie größer, weiter, reicher.

> DIE MITTWOCHSAUDIENZ
Der Papst fährt zur wöchentlichen Generalaudienz, die zumeist auf dem Petersplatz stattfindet.

˅ PAPAMOBIL
Von dem offenen Geländewagen aus winkt der Papst auf der Fahrt über den Petersplatz den Menschen zu, die zur Generalaudienz gekommen sind.

> BEGRÜSSUNG DER PILGER
Während der Fahrt streckt der Papst seine Hände aus und lässt sich von den Gläubigen berühren.

˅ DIE AUDIENZBÜHNE
Der Papst, der unter dem Baldachin Platz genommen hat, formuliert in mehreren Sprachen ein paar geistliche Gedanken, bevor er die Pilger segnet.

< ˄ BEGRÜSSUNG DER GEISTLICHKEIT
Im Anschluss an eine Generalaudienz begrüßt der Papst Kardinäle, Nuntien und Bischöfe. Durch Begegnungen wie diese bleibt der Papst mit der Priesterschaft in Kontakt.

< **SONNTÄGLICHER ANGELUS**
Jeden Sonntagmittag spricht der Papst am Fenster seines Arbeitszimmers mit der auf dem Petersplatz versammelten Menge das Angelusgebet.

> **FRIEDENSGEBET**
Auch zum Weltfriedenstag am 1. Januar erscheint der Papst am Fenster. Ein Kind an seiner Seite lässt eine Taube fliegen als Symbol der Versöhnung.

v **MUSIKALISCHE UNTERMALUNG**
Die Chöre und Musikanten in der unten versammelten Menge begrüßt der Papst in seiner Ansprache nicht selten mit Namen.

< ^ **VERLESUNG DES ANGELUS**
Zahllose Gläubige, viele mit Bannern und Flaggen, versammeln sich, um die Worte zu hören, die der Papst an die Pilger richtet. Der Papst spricht seine Grüße und das Gebet in ein Mikrofon, sodass seine Stimme auf dem ganzen Platz vernehmbar ist.

DIPLOMAT DES VATIKANS

PRÄFEKT DER KONGREGATION FÜR DIE ORIENTALISCHEN KIRCHEN

TAGESPLANUNG Jeden Morgen kurz nach acht Uhr legt der Kardinal mit seinem Sekretär den Tagesablauf und die Audienzen fest.

SCHRIFTVERKEHR Kardinal Sandri kümmert sich persönlich um die Korrespondenz mit anderen vatikanischen Behörden wie auch um den Schriftverkehr mit der ganzen Welt.

Nicht alle der weltweit mehr als 1 Mrd. Katholiken folgen dem lateinischen Ritus. Die etwa 22 Mio. Mitglieder der Ostkirchen haben ihre eigenen liturgischen, theologischen und disziplinarischen Traditionen, fühlen sich jedoch mit dem Papst verbunden. Kardinal Leonardo Sandri leitet als Präfekt die Kongregation für die orientalischen Kirchen, eine vatikanische Behörde, die sich mit den Angelegenheiten der Katholiken im Osten befasst.

Die Kongregation für die orientalischen Kirchen beschäftigt sich mit der Lage der Katholiken östlicher Observanz, die in vielen verschiedenen Ländern beheimatet sind. Sofern möglich, arbeitet die Kongregation mit den Regierungen dieser Länder zusammen. Aber viele Angehörige östlicher christlicher Kirchen leben in Ländern, in denen die Ausübung ihres Glaubens eingeschränkt oder gar verboten ist.

Mit Rom unierte Kirchen wie die Armenisch-Katholische oder die Ukrainische Griechisch-Katholische Kirche mit ihren alten Riten dienen heute als Bindeglieder zwischen der römisch-katholischen und der griechisch-orthodoxen Kirche.

Leonardo Sandri wurde 1943 in Buenos Aires geboren. Nach dem Studium der Philosophie und Theologie besuchte er die Gregorianische Universität in Rom. Nach seiner Ordinierung erfolgte sein Eintritt in den diplomatischen Dienst der Kirche. Er wurde an der vatikanischen Diplomatenakademie in Kirchenrecht promoviert und verbrachte danach viele Jahre als apostolischer Nuntius (Gesandter des Heiligen Stuhls) und Angehöriger des diplomatischen Corps in Venezuela und Mexiko.

Im Jahr 2000 berief ihn Papst Johannes Paul II. zum Substituten der Sektion für Allgemeine Angelegenheiten im Staatssekretariat und wies ihm damit eine herausgehobene Position zu. Er war verantwortlich für die Kurie in Rom wie für den Austausch mit Gesandtschaften und Nuntien. In dieser Funktion hatte er am 2. April 2005 die Welt vom Tod Papst Johannes Pauls II. zu unterrichten. 2007 wurde Sandri zum Präfekten der Kongregation für die orientalischen Kirchen ernannt und im selben Jahr zum Kardinal erhoben.

Als Präfekt hat Sandri seinen Arbeitsplatz normalerweise in Rom, er bereist jedoch auch regelmäßig die Länder, die ihm als Stellvertreter des Papstes unterstellt sind. Neben seiner Muttersprache Spanisch spricht Sandri Italienisch, Französisch, Deutsch und Englisch.

TÄGLICHE AUDIENZEN Jeden Morgen empfängt der Kardinal Besucher, von denen viele aus dem Nahen Osten kommen. Manche haben eine noch viel weitere Anreise hinter sich, wie dieser indische Priester.

DIENSTGESPRÄCH Der Kardinal erörtert mit zwei Priestern Projekte seiner Kongregation, darunter die Finanzierung eines akademischen Instituts und von Stipendien.

⋏ PAUSE AUF DEM BALKON
Die Büros der Kongregation gehen zur Via della Conciliazione heraus. Das Gebäude gehört, wie auch viele andere in Rom, dem Vatikan.

< FORTSETZUNG DES GESPRÄCHS
Der Kardinal und seine Amtsbrüder wechseln in einen anderen Teil des Gebäudes, in dem sich auch eine Kapelle befindet.

> EIN ERGIEBIGER VORMITTAG
Die Besucher wissen das Gespräch als Gelegenheit zu schätzen, ihre Auffassung Auge in Auge vorzubringen.

› BISCHÖFLICHER GAST
Nach dem Gespräch in seinem Dienstzimmer geleitet Kardinal Sandri einen Bischof hinaus, der für die Kongregation tätig ist.

˅ INS GESPRÄCH VERTIEFT
Auf dem Hof der Kongregation besprechen Kardinal und Bischof das weitere Vorgehen. Der Kardinal sagt zu, den Papst über das Gespräch zu unterrichten.

˄ BESUCH DER KAPELLE
Kardinal Sandri hat den Besucher in die Kapelle gebeten, die etwas abseits vom Innenhof des Bürogebäudes liegt.

< KAPELLE DER KONGREGATION
Die Ausschmückung der Kapelle unterscheidet sich erheblich von der anderer Kirchen des lateinischen Ritus. Bilderschmuck und Dekor tragen der engen Verbindung der Kongregation mit den Ostkirchen Rechnung.

∧ AM ALTAR
Die Prälaten halten einen Augenblick inne, um neben dem Altar der Kapelle zu beten. Auf dem Wandgemälde über dem Kruzifix reicht Jesus den Aposteln beim letzten Abendmahl Brot und Wein.

< ANKUNFT ZUR MESSE
Kardinal Sandri erreicht die Kirche S. Anselmo, wo der Papst die Aschermittwochsmesse zum Beginn der Fastenzeit liest.

∧ FEIERLICHE PROZESSION
Die Prozession zieht von S. Anselmo zur nahe gelegenen Basilika S. Sabina aus dem 5. Jh. Seit über 1500 Jahren nehmen Päpste diesen Weg.

< BEGRÜSSUNG VOR DER MESSE
Kardinal Sandri begrüßt Kardinal Ruini, den Vikar von Rom, der die Diözese stellvertretend leitet. Hinter ihnen stehen zwei Benediktinermönche von S. Anselmo.

< ∧ ASCHERMITTWOCHSMESSE
Als ranghöchste Prälaten nach dem Papst gehen die Kardinäle auf dem Weg zur Basilika S. Sabina neben dem Pontifex. In der Kirche nimmt der Papst auf dem prachtvollen Bischofsthron Platz.

SAKRISTAN UND KURATOR

VERWAHRUNG DES LITURGISCHEN GERÄTS

> FAHRT ZUR ARBEIT
Leonardos Arbeitstag beginnt früh, bereits kurz vor halb acht. Der Motorroller ist bei jungen Römern beliebt, um im Stadtverkehr schnell voranzukommen.

In der päpstlichen Sakristei wird liturgisches Gerät aufbewahrt, das dem Vatikan im Laufe der Jahrhunderte übereignet worden ist, darunter Kelche, Kerzenhalter und liturgische Gewänder. Leonardo Marra, ein Römer, gehört zu einer kleinen Gruppe von Mesnern, die sich um die Preziosen kümmern. Als Sakristan hat er auch die Messgewänder und Utensilien bereitzuhalten, die bei den päpstlichen Zeremonien benutzt werden.

Die hinter der Sixtinischen Kapelle gelegene Sakristei stammt aus dem 15. Jh. In dieser oder jener Form hat es eine Schatzkammer bereits seit dem 4. Jh. gegeben, als Kaiser Konstantin I. als erster Schutzherr der Kirche Silber- und Goldkelche, Altäre und Leuchter zum liturgischen Gebrauch stiftete. Als Einfluss und Ansehen des Christentums zunahmen, schufen die Gläubigen aufwendigere liturgische Gerätschaften und Gewänder von höchster handwerklicher Kunst, die als Geschenke in die päpstliche Schatzkammer gelangten.

Im Laufe der Geschichte wurde diese mehrmals ausgeraubt, insbesondere 1527 während des *Sacco di Roma,* der Plünderung Roms durch deutsche Landsknechte, sowie im 18. Jh. während der napoleonischen Besatzung. Obwohl vieles restituiert wurde, gilt ein großer Teil der älteren liturgischen Gefäße als verschollen, und die Mehrzahl der etwa 5000 Stücke, die sich heute dort befinden, stammt aus der zweiten Hälfte des 19. und aus dem 20. Jh.

Die Sakristei wird von Augustinermönchen und einigen Mesnern im Laienstand verwaltet, die alle dem päpstlichen Zeremonienmeister unterstellt sind. Leonardo Marra trat seine Tätigkeit im Vatikan im Depot der Vatikanischen Museen an, doch seit fast zehn Jahren tut er als Mesner in der Sakristei Dienst. Zu seinen ersten Aufgaben gehörte die Vorbereitung der Feiern zum Jahrtausendwechsel, bei denen er Papst Johannes Paul II. zur Hand ging. Leonardo Marra war auch an den Vorbereitungen für die Papstwahl 2005 beteiligt, bei der er mit seinen Kollegen die Sixtinische Kapelle für das Konklave herrichtete und die Gewänder und Gefäße für die erste Messe des neuen Papstes bereitstellte.

Zu Leonardos Obliegenheiten gehört auch das Erforschen der Herkunft der Objekte in der Schatzkammer, die er in der Datenbank der Sakristei ausführlich inventarisierte. Er schreibt auch Beiträge für vatikanische Ausstellungen und Kataloge.

∧ > SCHLÜSSELWART
Viele alte Schränke und Türen in der Sakristei haben noch ihre ursprünglichen Schlösser. Leonardo ist für die Schlüssel und mithin für die Sicherheit in der Sakristei verantwortlich.

∨ DENKPAUSE
Nachdem er sich umgezogen hat, hält Leonardo für einen Moment vor den Fresken in der Sixtinischen Kapelle inne, die auf seinem Weg in die Sakristei liegt.

MESSEVORBEREITUNGEN
Leonardo und sein Kollege Stefano stellen die liturgischen Geräte für die Morgenmesse des Papstes zusammen. Die Entnahme eines jeden Stücks wird schriftlich festgehalten.

NAHVERKEHR
Einzeln verpackt kommen die Objekte in eine große Transportkiste. Leonardo und ein Kollege schaffen die Kiste in die Kapelle, in der die Messe stattfindet.

DIE SCHÄTZE VERPACKEN
Die Objekte werden anhand einer vom Zeremonienmeister aufgestellten Liste entnommen. Sodann werden sie sorgfältig verpackt, um Transportschäden zu vermeiden.

HILFE FÜR DIE MÖNCHE
Die Mesner sind für die wertvollen Gefäße und Gewänder zuständig. Die Augustinermönche stellen die alltäglichen Utensilien zusammen, die in einer anderen Abteilung verwahrt werden.

Viele der Objekte werden gar nicht mehr benutzt, müssen aber gepflegt werden, damit sie der Nachwelt erhalten bleiben.

▲ KATALOGISIEREN DER SCHÄTZE
Beim Katalogisieren muss Leonardo die Objekte, hier einen Kelch, auch vermessen. Die päpstliche Sakristei enthält etwa 5000 Gegenstände, die sorgfältig verzeichnet sind.

› MITTAGSPAUSE
Mittags bleiben Leonardo, Stefano und Luca in der Sakristei. Sie sitzen zusammen und essen bei einem Schwätzchen, was sie von zu Hause mitgebracht haben.

˄ › PÄPSTLICHE GEWÄNDER
Obwohl viele Gewänder nicht mehr angelegt werden – auch hier ändert sich die Mode –, überprüft Leonardo regelmäßig ihren Zustand.

› PUTZEN DER EDELSTEINE
Der Papst trägt oft Gewänder, die seine Vorgänger geschenkt bekommen haben. Diese Mitra gehörte Leo XIII. Vor dem Gebrauch reinigt Leonardo die Steine mit einem Wattebausch.

˅ STOLA UND MITRA
Leonardo inspiziert Stola und Mitra, die der Papst getragen hat. Er kontrolliert die Vollzähligkeit der Steine und den Zustand der Textilien.

› SKIZZIEREN DER DETAILS
Mit Geschicklichkeit und großer Sorgfalt fertigt Leonardo eine genaue Skizze von dem Muster einer Stola an.

‹ REGISTRIEREN DER OBJEKTE
Die Skizzen sind zweifellos nützlich, um kleinste Einzelheiten festzuhalten, doch alle Objekte werden auch noch fotografiert.

⋏ PFLEGE DER TIAREN
Ein Papst wird längst nicht mehr mit einer Tiara gekrönt; er setzt sie gar nicht mehr auf. Trotzdem muss Leonardo die unschätzbar wertvollen Papstkronen regelmäßig kontrollieren.

< ⋏ REGISTER
Die Bestände wurden früher in handgeschriebenen Katalogen festgehalten, heute sind sie in einer elektronischen Datenbank erfasst.

< IN DER SIXTINISCHEN KAPELLE
Leonardo verbringt einen Teil seiner Dienstzeit in der Sixtinischen Kapelle, um den Besucherstrom im Auge zu behalten. Häufig erläutert er den Besuchern die Fresken.

⋏ FEIERABEND
Nach Dienstschluss geht Leonardo in den Belvedere-Hof unterhalb der Sakristei, wo er seinen Motorroller geparkt hat.

< ⋎ WIEDER ZU HAUSE
Leonardo entspannt sich, indem er das Abendessen für seine Familie zubereitet. Nach Tisch klingt der Tag bei einem Brettspiel aus. Es ist ein Vergnügen für Leonardo, die Abendstunden mit seinen drei Söhnen zu verbringen.

ZEREMONIENHELFER

BEDIENSTETER IM AMT FÜR DIE LITURGISCHEN FEIERN DES PAPSTES

> EINTREFFEN IM VATIKAN
Morgens fährt Giuseppe von seinem Wohnort am Lago di Bracciano anderthalb Stunden nach Rom, um rechtzeitig um acht Uhr am Arbeitsplatz zu sein.

Über die Jahrhunderte wurde die Liturgie der Papstmessen immer komplizierter, daher wurde bereits im 8. Jh. ein Prälat zu ihrer Beaufsichtigung berufen. Diese Funktion übt bis heute der päpstliche Zeremonienmeister aus. Giuseppe Passeri ist seit 30 Jahren im Amt für die Liturgischen Feiern des Papstes tätig und als rechte Hand des Zeremonienmeisters bei der Vorbereitung päpstlicher Gottesdienste in Rom und anderswo behilflich.

Im Laufe der Jahrhunderte kam in der päpstlichen Sakristei und Schatzkammer durch Schenkungen oder als Auftragsarbeiten eine große Zahl an Gefäßen, Gewändern und Messbüchern für den liturgischen Gebrauch zusammen. Sie waren der Obhut eines Kollegiums anvertraut, das auch die Aufgabe hatte, über die Einhaltung der liturgischen Ordnung zu wachen. 1563 richtete Papst Pius IV. ein besonderes Amt unter der Leitung eines Zermonienmeisters ein, der alle liturgischen Feiern im Beisein des Papstes beaufsichtigen sollte. Diese Institution wurde zuletzt 1988 von Johannes Paul II. neu geordnet und trägt seither ihren heutigen Namen.

Der Zeremonienmeister wird vom Papst persönlich ernannt. Er ist für die Vorbereitung jeder liturgischen Feier verantwortlich, an der der Papst und seine Kardinäle teilnehmen, von der Morgenmesse in seiner Privatkapelle bis zum Massengottesdienst im Petersdom. Die Vorbereitungen sind aufwendig. Begleitbroschüren werden gedruckt, um den Gläubigen die liturgischen Texte zugänglich zu machen, denn Gottesdienst-Sprache ist Latein oder Italienisch. Gebete in anderen Sprachen kommen dazu. Das Amt arbeitet eng mit dem Leiter des Sixtinischen Chors zusammen, der die musikalische Gestaltung der Papstmessen übernimmt.

Der Zeremonienmeister ist auch für die Papstmessen während der Auslandsreisen zuständig. Dabei ist die enge Zusammenarbeit mit den örtlichen Kirchen unerlässlich.

Giuseppe Passeri, gebürtiger Sizilianer, fuhr sieben Jahre lang zur See, ehe er die Arbeit im Vatikan aufnahm. Er arbeitet in der Verwaltung des Amtes Hand in Hand mit dem Zeremonienmeister Monsignore Guido Marini und den anderen Zeremoniären. 2007 heiratete Giuseppe seine Frau Eva, die er kennenlernte, als sie in seiner Dienststelle eine Besucherkarte für eine Papstmesse abholte. Neben seinem Broterwerb geht Giuseppe mit der Herstellung von Feuerwerkskörpern einer aufregenden Zweitbeschäftigung nach.

∧ DER GEWÖLBEGANG
Giuseppe betritt den Apostolischen Palast und geht durch die Loggia, die Anfang des 16. Jh. von Giovanni von Udine, einem Schüler Raffaels, ausgemalt wurde.

> TÜR DER AMTSRÄUME
Der Gang wurde während des Pontifikats des reichen Medici-Papstes Leo X. ausgemalt. Die Vorhänge beiderseits der Eingangstür sind Illusionsmalerei.

‹ E-MAILS BEANTWORTEN
Zu Tagesbeginn werden E-Mails aus aller Welt beantwortet. Das Amt für die Liturgischen Feiern legt die Liturgie der katholischen Kirche weltweit verbindlich fest.

˅ FESTLEGUNG DER TAGESORDNUNG
Giuseppe unterstützt den Zeremonienmeister Monsignore Marini, der ein vielgefragter Mann ist, bei der genauen Planung seines Terminkalenders.

‹ MITTAGSGEBET
Jeden Mittag versammeln sich die Mitarbeiter und Besucher des Amtes zum Angelusgebet zu Ehren Marias um Monsignore Marini.

› KALTE KÜCHE
In seiner Mittagspause trifft sich Giuseppe mit seinem Freund Dario in einer Bar direkt vor dem St.-Anna-Tor außerhalb des Vatikans.

VOR DER BÜROTÜR Trotz vieler Arbeit bleibt immer etwas Zeit für ein paar freundliche Worte. Giuseppe und Monsignore Marini bei einer Verschnaufpause vor einer Sitzung.

ARBEIT UNTER FREIEM HIMMEL Auf der Terrasse mit Blick auf die Fassade des Petersdoms besprechen Giuseppe und sein Vorgesetzter Monsignore Marini einzelne Briefe aus der Flut von Posteingängen, die jeden Tag eintrifft.

RENAISSANCEPASSAGE Der Weg von seinem Büro zum Belvedere-Hof ist eine malerische Route. Giuseppe kennt den Vatikan bis in den letzten Winkel.

VOR DEM POSTAMT Nach getaner Arbeit treffen sich Giuseppe und Dario, um gemeinsam zu Giuseppes Feuerwerkskörpermanufaktur außerhalb Roms zu fahren.

< ∨ IN DER WERKSTATT
Giuseppe und seine Mitarbeiter bei der Herstellung von Feuerwerkskörpern für eine Hochzeitsfeier auf Schloss Bracciano nördlich von Rom.

< ∧ ALTE REZEPTE
Am Abend probiert Giuseppe zu Hause historische Feuerwerksmischungen aus. Die Anleitungen sind einer Sammlung aus dem 17. Jh. aus der vatikanischen Bibliothek entnommen. Giuseppe experimentiert bereits seit seinem 16. Lebensjahr mit Feuerwerksartikeln.

∧ GEFAHRENGUT
Giuseppe und seine Kollegen tragen die Feuerwerkskörper mit gebotener Vorsicht zu dem Wagen, der sie zur Hochzeitsfeier bringen wird.

∨ FEUERWERK GESTERN UND MORGEN
Auch vom Vatikan wurde Giuseppe schon mit Feuerwerken beauftragt, darunter ein besonders spektakuläres zum Jahrtausendwechsel. An seinem Computer plant er ein Feuerwerk vor den Pyramiden in Ägypten.

< ENDE EINES LANGEN TAGES
Ehefrau Eva serviert das Abendessen. Gelegenheit, bei einem Glas Wein zu entspannen, wenngleich nicht selten eine Fachsimpelei unter Pyrotechnikern beginnt.

CHORKNABE

DISKANTSÄNGER IM SIXTINISCHEN CHOR

> AUF DEM SCHULWEG
Jeden Morgen begleitet Stefanos Vater ihn auf seinem kurzen Schulweg. Einige Mitschüler müssen bis zu 30 km weit zur Schule fahren.

Der elfjährige Stefano di Benedetto lebt mit seiner Familie in Rom. Mit acht Jahren ergatterte er einen Platz an der Schule des Sixtinischen Chors, wozu er sich gegen starke Konkurrenz durchsetzen musste. Nun singt er im Knabenchor des weltbekannten Ensembles, das die musikalische Gestaltung päpstlicher Liturgiefeiern sowie von Festgottesdiensten zu Weihnachten, Ostern und Pfingsten übernimmt.

Die Geschichte des päpstlichen Chors beginnt im 6. Jh., als Papst Gregor I. die *schola cantorum* gründete, zu dem Zweck, Knaben in die gesangliche Begleitung der päpstlichen Liturgien einzuweisen. Die Ausbildung dauerte neun Jahre und beruhte auf mündlicher Überlieferung. Als Anfang des 14. Jh. der Sitz der Päpste von Rom nach Avignon verlegt wurde *(S. 56)*, wurde dort ein neuer Chor gegründet. Und als der päpstliche Hofstaat 1377 nach sieben Jahrzehnten wieder nach Rom zurückkehrte, wurde er von zahlreichen französischen Sängern begleitet.

Um die Mitte des 15. Jh. wurden keine Jungen mehr zu Chorsängern ausgebildet. An ihrer Stelle engagierte man Kontratenöre. Im 17. Jh. gehörten dem päpstlichen Chor regelmäßig Kastraten an (die Kastration wurde vor dem Einsetzen der Pubertät vorgenommen, um die Knabenstimme, Sopran oder Alt, zu erhalten). Diese Sänger erfreuten sich im Verlauf des 18. Jh. großer Beliebtheit im europäischen Musikleben und viele verließen den päpstlichen Chor, um sich der Opernbühne zuzuwenden. Die anschließende Phase des Niedergangs überwand der Chor erst Anfang des 20. Jh., in dem Johannes XXIII. (1958–1962) eine Schule für die Sängerknaben in der Via Monte della Farina gründete.

Es handelt sich um eine reine Jungenschule mit heute 55 Schülern aus Rom und Umgebung. Da die Plätze sehr gefragt sind, ist die Konkurrenz groß. Wer mit acht Jahren das Vorsingen besteht, tritt im Jahr darauf in die Schule ein. Während der sechs Jahre, die sie die Schule besuchen, sind die Jungen Vollstipendiaten, das heißt, auch Bücher- und Fahrtkosten werden übernommen. Der Besuch der Schule des Sixtinischen Chors zahlt sich aus. Auch nach dem Stimmbruch, der das Ende des Chorsängerdaseins bedeutet, setzen viele Jungen ihre musikalische Ausbildung am Konservatorium fort. Manche von ihnen werden später in den Erwachsenenchor aufgenommen.

^ UNTERRICHTSBEGINN
Sobald es läutet, begeben sich Stefano und seine Klassenkameraden zur ersten Stunde ins Klassenzimmer. Der Unterricht beginnt um halb neun.

> ERDKUNDEUNTERRICHT
Obwohl die Chorpraxis im Vordergrund steht, werden die Schüler ganz normal unterrichtet, u.a. in Italienisch, Mathematik, Englisch, Geschichte und Geografie, und machen einen Schulabschluss.

^ PAUSE
Wie andere italienischen Schulen hat auch diese Schule ein Spielzimmer. In der Pause spielt Stefano mit seinen Freunden begeistert Tischfußball.

‹ ˅ TÄGLICHE GESANGSÜBUNGEN
Chorleiter Don Marcos übt mit den Jungen eine Motette (einen Chorsatz) von Giovanni Pierluigi da Palestrina ein, der im 16. Jh. selbst ein Mitglied des Chores war.

‹ KLAVIERSTUNDE
Neben dem Gesang werden die Jungen auch an einem Instrument ausgebildet. Stefano hat sich für das Klavier entschieden.

› MITTAGSPAUSE
In der kleinen Schule herrscht zu den Mahlzeiten eine familiäre Atmosphäre. Die Jungen sind abwechselnd für die Essensausgabe im Speisesaal zuständig.

› »DIENSTANZUG«
Bevor sie zum Singen beim Vespergottesdienst Aufstellung nehmen, schlüpfen die Jungen in ihre Chorkleider.

Ich habe zwei Lieblingskomponisten: unseren Chorleiter, Maestro Liberto, und Bach.

GENERALPROBE
Die Jungen üben noch einmal, bevor sie zu den Tenören und Bässen des Männerchors des Sixtinischen Chors unter Leitung Maestro Giuseppe Libertos stoßen.

ABMARSCHBEREIT
Don Marcos lässt die Jungen antreten. Sie werden in St. Paul vor den Mauern singen, wo der Papst an einer Messe zu Ehren des hl. Paulus teilnimmt.

ALLE EINSTEIGEN
Zur Paulsbasilika ist es ein Stück, daher fahren Stefano und seine Klassenkameraden mit dem Bus. Bei ihren Auftritten lernen die Chorknaben auch das Ausland kennen.

LEISE UNTERHALTUNG
Vor einem Auftritt sollen die Jungen leise sprechen, um ihre Stimmen zu schonen. Auch Ruhezeiten gehören zur stimmlichen Vorbereitung.

WARTEN AUF DEN EINSATZ
Der Chor hat in der Basilika Platz genommen. Zum Vespergottesdienst werden gregorianische Choräle und andere geistliche Chormusiken dargeboten.

⋎ EINZUG DER PROZESSION
Papst Benedikt XVI. betritt die Basilika. Sobald er und seine Begleiter ihre Plätze eingenommen haben, stimmen die Jungen die gregorianischen Choräle an.

⋎ FUSSBALLTRAINING
Stefano macht sich zum wöchentlichen Fußballtraining fertig. Sportdress und Tasche tragen das päpstliche Wappen des Schulsportvereins.

⋏ AUF DEM PLATZ
Die Jungen beginnen auf dem Platz des Klubs *Oratoria di San Pietro* mit leichten Lockerungsübungen. Vom Rasen aus sieht man die Kuppel des Petersdoms.

⋎ BETTRUHE
Stefanos Mutter sagt ihrem Sohn gute Nacht. Es ist wichtig, dass die Chorknaben genügend Schlaf bekommen, damit sie stimmlich in bester Verfassung sind.

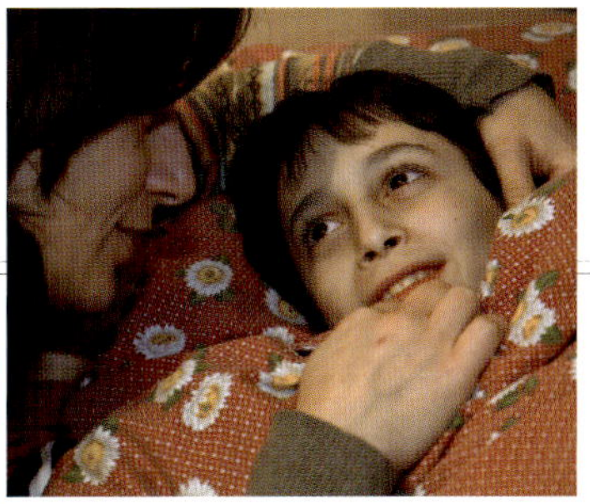

⋏ ZURÜCK IN DIE SCHULE
Nach dem Gottesdienst bringt Don Marcos die Jungen zurück in die Schule, wo sie sich umkleiden, bevor sie abgeholt werden.

> GIBT ES WAS NEUES?
Stefano, der nachmittags von seiner Mutter in Empfang genommen wird, bekommt auf dem Heimweg eine SMS von seiner Schwester.

ARMENPFLEGERINNEN

HILFE FÜR DIE OBDACHLOSEN

DIE PFORTE
Diese schmucklose Tür in der Mauer des Vatikans führt ins Asyl Dono di Maria. Jeder, der hier Hilfe sucht, bekommt zumindest eine kostenlose Mahlzeit.

NACHMITTAGSGEBET
Die Schwestern treffen sich täglich zum Gebet in der Kapelle. Sonntags verbingen sie eine Stunde mit der Anbetung des Allerheiligsten.

Nur ein paar Schritte vom Petersdom entfernt befindet sich das Obdachlosenasyl Dono di Maria. Hier kümmern sich sieben Ordensschwestern aus verschiedenen Ländern um die Armen und andere hilfsbedürftige Menschen. Sie gehören zu den Missionarinnen der Nächstenliebe, einem Orden, der 1950 von Mutter Teresa gegründet wurde.

Es war die selige Mutter Teresa, die Papst Johannes Paul II., den sie gut kannte, bei einer Audienz bat, in der Nähe des Vatikans ein Obdachlosenasyl einrichten zu dürfen. Er äußerte seine eigene Besorgnis um Arbeits- und Obdachlose und sprach davon, bereits selbst ein solches Projekt ins Auge gefasst zu haben.

Bedienstete des Vatikans, aber auch ehrenamtliche Helfer bekamen den Auftrag, die Aufgabe gemeinsam mit den Missionarinnen der Nächstenliebe in Angriff zu nehmen. Ein Gebäude am Rand der Vatikanstadt wurde gefunden und umgebaut. In die Mauer des Vatikans wurde eine Tür gebrochen, durch die die Bedürftigen es betreten können.

Am 21. Mai 1988, ein knappes Jahr nach Aufnahme der Arbeiten, wurde das Asyl von Johannes Paul II.eingeweiht und bekam den Namen »Dono di Maria«, Geschenk Mariens. Der Papst besuchte das Heim zu sechs weiteren Anlässen und trug Sorge dafür, dass den Schwestern Kleider- und Lebensmittelspenden zugeleitet wurden.

Die Schwestern strahlen Ruhe und Gelassenheit aus, führen aber ein straffes Regiment. Beides ist unerlässlich, wenn man eine Einrichtung führt, die sich der Hilfe für in Not geratene Menschen verschrieben hat. Sie behandeln ihre »Gäste«, von denen nicht wenige in angetrunkenem, erregtem oder verwirrtem Zustand vorsprechen, energisch, aber doch warmherzig und fürsorglich.

Die Nonnen teilen ihre Zeit zwischen Gebet und der Arbeit im Asyl auf. Assistiert von einigen freiwilligen Helfern geben sie jeden Tag 70 warme Abendmahlzeiten an obdachlose Männer aus, dazu kommen Lebensmittelpäckchen. Im Schlafsaal finden bis zu 74 Frauen Unterkunft.

Mit ihrer Zuwendung und Mitmenschlichkeit machen die Schwestern im Dono di Maria den Ärmsten der Armen ein kostbares Geschenk. Im Januar 2008 besuchte Papst Benedikt XVI. das Heim aus Anlass seines 20-jährigen Bestehens.

KLEIDERLAGER
Viele Römer spenden dem Heim Kleidung. Die Sachen werden sortiert und im Lager verwahrt. Die Schwestern geben sie nach Bedarf aus.

< ESSENSMARKEN
Die Männer stellen sich für die Essensmarken an. Die Mahlzeiten werden ohne Ansehen von Herkunft, Religion oder Stand ausgegeben.

∨ ZWIEBELN HACKEN
Seminaristen springen ein und helfen an ihren freien Nachmittagen bei der Essenszubereitung und -ausgabe.

∧ WASSER AUFSETZEN
Für die Tagliatelle wird Wasser aufgesetzt. Alles ist denkbar einfach, auch das Küchengerät.

∨ HAUPTMAHLZEIT
An kalten Abenden ist ein Teller Pasta sehr willkommen, denn viele der Männer haben tagsüber nichts gegessen.

< ∧ FREIWILLIGE AUSHILFE
Freiwillige helfen bei der Zubereitung der Speisen. Für die, die keinen Platz mehr im Speisesaal bekommen haben, gibt es Brote.

∧ ZUSATZKOST
Die Lebensmittelpäckchen, die an der Pforte verteilt werden, enthalten auch etwas Obst. Sonntags sind die Bedürftigen noch zahlreicher, da die meisten anderen Essensausgaben geschlossen sind.

WARTESCHLANGE
Die Menschen vor dem Obdachlosenasyl hungern und frieren. Die Welt der geschäftigen Römer und emsigen Touristen ist ihnen verschlossen. Im Dono di Maria erwartet sie ein warmes Essen und ein freundliches Lächeln.

SCHLICHTER WANDSCHMUCK
Der Speisesaal ist mit einfachen Stühlen und Tischen eingerichtet. An den kahlen Wänden hängen nur ein Kruzifix und ein Bild von Papst Johannes Paul II.

GEDECKTER TISCH
Die Tische im Speisesaal sind vor Ankunft der Gäste bereits gedeckt. Die Männer haben eine Stunde Gelegenheit zu Gesprächen und Entspannung.

WACHSAMES AUGE
Eine der Schwestern wirft einen Blick auf die Gäste. Befinden sich Kranke unter ihnen, ruft sie den Arzt. Die Schwestern bekommen dabei Hilfe von außerhalb.

ESSENSZEIT
Junge Priester teilen das Essen aus. Die Gäste am Tisch sind dankbar. Manchen hat das Leben übel mitgespielt, bei anderen handelt es sich um Zuwanderer, die in einem fremden Land Fuß zu fassen versuchen.

AUSGABE AN DER PFORTE
Während die Männer im Speisesaal essen, werden weitere Obdachlose an der Pforte versorgt. Alle, für die an diesem Abend an den Tischen kein Platz mehr frei war, bekommen Essenspakete.

ABWASCH
Nachdem das Geschirr abgeräumt ist, helfen Freiwillige beim Spülen. Oft wird dabei gesungen, besonders beliebt sind Lieder aus dem französischen Kloster Taizé.

ESSENSAUSGABE
Oft verlangen die Gäste lautstark nach Essen und schlagen mit Tellern und Tassen auf den Tisch. Doch den Eifer dieses Helfers, eines Seminaristen, mindert das nicht.

ABENDGEBET
In der Kapelle neben dem Heim finden sich Gäste der Schwestern zur Abendmesse ein, während die Schwestern sich in ihre Kapelle begeben. Morgen beginnt der Dienst am Nächsten von Neuem.

SEMINARIST

VORBEREITUNG AUF DAS PRIESTERAMT

AUF DEM WEG ZUR VORLESUNG Die Hochschule steht unter der Leitung des Opus Dei, einer 1928 gegründeten kirchlichen Organisation.

PAUSE Die Lehrveranstaltungen in Philosophie, Theologie und kanonischem Recht stehen auch Geistlichen, Nonnen und Laien aus aller Welt offen.

Seit Jahrhunderten reisen Studenten zur Vorbereitung auf das Priesteramt nach Rom. Dort studieren sie Philosophie und Theologie. Einer der vielen Priesteramtsanwärter ist Fabio Goldini. Mit 16 Jahren begann er, sich über seine etwaige Berufung Gedanken zu machen. »Ich fragte mich, was ich aus meinem Leben machen sollte«, erinnert er sich, »und ich wollte herausfinden, ob dies mein Weg ist.«

Mehrere Länder unterhalten in Rom eigene Priesterkollegien oder -seminare, wo die Studenten während ihres Studienaufenthalts gemeinsam wohnen. Die meisten Studenten finden sich vor der Ordination ein, doch trifft man auch andere, die in Rom auf ihre Promotion hinarbeiten. Die Internationalität eines Studiums in der Ewigen Stadt hinterlässt bei den Studenten einen tiefen Eindruck, und oft genug werden bei dieser Gelegenheit lebenslange Freundschaften geschlossen.

Die Ordinierung zum Diakon, die in der Regel ein Jahr vor der Priesterweihe erfolgt, wird gewöhnlich in Rom gefeiert. Sofern die Umstände es zulassen, kann dies für Familienangehörige und Freunde Gelegenheit zu einer Italienreise sein. Die Priesterweihe lassen die meisten Seminaristen vorzugsweise in ihrer Heimatstadt vornehmen, es steht ihnen aber frei, das Sakrament im Rahmen der Priesterweihe im Petersdom vom Papst persönlich zu empfangen.

Fabio Goldini, Jahrgang 1982, ist Brasilianer. Er hat zwei Schwestern, seine Mutter ist katholisch, der Vater, ein Berufsoffizier, Protestant. Als 19-Jähriger trat er in das größte Seminar des Landes ein. Er war der Erste aus seiner 55 000-Seelen-Gemeinde, der sich dazu berufen fühlte. Als sein Bischof ihm vorschlug, nach Rom zu gehen, war er nicht gleich begeistert, gehorchte aber. Er bekam zwei Monate Zeit, sich darauf vorzubereiten.

Fabio studiert an der Päpstlichen Universität vom Heiligen Kreuz in der Nähe der Piazza Navona. Das Seminar, das ihm Kost und Logis bietet, befindet sich, wie der Vatikan, am anderen Ufer des Tiber. Nach der Priesterweihe will er in seine Heimat zurückkehren. Es gibt dort mehr als 137 Mio. Katholiken, Brasilien ist damit der größte katholische Staat der Erde. Darf man der Überlieferung glauben, so wurde die erste Messe in Brasilien am Ostersonntag des Jahres 1500 von einem portugiesischen Priester gelesen.

MITSCHREIBEN Fabio in einer theologischen Vorlesung. Alle Priesteramtsanwärter müssen Philosophie und Theologie studieren.

< UNIVERSITÄTSKIRCHE
Bevor Fabio nach Hause geht, betet er in der dem Institut angeschlossenen Basilika S. Apollinare.

˅ ROSENKRANZ
Jeden Tag betet Fabio allein oder gemeinsam mit anderen Seminaristen den Rosenkranz zu Ehren der Gottesmutter Maria.

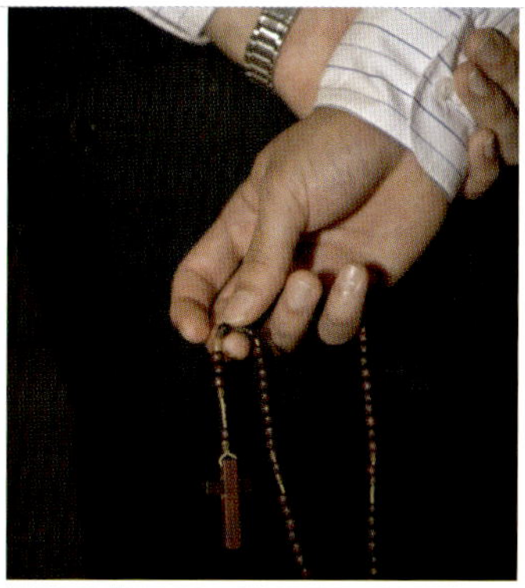

˄ AUF DEM HEIMWEG
Die meisten Vorlesungen finden vormittags statt, aber auch am Nachmittag liegen Veranstaltungen.

˅ KAFFEEPAUSE
Fabio macht auf der Piazza Navona Halt, einem der bekanntesten Plätze Roms. Gelegentlich trinkt er dort auf dem Heimweg eine Tasse Kaffee.

› **TIBERBRÜCKEN**
Zu Fuß lässt sich jede Stadt am besten erkunden. Aus diesem Grund wählt Fabio immer einen anderen Weg über den Tiber und wieder zurück.

˅ **AUF DER PIAZZA NAVONA**
Zusammen mit anderen Studenten macht sich Fabio nach den Vormittagsvorlesungen auf den Weg ins Seminar Sedes Sapientiae, dem 90 Seminaristen aus 32 Ländern angehören.

˄ **MITTAGSTISCH IM SEMINAR**
Zur Mittagszeit versammeln sich die Seminaristen zu Pasta und anderen italienischen Gerichten im Speisesaal.

› **FREIZEITGESTALTUNG**
Fabio liebt Musik. Nach Tisch widmet er sich auf seinem Zimmer eine Stunde lang Gitarre und Gesang.

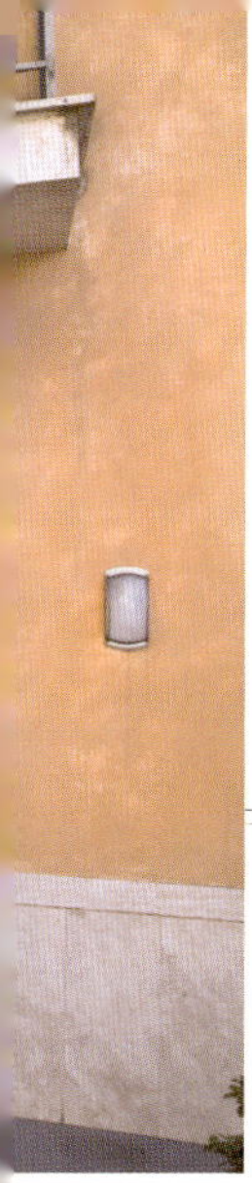

< ˅ **DAS SEMINAR**
Fabios Seminar Sedes Sapientiae (Thron der Weisheit) im Stadtteil Trastevere ist in einem modernen Gebäude untergebracht, das 2000 fertiggestellt wurde.

> **GEBET IN DER KAPELLE**
Nach dem Mittagessen begeben sich die Studenten zum Gebet in die Kapelle. Fabio betet für seine Eltern, Schwestern und alle Freunde daheim in Brasilien.

˅ **NACHMITTAGSGEBET**
Später betet Fabio einen Rosenkranz in der Basilika der hl. Cäcilie, ebenfalls in Trastevere. Cäcilie ist die Patronin der Kirchenmusik und starb im 2. Jh. den Märtyrertod.

˄ **CHORSÄNGER**
Sonn- und feiertags singt eine Gruppe Seminaristen, unter ihnen Fabio, im Kirchenchor. Der Chor steht auf der dem Altar gegenüberliegenden Empore.

LEITER DER FLORERIA

DIREKTOR DES DIENSTES FÜR RAUMAUSSTATTUNG UND RESTAURIERUNG

> RUNDGANG
Gleich am frühen Morgen macht Paolo einen Rundgang durch alle Werkstätten und Lager der Floreria. Hier betritt er die Werkstatt der Möbelrestauratoren.

∨ PÄPSTLICHES WAPPEN
In der Werkstatt der Restauratoren erläutert ein Handwerker Paolo Einzelheiten am Wappen Leos XIII. Auf dem Tisch steht sein Entwurf für das neue Wappen für Papst Benedikt XVI.

Bei der Floreria handelt es sich um eine kleine Abteilung mit spezialisierten Handwerkern, die sich um die wertvolle Innenausstattung des Apostolischen Palastes kümmern. Sie ist zugleich auch eine Art Fundus, in dem Stühle, Teppiche, Wandbehänge, Blumen und andere Ausstattungsstücke verwahrt werden. Paolo Sagretti, ein gebürtiger Römer, arbeitet seit 1988 in der Floreria und ist heute ihr Direktor.

Der Name »Floreria« ist irreführend. Er stammt aus dem Mittelalter, als es dieses Amt, das für den Blumenschmuck in den Palästen zuständig war, an allen europäischen Höfen gab. Im Vatikan hat der Name überdauert, die Funktionen wurden allerdings ausgeweitet und schließen heute die Betreuung von Mobiliar, Teppichen, Vorhängen etc. ein.

Seit Jahrhunderten betreut die Floreria Ausstattung und Interieur des Apostolischen Palastes, zu dem Hunderte von Räumen, lange Korridore und einige Kapellen gehören. Die Päpste der Vergangenheit waren große Förderer der Künste, und ihre Residenzen standen an Pracht den Schlössern und Fürstenhöfen Europas in nichts nach. Seit dem Mittelalter über die Renaissance bis ins Barock war eine Palastanlage stets ebenso sehr dazu gedacht, Besucher zu beeindrucken, wie den Bewohnern Behaglichkeit zu bieten. Das Mobiliar war äußerst vielfältig, es reichte von Thronsesseln bis zu Kniestühlen, von Vorhängen zu Kerzenständern. Heute besteht eine Hauptaufgabe der Floreria darin, alle diese historischen Möbel- und Ausstattungsstücke zu verwahren und zu restaurieren. Aber der Dienst sorgt auch für die Gestaltung des Petersdoms und anderer Kirchen zu liturgischen Feiern mit dem Papst.

Die Werkstätten der Floreria sind an zwei Stellen konzentriert: Die Aufarbeitung des antiken Mobiliars findet in drei Ateliers statt, die sich neben dem unterirdischen Gang vom Belvedere-Hof zum Papageienhof befinden. Tischlerei und Textilherstellung liegen am Ende der Via delle Quattro Porte, in der Nähe der vatikanischen Gärten. In diesen Werkstätten geben Möbeltischler und Restauratoren alte Techniken von Generation zu Generation weiter.

Paolo Sagretti studierte Maschinenbau an der römischen Universität La Sapienza. Auf seine Arbeit in der Floreria ist er sehr stolz: »In einer Welt der Massenproduktion ist es sehr schwer, für unsere außergewöhnliche Arbeit qualifizierte Handwerker zu finden.«

> ∧ DER BRONZEGUSS
Nach einer Skizze wird ein Tonmodell des Wappens von Papst Benedikt XVI. angefertigt. Danach wird die Gipsform für den Bronzeguss hergestellt. Das fertige Stück wird dann vergoldet.

< MÖBELRESTAURATION
Die Möbeltischler der Floreria verwenden zum Polstern im 18. Jh. gebräuchliche Materialien wie Rosshaar und Seegras, über die danach Samt gespannt wird. Anschließend wird der Stuhl vergoldet. Solches handwerkliches Können ist heute selten.

∨ PRÜFENDER BLICK
Paolo macht einen Besuch beim Rahmenbauer, um zu sehen, wie die Arbeit an einem neuen vergoldeten Rahmen für ein Bildnis von Papst Johannes Paul II. vorangeht. Alle Rahmen der Bilder im Apostolischen Palast wurden in den Werkstätten der Floreria angefertigt bzw. restauriert.

< ∧ HOLZSCHNITZER
In den Werkstätten lernen die Handwerker traditionelle Techniken beherrschen, die seit Generationen überliefert werden. Hier arbeitet ein Möbeltischler an einem Wappen von Pius XI. auf einem Schrank, der für die Restaurierung vollständig abgebeizt wurde.

∧ > GRUNDIEREN UND VERGOLDEN
Ein Restaurator bringt auf einem Stuhl aus dem 18. Jh. aus dem Apostolischen Palast mit größter Sorgfalt Blattgold an. Die Vergoldung ist im Laufe der Jahrhunderte abgeblättert. Rechts wird ein Kandelaber restauriert. Ausbrüche im Holz werden zunächst mit Gesso gefüllt, später wird der Leuchter neu vergoldet.

∧ › **LITURGISCHER SITZ**
Ein vergoldeter Stuhl, angefertigt im 19. Jh. für Papst Leo XIII., wird für Papst Benedikt XVI. anlässlich einer liturgischen Feier im Petersdom restauriert.

‹ **TERMIN AM NACHMITTAG**
Paolo auf dem Weg durch die Kolonnaden am Petersplatz zu einer Kirche, in der Papst Benedikt XVI. demnächst eine Messe feiern wird.

∨ **KONTAKT MIT ANDEREN ÄMTERN**
Paolo informiert die Präfektur und das Amt für die Liturgischen Feiern telefonisch, wie viele Plätze die Kirche hat, damit die Freikartenausgabe vorbereitet werden kann.

∧ **VORHANGSTOFF**
Schwester Domitilla schneidet Stoff für neue Vorhänge im Apostolischen Palast zu. Durch die Floreria ist der Vatikan, was Ausstattung und Einrichtung betrifft, weitgehend unabhängig.

‹ **PERSONALKANTINE**
Paolo bei der Mittagspause. Den verschiedenen Gruppen von Bediensteten des Vatikans, wie etwa der Schweizergarde und den Sicherheitskräften, stehen mehrere Kantinen zur Verfügung.

∧ **ZUFALLSBEGEGNUNG**
Kardinal Achille Silvestrini stößt vor seinem Büro im Cortile di San Damaso auf Paolo. Die Floreria ist auch für die Wohnräume der Kardinäle und leitenden Angestellten des Vatikans zuständig.

< IM PETERSDOM
Die Sitzgelegenheiten im Dom und auf dem Petersplatz unterstehen der Floreria. Paolo spricht mit einem Bediensteten, der die Stühle nach Gebrauch einsammelt.

> TEPPICHLAGER
Seit dem Mittelalter werden im Petersdom zu feierlichen Anlässen Teppiche ausgelegt. Hier werden sie gelagert.

^ VORAUSSCHAUENDE PLANUNG
Paolo erkundigt sich nach den Abmessungen des Kirchenraumes der Kirche S. Lorenzo in Piscibus, die von Papst Benedikt XVI. anlässlich des 25-jährigen Bestehens des Internationalen Jugendzentrums San Lorenzo besucht werden soll. Die Kirche wird drei Wochen vor dem Papstbesuch inspiziert.

< AM BRONZETOR
Paolo kehrt in den Vatikan zurück. Unterwegs haben sein Assistent und er schon die nächste Aufgabe besprochen.

> WIEDER AM SCHREIBTISCH
Im Büro wartet unerledigte Arbeit. Paolo telefoniert zum Ende seines Arbeitstages mit verschiedenen vatikanischen Ämtern.

ARBEITSBEGINN
Morgens führt Paolos erster Weg in den Dom, wo er den Stand der Arbeit an den Evangelisten-Medaillons kontrolliert.

UNTER MICHELANGELOS KUPPEL
Mit einem Kollegen, der über die Mosaiken im Petersdom promoviert hat, diskutiert Paolo die Restaurierung der Medaillons unter der Kuppel.

Mosaike aus Stein-, Glas- oder Goldplättchen dienen seit dem frühen 4. Jh. als Kirchenschmuck. Zu den Betrieben im Vatikan, die im Verborgenen Besonderes leisten, zählen die Mosaikwerkstätten mit zugehöriger Schule, die Anfang des 18. Jh. gegründet wurden. Der derzeitige Direktor, Paolo di Buono, ist Chef einer Gruppe von zehn Fachleuten, die gemeinsam für alle Restaurationsarbeiten am Petersdom zuständig sind.

Geschickte Handwerker führten in der Blütezeit des antiken Rom die Mosaikkunst zur Vollendung. Nach dem Untergang des Weströmischen Reiches im Jahre 476 wurde in Westeuropa die christliche Kirche zum bedeutendsten Förderer der Kunst. Auch bei der Ausschmückung der frühesten römischen Kirchen spielten Mosaike eine herausragende Rolle. Skizzen von Künstlern aus dem frühen 16. Jh. lassen erkennen, wie die Originalmosaike in der konstantinischen Petersbasilika aussahen. Die Fassade beherrschte ein Bild von Christus, flankiert von den vier Evangelisten, aus dem 5. Jh., während sich in der Apsis ein Mosaik aus dem 4. Jh. befand, das Christus mit den Aposteln Petrus und Paulus zeigte.

Benedikt XIII. gründete 1727 die Mosaikwerkstätten. 1770 entwickelte man ein neues Verfahren des Mosaiklegens, bei dem dünnere Steinchen verwendet wurden. Damals waren alle Altarbilder im Petersdom noch Ölbilder, doch Ölfarbe dunkelt mit der Zeit nach. Die Künstler der Werkstätten ersetzten daher unter Verwendung der neuen Technik alle Ölgemälde durch Mosaikkopien, abgesehen von dem Dreifaltigkeitsfresko in der Kapelle des Heiligen Abendmahls.

Paolo di Buono, der an der Universität La Sapienza Archäologie studierte, ist stolz darauf, als Leiter der Werkstätten der vorerst letzte in einer langen Reihe von Direktoren zu sein, die mit ihren Mitarbeitern für die Substanzerhaltung in St. Peter verantwortlich waren. Die Konservierung und Restaurierung ist mühsam und verlangt gewissenhaftes Arbeiten. »Das Anlegen von Mosaiken ist zeitraubend und ihre Restaurierung nicht minder«, bemerkt er.

Obwohl das Atelier hauptsächlich mit der Instandhaltung der Mosaiken in St. Peter beschäftigt ist, werden auch Neuaufträge ausgeführt: »Der Papst schätzt unsere Arbeit und beschenkt wichtige Menschen gerne mit einem Mosaik, dafür halten wir etliche Arbeiten bereit. Papst Johannes Paul II. schenkte anlässlich seines Kuba-Besuchs 1998 Fidel Castro ein Mosaik vom Petersdom.«

BRÖCKELNDER GIPS
Die Mosaiksteinchen werden herausgelöst und verwahrt. Das Gipsbett ist zu trocken geworden und muss erneuert werden.

UNTER EINEM MEDAILLON
Seit der letzten Reinigung im 18. Jh. hat sich auf einigen Mosaiken der Ruß der Lampen und Kerzen abgelagert.

MOSAIKRESTAURATOR

DIREKTOR DER VATIKANISCHEN MOSAIKWERKSTATT

< PRÜFUNG DER OBERFLÄCHE
Die Oberfläche eines Mosaiks wird auf lockere Steinchen untersucht. Sie werden herausgenommen und neu eingepasst.

> FESTIGKEITSPRÜFUNG
Beim Klopfen mit einem Hammer hört der Fachmann, ob sich durch Austrocknen des Gipsklebers Hohlräume unter den Steinchen gebildet haben.

˅ MEDAILLON DES HL. MARKUS
An den Medaillons mit den vier Evangelisten unter der Kuppel, Ende des 16. Jh. gelegt, sind umfangreiche Ausbesserungsarbeiten im Gange.

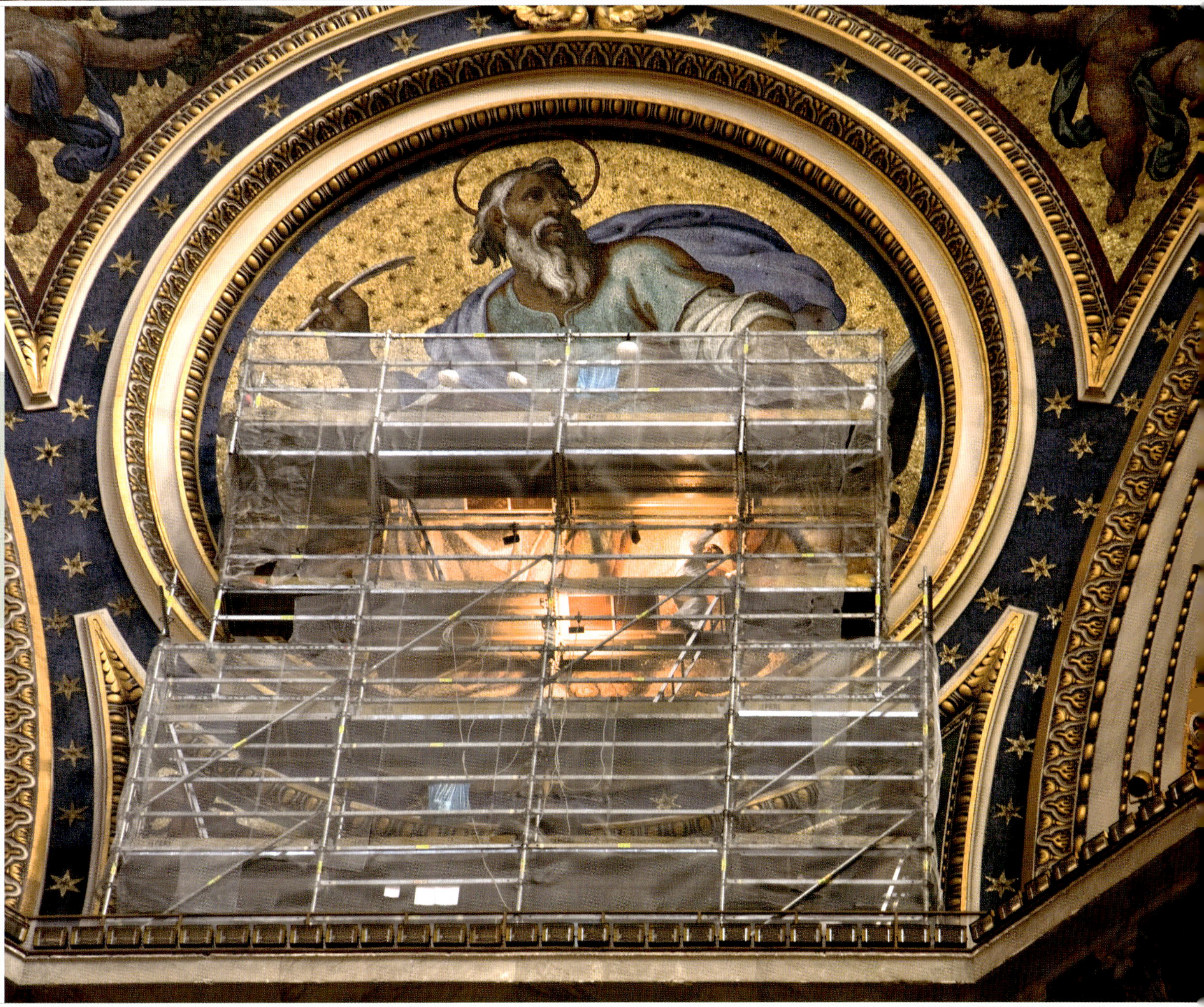

< SICHERHEITSÜBERPRÜFUNG
Faustgroße Glaskugeln dienen bei diesem Mosaik zur Darstellung der Juwelen in einer päpstlichen Tiara. Der Restaurator prüft, ob sie fest sitzen. Gegebenenfalls wird Ersatz aus Keramik gefertigt.

> AUF DEM RÜCKWEG
Paolo und seine Kollegin haben im Atelier Detailzeichnungen angesehen und kehren zurück in den Dom. Bei der Restaurierung soll das Original so genau wie möglich getroffen werden.

> **GLASBEARBEITUNG**
Mit einer Lötlampe erhitzt Paolo Glasstückchen, damit sie formbar werden.

< ∨ **AUFTRAGSARBEITEN**
Paolos Team übernimmt auch Auftragsarbeiten wie eine Mosaikkopie von van Goghs Gemälde *Kirche von Auvers* (unten).

∧ **REPRODUKTION ALTER MEISTER**
Paolo hält in der Werkstatt ein Schwätzchen mit einem Kollegen, der gerade eine Mosaikkopie von Giottos Fresko *Flucht nach Ägypten* anfertigt.

> **JOSEFS HEILIGENSCHEIN**
Ein gutes Auge, Geduld und Geschicklichkeit braucht der Mosaikleger für seine mühevolle Arbeit. Das Original, das sich in Padua befindet, ist berühmt und die Kopie muss mit größter Genauigkeit angefertigt werden.

∧ **MADONNA VON GUADALUPE**
Am häufigsten werden Reproduktionen von der Muttergottes in der Basilika von Guadalupe in Mexiko verlangt, dem bedeutendsten Marienheiligtum der Welt.

> **MARIAS GEWAND**
Auf der Holzunterlage ist ein Foto befestigt. Darunter wird Kitt aufgetragen. Wenn die Steinchen in den Kitt gesetzt sind, wird das entsprechende Stück Foto weggeschnitten.

< VORARBEIT
Paolo zieht die Glasmasse zu einem Stab aus, der nach dem Erkalten in dünne Scheibchen zersägt wird.

> SORTIERKASTEN
Alle Mosaiksteinchen werden durch Zerschneiden von Glasstäben gewonnen. Die gewünschten Farben kommen durch Mineralzusätze zustande.

< ∧ VORARBEITEN
Paolo überzeugt sich, dass er den richtigen Farbton für die Haut an Gesicht und Hals des Engels gewählt hat. Die Glassteinchen für den Himmel schlägt Paolo mit einem besonderen Hammer zurecht.

< ∧ ARCHIV FÜR MOSAIKSTEINE
Die Werkstatt hat riesige Vorräte an Mosaiksteinchen, darunter einige aus dem 16. und 17. Jh., obwohl diese Bestände allmählich zur Neige gehen.

∧ PRÄZISIONSARBEIT
Mit der Pinzette passt Paolo ein winziges Steinchen ein. Er arbeitet an einer Kopie eines Laute spielenden Engels, Teil eines Freskos von Melozzo da Forlì (1438–1494).

GEMÄLDERESTAURATOR

SPEZIALIST FÜR FRESKENRESTAURIERUNG

> DIE VATIKANISCHEN MUSEEN
Kurz nach acht Uhr ist Paolo an seinem Arbeitsplatz. Auch die ersten Touristen haben sich schon eingefunden.

˅ ARBEITSBESUCH
Paolo arbeitet auch außerhalb des Vatikans. Hier kontrolliert er in der Kirche S. Maria in Ara Coeli den Zustand von ihm aufgearbeiteter Fresken.

Für die Erhaltung der vatikanischen Kunstschätze sorgt ein Team von Kunstrestauratoren, unter ihnen Paolo Violini. Paolo, der seit 1988 im Vatikan arbeitet, hat sich auf die Restaurierung von Fresken spezialisiert. Er vergleicht sein Handwerk mit der Arbeit eines Detektivs, der nach besonderen Methoden vorgeht, um die Vergangenheit aufzudecken.

Da die Einnahmen aus den Eintrittsgeldern der Museen die Kosten für die Restaurierungsarbeiten an den Kunstwerken nicht decken, erwog der Vatikan vor einiger Zeit die Möglichkeit, durch den Verkauf einiger Kunstwerke zusätzliche Mittel zu gewinnen. Stattdessen gründeten die vatikanischen Museen jedoch 1983 eine Einrichtung zur Akquisition von Geldern: Gönner in aller Welt finanzieren seither die Restaurierungsarbeiten.

Unter den vielen Arbeiten, die in den Museen anfallen, verlangt die Freskenrestaurierung spezielles Fachkönnen. Das Verfahren, Gipsfresken zu gestalten, ist Jahrtausende alt. Die ersten Christen bedienten sich der Stucktechnik bereits in den Katakomben. Doch erst in der Renaissance, zwischen dem 14. und 16. Jh., gelangte das Handwerk zu seiner technischen Vollendung. Man begann mit einer Papierskizze, deren Konturen perforiert wurden. Die so präparierten Blätter wurden auf den feuchten Putz gedrückt und mit einem in Holzkohlestaub getauchten Schwamm betupft. Die Stanzlöcher hinterließen auf der Wand die Konturen als gepunktete Linien. Einige Maler, unter anderem Raffael (1483–1520), ritzten den Putz dann mit einem Griffel nach, sodass sich fein durchgezogene Linien ergaben. Anschließend wurden die pigmentierten Farben mit dem Pinsel auf den feuchten Gips aufgebracht, der sie beim Aushärten einsog, sodass sie in die Wand eingesiegelt waren. Restauratoren wie Paolo Violini stehen vor der Aufgabe, den Schmutz der Jahrhunderte zu entfernen und die lebhaften Farben wieder ans Licht zu bringen.

Paolo studierte am Institut für Kunst und Restaurierung in Rom und eine Zeit lang auch Architektur. »Das Zeichnen hat mir immer Spaß gemacht, und ich wollte diese Fertigkeit mit praktischer Restaurierungsarbeit verbinden – aus beiden Welten das Beste.« Zu den Fresken, die Paolo restauriert hat, gehören die der Stanza della Segnatura und der Stanza d'Elidoro. Derzeit arbeitet er in anderen Gemächern, die der große Kunstmäzen Papst Julius II. vor 500 Jahren in Auftrag gab.

> INSPEKTION EINES FRESKOS
Paolo klopft den Stuckrahmen ab, um ihn zu überprüfen. Klingt es hohl, deutet dies darauf hin, dass der Putz darunter ausgetrocknet ist, was zu Problemen führen kann.

˅ WIEDER AM SCHREIBTISCH
Alle Details seiner Restaurierungsarbeiten vertraut Paolo dem Computer an. Diese Daten werden später Kunsthistorikern zur Verfügung gestellt, denen sie bei ihren Forschungen dienlich sein können.

< PRÜFENDER BLICK
Paolo studiert Fotos der von ihm bearbeiteten Flächen, damit er entscheiden kann, wo Nacharbeiten erforderlich sind.

> PÄPSTLICHER MÄZEN
Paolo entstaubt mit einem Pinsel die rote Mozzetta von Julius II. Das Wandgemälde befindet sich in einem der Gemächer, die der Papst Anfang des 16. Jh. in Auftrag gab.

˅ PROTOKOLL
Die täglichen Verrichtungen werden per Computer protokolliert. Paolo dokumentiert jede Arbeitsphase zur späteren Veröffentlichung.

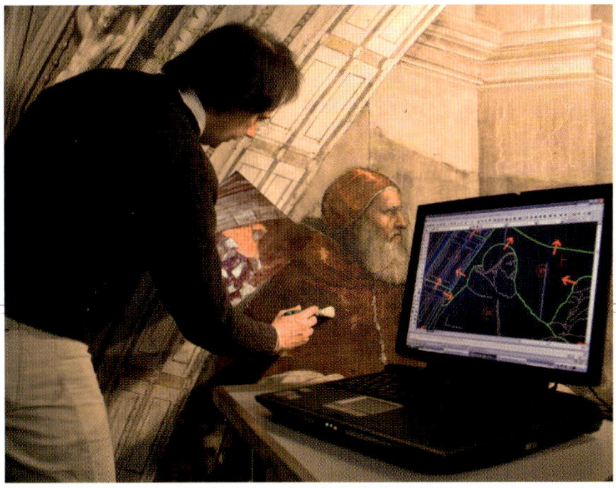

˅ BRONZEKLAMMER
Paolo untersucht eine *grappa*, eine Bronzeklammer, die in der Wand steckt, um ein Abplatzen des Putzes zu verhindern.

< FREILEGEN DER FARBEN
Paolo legt mit Ammoniumcarbonat bestrichenes Japanpapier auf und lässt die Reinigungspaste kurz einwirken.

> SÄUBERN DES FRESKOS
Die aufgeweichte Schmutzschicht nimmt Paolo mit einem Schwamm ab und wäscht mit destilliertem Wasser nach.

FÜR DIE NACHWELT KONSERVIERT
Um diese Kunstwerke zu erhalten, musste Paolo sich vielerlei Fertigkeiten der großen Meister der Renaissance aneignen. Raffael würde staunen, sähe er, wie liebevoll seine Fresken restauriert werden.

Beim Säubern … kommt das Fresko wundersam zum Vorschein … ich fühle, wie Raffaels Seele in der Frische seines Pinselstrichs zu neuem Leben erwacht.

WARTENDE PILGER
Rodolfo verteilt Visitenkarten des Ateliers. Wenn sie auf einem Bild zusammen mit dem Papst zu sehen sind, möchten viele Besucher einen Abzug zur Erinnerung.

ANKUNFT IM VATIKAN
Am Tag der Generalaudienz verlassen Rodolfo und Bruder Federico schon früh das Haus, um gegen acht Uhr mit startbereiter Kamera im Vatikan zu sein.

Rodolfo Felici setzt als päpstlichen Hoffotograf eine Tradition fort, die von seinem Ururgroßvater Giuseppe Felici Ende des 19. Jh. begründet wurde. Schon als Kind begleitete Rodolfo seinen Vater zur Arbeit und half ihm, die Filmrollen zu wechseln. Heute ist das Atelier Felici noch immer in Familienbesitz, und Rodolfo arbeitet mit Vater, Bruder und Onkel zusammen, um die päpstlichen Zeremonien im Bild festzuhalten.

Giuseppe Felici, gebürtig in Cagli in den Marken, siedelte 1850 nach Rom über, wo er sich für das neue Medium Fotografie zu interessieren begann. Pius IX. (1792–1878) war von der neuen Technik nicht minder angetan und ließ sich als erster Papst ablichten. 1863 eröffnete Giuseppe sein Fotoatelier, 1901 wurde er von Leo XIII. zum offiziellen Hoffotografen ernannt. Nach Giuseppes Tod führten seine Söhne Alberto und Arturo das Atelier weiter.

Heute setzt Giuseppes Ururenkel Rodolfo, seit seiner Kindheit mit der Fotografie vertraut, die Familientradition fort. Es war an einem Freitagabend, Rodolfo war gerade mit seinem Vater unterwegs zum Papst, da rief dessen Privatsekretär Monsignore Stanislaw Dziwisz ihm zu: »Na los, Rodolfo, mach du mal ein Foto von uns.« So kam es zu dem ersten Bild, das er im Vatikan aufnahm. Inzwischen hat Rodolfo im Familienunternehmen die digitale Fotografie und die Bildbearbeitung eingeführt und eine Website eingerichtet.

Das Atelier Felici ist das eine von nur zwei Studios, denen es erlaubt ist, die päpstlichen Audienzen im Vatikan zu fotografieren. Mit dem Presseamt des Heiligen Stuhls arbeitet es dabei nicht zusammen, denn die Fotos sind nicht zur Veröffentlichung in den Medien gedacht. Sie dienen lediglich der Dokumentation. Die Menschen, die an den Ereignissen teilgenommen haben, können jedoch Abzüge bekommen.

Rodolfo ist nicht nur ein begeisterter Fotograf, sondern auch ein Kunstliebhaber. Er studiert Architektur an der römischen Universität La Sapienza und möchte auch einmal als Architekt arbeiten, aber seine Tätigkeit im Familienbetrieb will er auch in Zukunft nicht aufgeben. Die Familie genießt die Achtung und das Vertrauen der für die öffentlichen Auftritte des Papstes verantwortlichen Präfektur. Und für die Besucher, die dem Papst im Rahmen einer Audienz begegnet sind, ist eine Fotografie aus dem Atelier Felici eine wertvolle Erinnerung.

GENERALAUDIENZ
Tausende Pilger aus aller Welt füllen jeden Mittwoch den Audienzsaal Pauls VI., um die päpstliche Ansprache zu hören. Papst Benedikt XVI. wendet sich in mehreren Sprachen an seine Zuhörer.

HOFFOTOGRAF

DOKUMENTARIST OFFIZIELLER EREIGNISSE IM VATIKAN

BEGRÜSSUNG DER BESUCHER
Am Ende der Audienz begrüßt der Papst möglichst viele Menschen persönlich. Sein Sekretär und der Präfekt treffen die Auswahl.

VERGEWISSERUNG
Vor dem Audienzsaal Pauls VI. prüft Rodolfo noch einmal die Kamera und kontrolliert, dass die Batterien aufgeladen sind.

AFRIKANISCHER BISCHOF
Die Begegnung dauert höchstens zwei Minuten. Rodolfo darf sie nicht verpassen, sonst kann der Besucher keine greifbare Erinnerung mit nach Hause nehmen.

AUF DEM RÜCKWEG
Sobald der Papst sich zurückzieht, eilen Rodolfo, Vater und Bruder zurück ins Atelier, um die Fotos des Tages zu sichten und auszudrucken.

ÜBERSPIELEN
Rodolfo und Federico übertragen die Bilddaten auf den Computer und sortieren sie. Im Laufe des Tages werden die Besucher der Audienz ins Atelier kommen, um sich Bilder auszusuchen.

SICHTUNG VON ARCHIVMATERIAL
Im Archiv des Fotoateliers befinden sich wertvolle Aufnahmen, es reicht zurück bis in die 1860er-Jahre. Gegenwärtig werden die alten Fotos aufgearbeitet und der gesamte Bestand wird digitalisiert.

QUALITÄTSKONTROLLE
Wenn die Bilddaten im Computer gespeichert sind, werden die Fotos kontrolliert. Bilder, die nicht einwandfrei sind, werden unverzüglich gelöscht.

KUNDENKONTAKT
Rodolfo fotografiert verschiedene Ereignisse. Ein Ehepaar kommt, um Fotos von seiner Audienz bei Papst Benedikt XVI. auszuwählen.

QUAL DER WAHL
Zwei Nonnen betrachten Bilder von ihrer Begegnung mit dem Papst auf dem Monitor. Der Tag hatte für beide besondere Bedeutung, daher möchten sie natürlich die »richtigen« Fotos aussuchen.

AQUARELLIEREN AM TIBER
Rodolfo hat eine wahre Leidenschaft für die Architektur entwickelt. Oft sieht man ihn beim Aquarellieren. In Rom mit seinen schönen Bauwerken gibt es Motive genug.

ABENDSTUDIUM
Erst am Abend findet Rodolfo die Zeit, sich seinem Architekturstudium zu widmen. Sein durch das Fotografieren geschultes Auge ist ihm auch in dieser Disziplin von Nutzen.

FEIERABEND
Nach einem langen Arbeitstag verlässt Rodolfo das Atelier. Er will sich noch ein wenig beim geliebten Aquarellieren entspannen.

AUSGEHEN IN ROM
Später trifft sich Rodolfo mit seiner Freundin. Die beiden wollen noch ins Kino und danach mit Federico und dessen Freundin in eine Pizzeria.

SCHWEIZERGARDIST

VERANTWORTLICH FÜR DIE SICHERHEIT DES PAPSTES

> **MEDAILLEN UND EHRENZEICHEN**
Am Morgen legt Tiziano zur Uniform auch die Ehrenzeichen an, die ihm verliehen wurden, seitdem er 1994 seinen Dienst bei der Schweizergarde antrat.

Tiziano Guarneri stieß 1994 zur Schweizergarde des Vatikans. Die ersten 16 Wochen seiner Dienstzeit nutzte er, um sich mit der Welt des Vatikans, den örtlichen Gegebenheiten und den Rängen und Namen der dort arbeitenden Menschen vertraut zu machen. Die Mindestdienstzeit beträgt zwei Jahre, danach nehmen drei Viertel der Gardisten ihren Abschied. Manche aber bleiben wie Tiziano in der Schutztruppe des Papstes.

Am 22. Januar 1506 traf ein Trupp Schweizer Söldner in Rom ein. Sie waren von Papst Julius II. angeworben worden, um sein Leben und den Vatikan in bewegten Zeiten zu schützen. Damals war das heutige Italien ein Sammelsurium von Herzogtümern, Zwergkönigreichen und Stadtrepubliken. Der Kirchenstaat, eines dieser Gebilde, war zwölf Jahre zuvor vom französischen König Karl VIII. mit Krieg überzogen worden.

Am 6. Mai 1527 drangen die Truppen Kaiser Karls V. in die Stadt ein, und Papst Klemens VII. flüchtete vom Vatikan in die Engelsburg. Von der 189 Mann starken Garde, die ihn schützte, überlebten nicht mehr als 42 Soldaten. Die übrigen fielen im Kampf gegen die Invasoren am Hochaltar des Petersdoms. Die Päpste nahmen neue Söldner in Dienst. Seit über einem halben Jahrtausend dienen sie treu dem Heiligen Stuhl.

Wer in die Schweizergarde eintreten möchte, braucht gewisse Voraussetzungen. Der Bewerber muss zwischen 19 und 30 Jahre alt und lediger Schweizer Staatsbürger sein. Er muss mindestens 174 cm groß sein und eine Empfehlung seiner katholischen Heimatgemeinde beibringen, dazu den Nachweis des erfolgreichen Besuchs der schweizerischen Rekrutenschule. Die jungen Männer stoßen aus vielerlei Gründen zur Garde, allein schon der Zweijahresaufenthalt in Rom ist verlockend.

Zum Dienst in der Schweizergarde gehören eine Infanteriegefechtsausbildung, körperliche Ertüchtigung sowie Exerzieren mit der Hellebarde. Die Vereidigung der Gardisten findet zum Angedenken der bei der Verteidigung Klemens' VII. Gefallenen jährlich am 6. Mai statt. Die Linke an der Fahne der Schweizergarde, gelobt der Rekrut, den Papst zu beschützen: »Ich verspreche … dem Herrn Kommandanten und meinen übrigen Vorgesetzten Achtung, Treue und Gehorsam. Ich schwöre, all das zu beachten, was die Ehre meines Standes verlangt.«

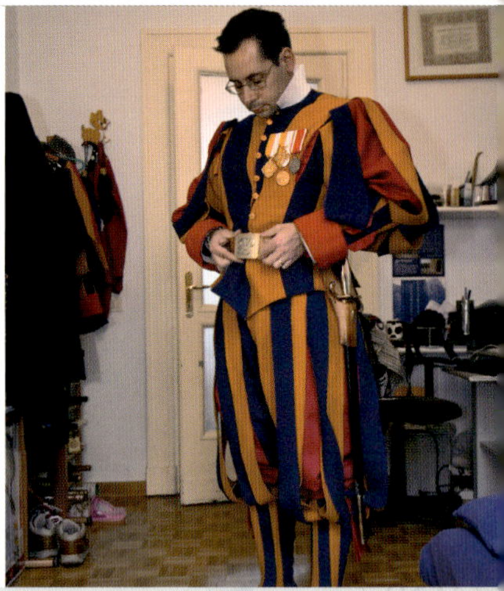

˅ > **MESSINGSCHLOSS**
Zum Schluss rückt Tiziano das Koppel zurecht. Das Monogramm »GP« auf dem Schloss zeigt, dass der Träger Mitglied der päpstlichen Garde ist.

> **DIENSTBEREIT**
Zu repräsentativen Anlässen tragen die Gardisten Brustharnisch und blanken Helm. Für den Alltagsdienst genügt das rot-gelb-blaue Landsknechtskostüm.

˅ **BARETT AUFSETZEN**
Während des normalen Dienstes tragen die Gardisten ein Barett. Wenn sie als Ehrenformation wichtige Persönlichkeiten empfangen, müssen sie es gegen einen Helm mit Federbusch tauschen.

> **ABSCHIED**
Tiziano verabschiedet sich von seinem kleinen Sohn. Als höherer Dienstgrad konnte er mit der Familie eine Privatwohnung im Vatikan beziehen.

< **SEITENEINGANG**
Im Wintermantel mit Quasten erscheint Tiziano am Seiteneingang des Apostolischen Palasts und meldet sich zum Dienstantritt.

V > **GARDISTEN BEIM APPELL**
Die Gardisten sind zum Appell angetreten. Es ist Mittwoch und sie haben Papst Benedikt XVI. während der Generalaudienz auf dem Petersplatz zu schützen.

^ **KASERNE DER GARDE**
In Helm und Federschmuck zieht die Garde von ihrem Kasernement aus dem 16. Jh. zur Generalaudienz.

> **WARTEN**
In Habtachtstellung wartet die Garde auf Tizianos Erlaubnis, den Apostolischen Palast betreten zu dürfen.

^ **MARSCH DURCH DEN PALAST**
Im Apostolischen Palast salutiert Tiziano vor den an ihm vorbeiziehenden Kameraden, die in Formation Richtung Petersdom marschieren.

DER MADERNO-FLÜGEL
Auf dem Weg zum Petersdom marschiert der Trupp Gardisten durch den Maderno-Flügel, der nach dem Architekten benannt ist, der die Domfassade schuf.

FAHNE DER SCHWEIZERGARDE
Am Bronzetor, dem Haupteingang zum Apostolischen Palast, hängt die Fahne der Schweizergarde mit den päpstlichen Insignien und dem Wappen Julius' II. aus der Familie della Rovere.

WACHDIENST
Die vatikanischen Behörden verlangen größtmögliche Sicherheit. Vor dem Eingang des Apostolischen Palasts prüft Tiziano die Liste der Personen mit Zutrittserlaubnis.

TELEFONAVIS
Tiziano trägt bei der Besucherkontrolle die Hauptverantwortung. Per Telefon avisiert er von seinem Platz am Bronzetor aus dem Wächter an der nächsten Kontrollstelle einen Besucher.

TORWACHE
Mit gefällter Hellebarde verwehrt der Gardist jedem Besucher den Zutritt. Erst auf Tizianos Anweisung hin wird die Waffe aufgerichtet und der Besucher kann passieren.

ABMARSCH
Nach zeremoniell vollzogenem Wechsel entfernt sich der abgelöste Hellebardier von seinem Posten am Bronzetor.

WACHABLÖSUNG
Tiziano beaufsichtigt die Postenablösung. Der Torposten am Bronzetor wird turnusgemäß von einem anderen Hellebardier abgelöst, der schon dienstbereit da steht.

WACHSAMES AUGE
Von einem Fenster im Maderno-Flügel kann Tiziano das Aufziehen der Wache beobachten, die zum Dienst bei der Generalaudienz eingeteilt ist.

MELDUNG DES WACHHABENDEN
Sobald ein Posten abgelöst worden ist, wird dieser Wechsel vom Wachhabenden an Tiziano gemeldet, der diesen anschließend ebenfalls wegtreten lässt.

Wenn ich zeremoniellen Pflichten nachgehe, denke ich an unsere Geschichte … an die Vorfälle während der Plünderung Roms … und an unser Gelöbnis.

> KARATE MIT DEM MEISTER
Seit dem Attentat auf Johannes Paul II. am 13. Mai 1981 trainieren die Gardisten mit einem Träger des Schwarzen Gürtels Selbstverteidigung und Karate.

∨ KAMPFSPORT IM VATIKAN
Auf den Überraschungseffekt kommt es an. Das Training asiatischer Kampfsportarten soll die Gardisten in die Lage versetzen, im Falle eines Angriffs auf den Papst so schnell wie möglich zu reagieren.

∧ > EINSATZBEREIT
Die Gardisten üben unermüdlich, insbesondere Situationen, die bei Großereignissen im Vatikan eintreten könnten. Wenn nötig, werden sie den Papst mit ihrem Leben verteidigen.

∧ > IM FITNESSSTUDIO
Jeden Tag geht Tiziano nach Beendigung des Kampfsportunterrichts zum Krafttraining. Das Programm, das er dort absolviert, hat sein Fitnesstrainer für ihn zusammengestellt.

UNIFORMSCHNEIDEREI
Für die Uniform eines Schweizergardisten müssen 156 Stücke Stoff zugeschnitten und verarbeitet werden. Der Schneider benötigt etwa 30 Stunden für das Zuschneiden und Nähen einer kompletten Tracht.

BÜGELN
Die Uniformen, die im Sommer aus Baumwolle und im Winter aus Wollstoff sind, werden gebügelt und mit Namensschildchen versehen zum Abholen aufgehängt.

VATER UND SOHN
Tiziano liebt seine Kinder und verbringt gerne Zeit mit ihnen. Durch das St.-Anna-Tor verlässt er den Vatikan, um mit seinem Sohn einen Spaziergang zu machen.

BLAUE UNIFORMEN
Tizianos Kameraden beim Schneider. Die Gardisten, die am St.-Anna-Tor, dem Eingang im Osten, Dienst tun, tragen eine schlichte blaue Uniform und darüber einen dunklen Umhang mit Quasten.

FAMILIENLEBEN
Ab dem Rang eines Unteroffiziers dürfen die Gardisten heiraten und ausnahmslos im Vatikan wohnen. Tiziano wohnt mit seiner Frau und zwei Kindern in der Nähe der Kaserne.

SCHÄTZE

DIE PÄPSTLICHE SAKRISTEI

Kaum einer der vielen Tausend Vatikanbesucher, die täglich in der Sixtinischen Kapelle Michelangelos *Jüngstes Gericht* bestaunen, ahnt, dass sich dahinter eine Kammer voll unvorstellbar wertvoller Schätze befindet. Es handelt sich um die päpstliche Sakristei, die dem Zeremonienmeister untersteht und in der alle Gewänder und liturgischen Geräte aufbewahrt werden, die je von den Päpsten benutzt wurden. Spätestens seit dem 4. Jh. blieben die hier verwahrten Gegenstände ausschließlich dem Gebrauch bei Gottesdiensten im Vatikan vorbehalten. Die Mehrzahl wurde der Kirche von Gläubigen zugeeignet. Einige sind Geschenke von gekrönten und anderen Staatsoberhäuptern. Nur die erlesensten Stücke, die das Kunsthandwerk hervorzubringen vermochte, wurden den Päpsten zur Feier der Heiligen Messe gewidmet.

TIAREN

PÄPSTLICHE KRONEN

Eines der bekanntesten Symbole des Papsttums ist die Tiara. In der Vergangenheit ließen sich die Päpste mit der Tiara krönen. Sie ist seit dem 8. Jh. nachweisbar. Ihr Ursprung liegt möglicherweise in der Kopfbedeckung der byzantinischen Kaiser.

Die früheste Form einer päpstlichen Tiara war eine weiße Haube mit einer einfachen goldenen Borte über der Stirn. Im 10. Jh. besaß die Tiara bereits zwei Kronreifen, Anfang des 14. Jh. kam der dritte hinzu. Die dreifache Krone wurde auch *triregnum* (lateinisch für drei Königreiche) genannt. Sie symbolisiert die diesseitige, geistliche und himmlische Autorität der Kirche. Zwei Bänder *(caudae)* aus bestickter Seide oder Satin und mit Fransen hängen hinten von der Tiara herab.

Der letzte Papst, der mit einer Tiara gekrönt wurde, war Paul VI. Wenig später legte er sie offiziell ab und machte seine Tiara den Katholiken in den Vereinigten Staaten in Anerkennung ihrer karitativen Arbeit zum Geschenk. Als Symbol taucht die Tiara indessen nach wie vor auf der päpstlichen Flagge sowie auf allen amtlichen Insignien auf.

GOLDSTICKEREI

LILIENMOTIV

TIARA VON LEO XIII.
Diese Tiara ist ein Geschenk der Katholiken von Bologna, die sie dem Papst 1903 überreichten. Eingraviert sind Olivenzweige und Medaillons von Leo XIII., Pius IX., dem hl. Petrus und ein Engel.

TIARA VON PIUS VII.
Bei dieser um 1820 gefertigten schlichten Tiara handelt es sich um ein Geschenk der Kaufmannschaft von Lyon zum Gedenken an die Besuche Pius' VII. in der französischen Seidenstadt 1804 und 1805.

BESTICKTES BAND

SAPHIRBESETZTER REICHSAPFEL

EDELSTEINBESETZTES BLATTMOTIV

GESAMTANSICHT

TIARA VON PIUS IX.
Die drei Kronreifen der neogotischen Tiara, die Pius IX. 1871 von belgischen Spendern verehrt wurde, ist mit Edelsteinen besetzt. Die Beschriftung lautet »Unfehlbarer Stellvertreter Jesu Christi«.

TIARA VON PIUS XI.
Diese Tiara, ein Geschenk der Einwohnerschaft Mailands von 1922, weist Blattmotive und Smaragde auf. Über dem Smaragd als Reichsapfel ein diamantenbesetztes Metallkreuz.

TIARA VON PIUS IX.
Dieses prachtvolle Exemplar ist ein Geschenk Königin Isabellas II. von Spanien (1830–1904) an Pius IX. und wurde auch von mehreren seiner Nachfolger getragen.

JESUS, DER GUTE HIRTE

Das Wort »Mitra« ist griechischen Ursprungs und bedeutet so viel wie Stirnband oder Turban. Die Mitra gehört zu den Würdezeichen eines Bischofs und wird ausschließlich zu einer Liturgiefeier getragen. Es handelt sich dabei um eine hohe Haube, bestehend aus zwei gleichen, stoffbezogenen Schilden, die von einem Stirnband zusammengehalten werden. Die beiden in den Nacken des Trägers hängenden Bänder bestehen aus dem gleichen Material wie das Stirnband und sind oft mit dem Wappen des Bischofs bestickt. Zur Mitra trägt der Bischof einen Chormantel (ein Umhang) oder eine Kasel (ein ärmelloses Messgewand).

Bildliche Darstellungen lassen darauf schließen, dass die Mitra erst gegen Ende des 1. Jt. allgemein üblich wurde. In der Vergangenheit waren die Mitren häufig mit Edelsteinen besetzt und mit wertvollen Stickereien verziert. Heute sind sie schlichter. In Gegenwart des Papstes tragen die Kardinäle eine einfache, schmucklose Mitra aus weißem Damast. Papst Benedikt XVI. nahm 2005 in sein Wappen anstelle der päpstlichen Tiara die Mitra auf, um damit die Funktion des Papstes als Bischof von Rom hervorzuheben.

GESTICKTES ROSENMOTIV

WAPPEN PIUS' IX

MITREN

LITURGISCHE KOPFBEDECKUNGEN

MARIA IM STRAHLENKRANZ

TRAUBENMOTIV

WAPPEN JOHANNES PAULS II.

MITRA VON PIUS IX.
Die erstmals 1854 von Pius IX. getragene Mitra zeigt auf ihrer Rückseite Jesus als guten Hirten. Vor allem in frühchristlicher Zeit wurde Christus häufig als Schäfer dargestellt.

GESAMTANSICHT

Einer von zwölf Diamanten

Einer von 18 Amethysten

Einer von 22 Smaragden

Einer von zehn Rubinen

Einer von sieben Saphiren

Wappen Leos XIII.

Goldborte

Die Trauben symbolisieren das Blut Christi

Wappen Johannes Pauls II.

Das M steht für Maria

GOLDSTICKEREI MIT EDELSTEINEN

MITRA VON LEO XIII.
Kaiser Wilhelm II. schenkte Leo XIII. diese wunderbar bestickte Seidenmitra 1888 zum 50. Jahrestag der Priesterweihe des Papstes.

MITRA VON JOHANNES PAUL I.
Die Mitra wurde ursprünglich von Johannes Paul I. während seines einmonatigen Pontifikats 1978 getragen. Reben und Weintrauben zieren Mitra und Bänder. Das Wappen Johannes Pauls II. wurde später hinzugefügt.

HINTER GLAS
In der päpstlichen Sakristei sind Mitren aus dem 19. und 20. Jh. ausgestellt. Wie viele andere Objekte sind sie dem breiten Publikum nicht zugänglich, können aber von hohen Würdenträgern, die zu Besuch weilen, besichtigt werden.

MESSGEWÄNDER

KASELN UND DALMATIKEN

Seit dem 4. Jh. werden anlässlich der Spendung der Sakramente (Taufe, Buße, Firmung, Eucharistie, Priesterweihe, Ehe, Krankensalbung) besondere Gewänder angelegt. Als der römische Kaiser Konstantin 313 Glaubensfreiheit verkündete und den Christen gestattete, Kirchen zu bauen, wurde es bald Brauch, auch eine besondere Kleidung zu tragen, als Entsprechung zur kunstvollen Sakralarchitektur. Zwischen dem 8. und 14. Jh. wurden die Gewänder erkennbar prächtiger, teilweise wohl unter dem Einfluss des byzantinischen Kaiserhofes, an dem zu bestimmten Anlässen bestimmte Kleidungsstücke vorgeschrieben waren.

Das bedeutendste Sakrament ist die Eucharistie. Zur Messe tragen Bischof und Priester eine Kasel, ein ärmelloses Gewand, der Diakon eine Dalmatik, ein Obergewand mit weiten Ärmeln. Unter Kasel und Dalmatik wird die Albe getragen, ein knöchellanges weißes Untergewand. Als Schulterüberwurf dient eine Stola aus demselben Material wie Kasel oder Dalmatik.

BLUMENSTICKEREI

GOLD- UND SILBERFADEN

EINFASSUNG DER MITTELPARTIE

GOLDKANTE

< KASEL AUS DEM 17. JH.
Das ärmellose Obergewand aus dem Pontifikat Urbans VII. (1623–1644) ist in der sogenannten Bassgeigenform geschnitten, die mehr Armfreiheit gewährt.

GESAMTANSICHT

> SEIDENE DALMATIK
Die Tunika aus dem 17. Jh. ist mit Silberfaden bestickt. Das Muster ist symmetrisch, die Partien sind durch goldgewirkte Bänder voneinander getrennt.

∧ IN DER SAKRISTEI
Die päpstlichen Gewänder werden in der Sakristei in speziellen Garderobenschränken aufbewahrt, damit die empfindlichen Textilien keinen Schaden nehmen.

BLUMENMUSTER

GOLDPLÄTTCHEN

SAMTSTOLA
In die oberen Kartuschen sind Bilder der hl. Anna und des hl. Joachim eingestickt, die unteren zeigen Petrus und Christus, der das Kreuz trägt.

KASEL AUS DEM 19. JH.
Diese rotseidene Kasel, angefertigt um 1820–1825, schmückt ein mit Goldfaden gesticktes Blumenmuster. Ein Teil der Blütenblätter ist aus Goldblech gestanzt und aufgenäht.

PÄPSTLICHE INSIGNIEN

MOTIVE DER EINFASSUNG

ENTHAUPTUNG VON MÄRTYRERN

GESAMTANSICHT

WEISSE KASEL
Diese Kasel wurde Leo XIII. im Jahr 1887 von der Einwohnerschaft Mailands verehrt. Das Mittelteil ziert ein gotisches Kreuz über dem päpstlichen Wappen.

BESTICKTE STOLA
Klarissenschwestern aus Mazamet (Frankreich) schenkten Pius XI. diese Stola 1926 anlässlich des 700. Todestags von Franz von Assisi.

BRUSTKREUZE

SYMBOLE CHRISTLICHER FRÖMMIGKEIT

Das Kreuz ist das bekannteste Symbol des Christentums und man begegnet ihm in vielerlei Ausführungen. Geistliche und Laien pflegen kleine Kreuze an einer Halskette zu tragen, doch das an einer langen Kette hängende Brustkreuz ist ein kirchliches Würdezeichen und macht den Träger als Angehörigen der oberen Ränge der Hierarchie kenntlich: Bischof, Erzbischof, Kardinal oder Papst. Den Papst soll das Brustkreuz an seine Stellung als Diener Christi gemahnen.

Priesterschaft und Gläubige tragen anstelle eines Brustkreuzes manchmal einen Rosenkranz, ein Kreuz mit Gebetskette, deren Perlen der Katholik beim Hersagen des gleichnamigen Gebetszyklus durch die Finger gleiten lässt – eine Perle je Gebet. Auch der Papst betet während der täglichen Messe einen Rosenkranz, und bei Privataudienzen beschenkt er seine Besucher mit einem Rosenkranz.

In früherer Zeit waren die Brustkreuze und Rosenkränze im Besitz der Päpste aus Edelmetallen gefertigt und mit vielen Edelsteinen verziert, heute sind sie von schlichterer Machart.

PERLENKREUZ
Dieses Brustkreuz wurde Papst Pius XI. anlässlich der Feierlichkeiten zum Lateranvertrag 1929 vom italienischen König überreicht.

BRUSTKREUZ
Die Schwestern von der hl. Raffaella verehrten dieses Kreuz 1977 Papst Paul VI. zur Heiligsprechung ihrer Ordensgründerin Raffaella.

GOLD UND RUBINE
Zur Seligsprechung von Pius IX. im Juni 2000 wurde dieses Kreuz für Johannes Paul II. gearbeitet, dessen Wappen es auf der Rückseite trägt.

ROSENKRANZ VON FATIMA
Zu diesem Rosenkranz gehört ein handgearbeitetes Kruzifixus mit eingearbeitetem päpstlichem Wappen. Das Medaillon trägt ein Bildnis der Madonna von Fatima.

SMARAGD, RUBINE, DIAMANTEN

GOLDGEFASSTE AQUAMARINE

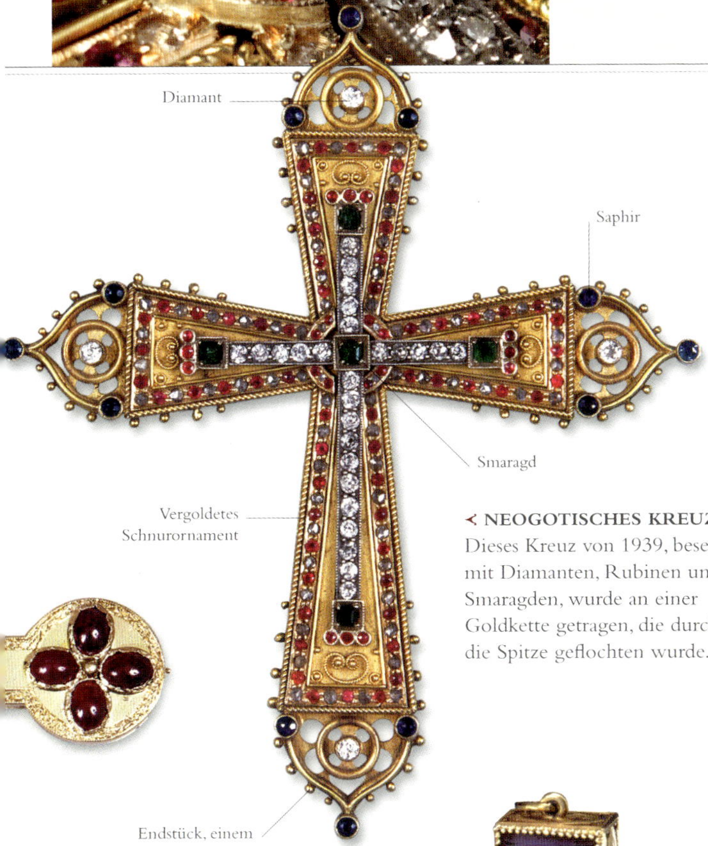

< NEOGOTISCHES KREUZ
Dieses Kreuz von 1939, besetzt mit Diamanten, Rubinen und Smaragden, wurde an einer Goldkette getragen, die durch die Spitze geflochten wurde.

> AMETHYSTKREUZ
Dieses schlichte Kreuz gehörte Kardinal Donato Sbaretti (1856–1939). Er hinterließ es der päpstlichen Sakristei. Dann trug es Pius XII. (1939–1958).

> KREUZ VON PIUS X.
Dieses Kreuz überreichte Leo XIII. 1890 Giuseppe Sarto, als er ihn zum Kardinal ernannte. Als Sarto 1903 selber Papst wurde, trug er weiterhin das Aquamarinkreuz.

GESAMTANSICHT

PÄPSTLICHER SCHMUCK

NADELN, RINGE UND SCHLIESSEN

Zu ihren Gewändern trugen die Päpste besonderen Schmuck. Bei diesen Kleinodien handelte es sich nicht nur um Zierrat, einige dieser wundervoll gearbeiteten Stücke erfüllten bzw. erfüllen eine feste Funktion, wie die Schließe, die den Chormantel zusammenhält, ein ärmelloser, langer, vorne offener Umhang aus Seide, der bei nicht eucharistischen Festlichkeiten getragen wird, oder die drei Nadeln zur Fixierung des über den Schultern liegenden Palliums auf dem Messgewand.

Die Ringe sind Würdezeichen und Symbol für die Treue zur Kirche. Der Bischofsring zählt zu den Insignien eines Bischofs und wird ihm bei der Weihe angesteckt. Wird ein Bischof in das Kardinalskollegium aufgenommen, bekommt er ebenfalls einen Ring überreicht. Über die Gestaltung der Kardinalsringe entscheidet der Papst. Der Kardinalsring, den Papst Benedikt XVI. den von ihm ernannten Kardinäle übergibt, zeigt den Gekreuzigten mit Maria und Johannes und auf der Innenseite das Wappen des Papstes.

In der Vergangenheit waren die Ringe kunstvoller gestaltet als heute. Sie waren mit Saphiren, Rubinen, Diamanten und anderen Edelsteinen besetzt, in unserer Zeit begnügt man sich mit einfachen Silber- oder Goldreifen.

> RING PIUS' IX.
An diesem Ring aus 24-karätigem Gold, einem Geschenk der Königin Viktoria, befindet sich unter der Fassung mit Aquamarin das päpstliche Wappen.

< PERLENUMKRÄNZTER AMETHYST
Dieser Goldring befand sich im Besitz Kardinal Donato Sbarrettis, der ihn bei seinem Tod 1939 Pius XII. hinterließ.

> RING VON PIUS VI.
Anlässlich ihrer Hochzeit verehrte Prinzessin Clothilde von Frankreich 1775 dem Papst diesen Ring.

TAUBE IM STRAHLENKRANZ

< GOLDENE SCHLIESSE
Diese 1729 gefertigte Schließe gehörte Benedikt XIII. Die Taube vor dem diamantbesetzten Strahlenkranz symbolisiert den Heiligen Geist. Unter den verwendeten Edelsteinen sind ein Aquamarin und sechs Smaragde.

BIENENKORBARTIGES DEKOR

WINZIGE PERLEN

⋏ VERGOLDETE SILBERSCHLIESSE
Augustinermönche verehrten Leo XIII. 1888 diese Schließe. In der Mitte, in Diamanten gesetzt, sein Name.

⋎ PALLIUMNADELN
Das Pallium wird mit drei Nadeln an der Kasel befestigt. Diese Stücke werden seit 1978 bei der Amtseinführung des Papstes benutzt.

< SCHLIESSE VON LEO XIII.
Diese mit Diamanten überzogene Schließe, ein Geschenk von Königin Maria Christina von Spanien, bekrönen eine Tiara und die gekreuzten Schlüssel, Insignien des Papsttums.

KREUZ- UND KRUMMSTÄBE

SYMBOLE DES HIRTENAMTS

Zu den Insignien eines Bischofs gehört auch der Hirtenstab. Er wird ihm gleichzeitig mit Ring und Mitra verliehen und gilt dabei nicht nur als ein weiteres Zeichen der bischöflichen Würde, sondern steht insbesondere für die Regierungsgewalt, die der Bischof in seiner Diözese innehat.

Der normale Bischofsstab ist ein Krummstab, so benannt nach dem als Krümme ausgeführten oberen Ende. Er reicht seinem Träger etwa bis zur Schulter, und ist spätestens seit dem 5. Jh. ikonografisch belegt. Die Form soll der echter Hirtenstäbe nachempfunden sein. Jesus Christus nannte sich selbst den guten Hirten und auch die Bischöfe, die als Nachfolger der Apostel gelten, und der Papst begreifen ihr Wirken als »Hirtenamt«. In Gegenwart des Papstes verzichten die anderen Bischöfe auf das Tragen ihrer Stäbe. Dem Papst vorbehalten ist der Kreuzstab, auch die Ferula genannt. Das ist ein gerader Stab, dessen Schaft in ein Kreuz oder Kruzifix mündet.

In der Vergangenheit wurden Kreuz- und Krummstäbe aus Gold oder Silber gefertigt und mit Juwelen besetzt. Die Krümme formte sich mit der Zeit zur Spirale aus und wurde besonders kunstvoll gestaltet.

PAPST LINUS

MARIAS HÄNDE

< STAB VON PIUS IX.
Dieser aus sechs Teilen bestehende, vergoldete Silberstab war ein Geschenk des Erzbischofs von Besançon von 1877. Er ist mit Email, Edelsteinen und Perlen verziert und wird bekrönt von einer Skulptur der Jungfrau Maria.

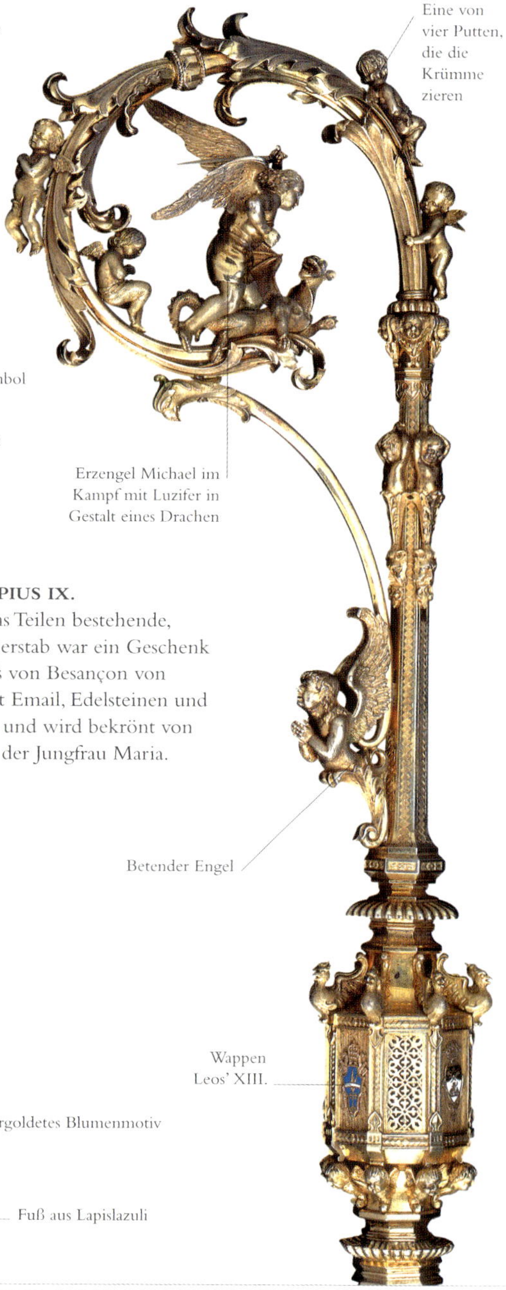

˅ KRUMMSTAB VON LEO XIII.
Diesen Stab mit vergoldeter Bronzekrümme erhielt der Papst von Dominikanern. Die mit Engeln verzierte Krümme zeigt im Zentrum den Luzifer bezwingenden Erzengel Michael.

CHRISTUSPROFIL

SEIL

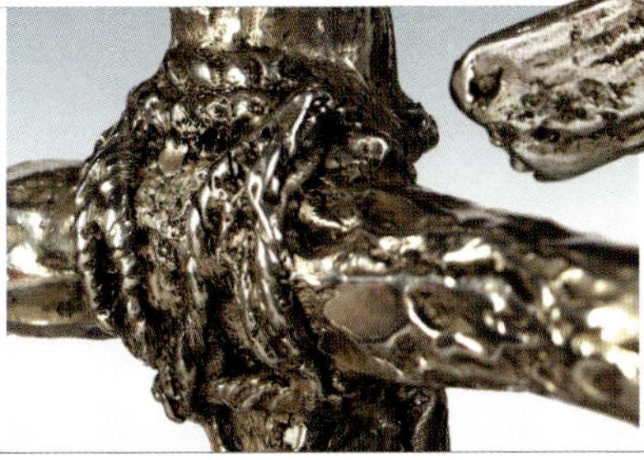

GESAMTANSICHT

› KREUZSTAB VON PAUL VI.
Kopie vom oberen Teil des Stabs, der 1974 von Lello Scorzelli für Paul VI. geschaffen wurde. Ausgestattet mit einem hohlen Schaft aus Titan und kleiner als das Original, ist die Kopie leichter zu tragen und wurde von Johannes Paul II. während seiner letzten 15 Lebensjahre verwendet.

MARIA MIT JESUSKIND

DER GUTE HIRTE

EVANGELIST MARKUS

‹ KRUMMSTAB, MITTE 19. JH.
Der Hirtenstab von Kardinal Karl-August Graf Reisach (1800–1869) besteht aus Elfenbeinauflagen um einen vergoldeten Schaft. Die Krümme erhebt sich aus vier kleinen, geschnitzten Halbplastiken der Heiligen Karl Borromäus, Korbinian und Benno von Bayern sowie Ruprecht von Salzburg.

VORTRAGEKREUZ VON PIUS IX.
Das Kruzifix ist versilbert, die Christusfigur und die Inschrift INRI für »Jesus von Nazareth, König der Juden« sind vergoldet. Unmittelbar über dem Schaft ist ein reich verzierter Aufsatz mit Nischen für zwölf vergoldete Apostelstatuetten.

In der Frühzeit der katholischen Kirche wurde das Kreuz als Zeichen der Niederlage gedeutet, zumal der Tod am Kreuz im Römischen Reich die Hinrichtungsmethode für gewöhnliche Verbrecher war. Daher wählte die Urkirche andere Symbole für ihren Glauben: den Anker zum Zeichen für Halt in den Stürmen des Lebens, den Fisch, griechisch *Ichthys* und damit Akronym für die griechische Formel »Jesus Christus, Gottes Sohn, Heiland« und den Leuchtturm in Erinnerung an Jesu Wort vom »Licht der Welt«. Mit der legendären Kreuzesvision Kaiser Konstantins jedoch, die ihm im Jahre 312 am Vorabend der Entscheidungsschlacht um die Herrschaft in Rom den Sieg verhieß, wurde für die Christen das Kreuz vom Symbol des Todes zum Symbol der Überwindung des Todes. Heute ist es das wichtigste und am meisten gebräuchliche Symbol des Glaubens an Jesus Christus als Sohn Gottes.

Das Vortragekreuz wird bei Prozessionen und beim festlichen Einzug zu Gottesdiensten vorangetragen. Dazu wird es auf einen schulterhohen Schaft aufgesetzt, brennende Kerzen und Weihrauch werden mitgetragen. Viele der Vortragekreuze im Besitz des Papstes sind als Kruzifixe gestaltet.

APOSTELFIGUREN

VERGOLDETE CHRISTUSFIGUR

VORTRAGEKREUZ VON PIUS IX.
Dieses Kreuz von 1868 wurde bei der Eröffnung des Ersten Vatikanischen Konzils am 8. Dezember 1869 benutzt.

VORTRAGEKREUZE

ANFÜHRUNG LITURGISCHER FEIERN

METALLORNAMENT

CHRISTUSKOPF (RÜCKSEITE)

APOSTELKOPF

VERGOLDETE KAPSEL

VORTRAGEKREUZ LEOS XIII. Dieses vergoldete Kreuz wurde Leo 1887 von Pariser Juwelieren verehrt. Seit Paul VI. wird das sogenannte »Papstkreuz« mit den drei Querbalken, die die drei Funktionen des Papstes als Bischof von Rom, Patriarch des Abendlandes und Nachfolger Petri symbolisieren, nur noch selten verwendet.

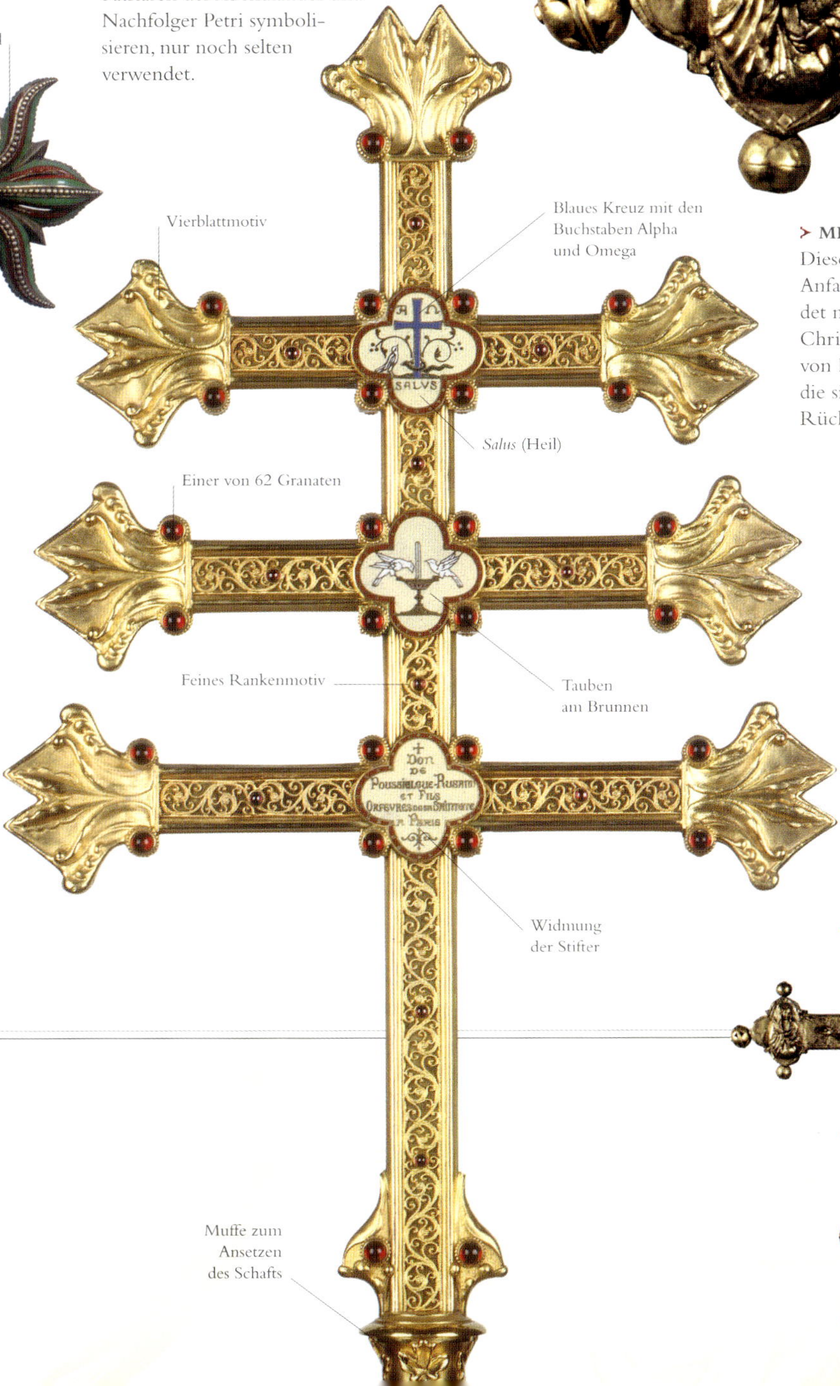

MITTELALTERLICHES KREUZ Dieses Kreuz vom Ende 14. oder Anfang des 15. Jh. ist aus Holz, verkleidet mit gehämmerten Metallstreifen. Christus als Zentralgestalt ist umgeben von Heiligen und anderen Figuren, die sich alle auch auf der Rückseite wiederfinden.

GESAMTANSICHT

WEIHRAUCHGEFÄSSE

FÄSSER UND SCHIFFCHEN

Die Verwendung von Weihrauch für kultische Zwecke ist seit Jahrtausenden verbreitet. Auch in den Tempeln der Juden wurde Weihrauch verbrannt, und unter den Urchristen wurde dieses Ritual bereits mit Beginn des Kirchenbaus im 4. Jh. gängige Praxis.

Das Weihrauchharz (Olibanum) wird von Weihrauchbäumen gewonnen und entwickelt beim Verschwelen einen aromatischen Rauch. Das Verschwelen erfolgt im Weihrauchfass oder Turibulum, einem zweiteiligen Metallgefäß, in dessen Unterteil sich die glühende Holzkohle und die Weihrauchkörner befinden. Durch den durchbrochen gearbeiteten Deckel steigt der wohlriechende Rauch auf. Damit er sich besser verteilt, wird das Fass an Ketten geschwenkt. In der katholischen Liturgie wird Weihrauch beim Einzug verwendet und zum Beweihräuchern (Inzensieren) des Altars, des Evangeliars, der eucharistischen Gaben wie auch der Priester und Gläubigen. Das Olibanum wird in einem besonderen Gefäß verwahrt, Schiffchen genannt, und mit einem dazugehörigen Löffel entnommen und zu der glühenden Kohle ins Weihrauchfass gelegt.

ASCHESCHALE
In diese silberne Schale wird die Asche für die Aschermittwochsmesse gefüllt. Die beiden Henkel ziert je ein Phönix, jenes Fabelwesen, das sich aus seiner eigenen Asche erhob.

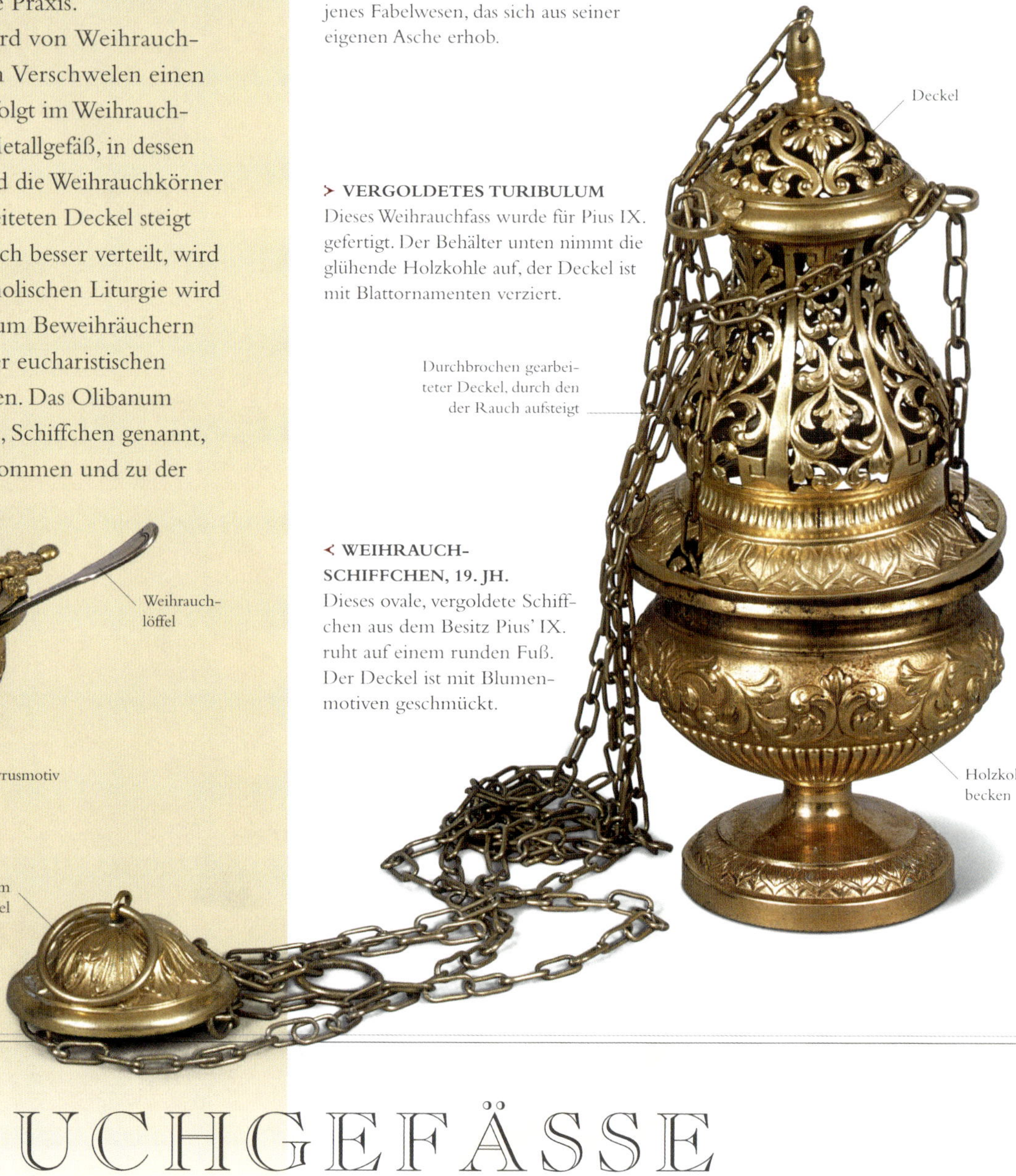

VERGOLDETES TURIBULUM
Dieses Weihrauchfass wurde für Pius IX. gefertigt. Der Behälter unten nimmt die glühende Holzkohle auf, der Deckel ist mit Blattornamenten verziert.

WEIHRAUCHSCHIFFCHEN, 19. JH.
Dieses ovale, vergoldete Schiffchen aus dem Besitz Pius' IX. ruht auf einem runden Fuß. Der Deckel ist mit Blumenmotiven geschmückt.

KETTENKLÜSE

BLATTORNAMENT

⋎ SILBERSCHIFFCHEN
Schiffchen und Turibulum *(links)* wurden Johannes Paul II. 1995 von Gläubigen aus Madrid geschenkt.

⋏ WEIHRAUCHFASS MIT SCHIFFCHEN
Turibulum und Schiffchen *(rechts)* aus spanischer Fertigung gehören zusammen und sind mit ähnlichen floralen Mustern gestaltet.

> SILBERNES TURIBULUM
Auch dieses Weihrauchfass aus dem 21. Jh. wird an einem Ring geschwenkt. Der Deckel ist wie das Fass mit Blattornamenten verziert.

TISCHKREUZE

DEVOTIONALIEN ZUR PERSÖNLICHEN ANDACHT

Der Legende nach fand Helena, die Mutter Kaiser Konstantins, auf einer Pilgerreise ins Heilige Land 325–327 das Kreuz, an dem Jesus gestorben sein soll. Sie ließ es freilegen und einen Teil nach Rom bringen, wo er seinen Platz in Helenas Kapelle im Kaiserpalast fand. Ein Vierteljahrhundert später berichtet der hl. Kyrill von Jerusalem (um 315–387) in seinen Katechesen von der Verehrung und Verbreitung der Kreuzpartikel: »Die Welt ist voller Reliquien vom Kreuz Christi.«

Im Mittelalter verbreitete sich die Verehrung des »Wahren Kreuzes Christi« weiter. Künstler malten, schnitzten und gossen Kreuze für Andachtsübungen. Die Kreuzfahrer, die aus dem Heiligen Land heimkehrten, brachten religiöse Andenken mit, und unter Mönchen und Nonnen wurde es üblich, ein Kreuz an einer Kette um den Hals zu tragen oder in ihrer Zelle aufzustellen bzw. aufzuhängen. Dieser Tradition übernahmen auch die Päpste. Es heißt, Alexander VII. habe im 16. Jh. neben sein Tischkreuz einen Totenkopf gestellt – zur ständigen Erinnerung an die eigene Sterblichkeit.

KREUZESINSCHRIFT

CHRISTUS

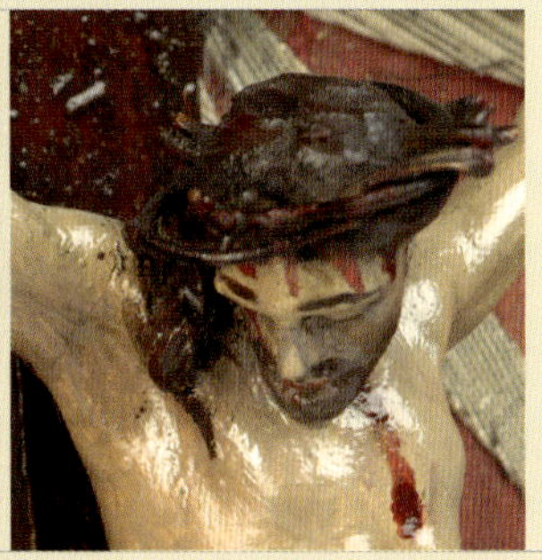

INRI steht für *Iesus Nazarenus Rex Iudaeorum*, Jesus von Nazareth, König der Juden.

Seidenunterlage mit eingewebten Sonnenstrahlen

Holzkästchen

< KREUZ VON PIUS VII.
Dieses Kreuz nahm der Papst 1809 mit in die Gefangenschaft nach Frankreich. Das Kruzifix ist auf einer Seidenunterlage fixiert.

Der Adler versinnbildlicht Johannes.

Der Löwe versinnbildlicht Markus.

Der Mensch mit Flügeln versinnbildlicht Matthäus.

V KREUZ JOHANNES PAULS II.
Dieses bronzene Tischkreuz des Bildhauers Enrico Manfrini stand im Arbeitszimmer des Papstes. Christus ist umgeben von den Evangelistensymbolen.

< TISCHKREUZ VON LEO XIII.
Dieses goldene Kreuz war ein Geschenk von Kaiser Franz Joseph I., 1887 überreicht. Es hat einen reich verzierten Fuß und ist mit Perlen und Edelsteinen geschmückt.

> TISCHKREUZ VON JOHANNES PAUL II.
Dieses Silberkreuz mit Email- und Edelsteineinlagen erhielt Papst Johannes Paul II. 1987 vom Patriarchen Demetrius I. geschenkt.

Kerzen haben in katholischen Kirchen seit jeher eine besondere Bedeutung. Seit dem Mittelalter erhellte ihr Licht den Kirchenraum. Es wurde üblich, zur Messe sechs Kerzen in besonderen Leuchtern auf dem Altar aufzustellen. War der Papst anwesend, wurde eine siebte dazugestellt.

Während der Renaissance waren die Altarleuchter meist aus Gold und Silber. Die Prälaten wurden mit einem Handleuchter an der Kirchentür in Empfang genommen und an ihren Platz geleitet. In der Nacht zum Ostersonntag entzünden die Katholiken die Osterkerze. Sie brennt während der ganzen Osterzeit bis Pfingsten. Darüber hinaus wird sie auch bei allen sakramentalen Feiern entzündet, um die Verbindung der Sakramente mit der Auferstehung Christi zu unterstreichen. In vielen Kirchen gibt es für die Osterkerze besonders kunstvoll gestaltete Osterleuchter. Zur Volksfrömmigkeit gehört es, dass zum Andenken an die Verstorbenen vor den Bildern der Heiligen und der Jungfrau Maria Kerzen entzündet werden.

Leuchter sind auch heute ein fester Bestandteil des Altargeräts. Sie werden zu beiden Seiten des Kruzifixes aufgestellt, um das Opfer Christi zu vergegenwärtigen.

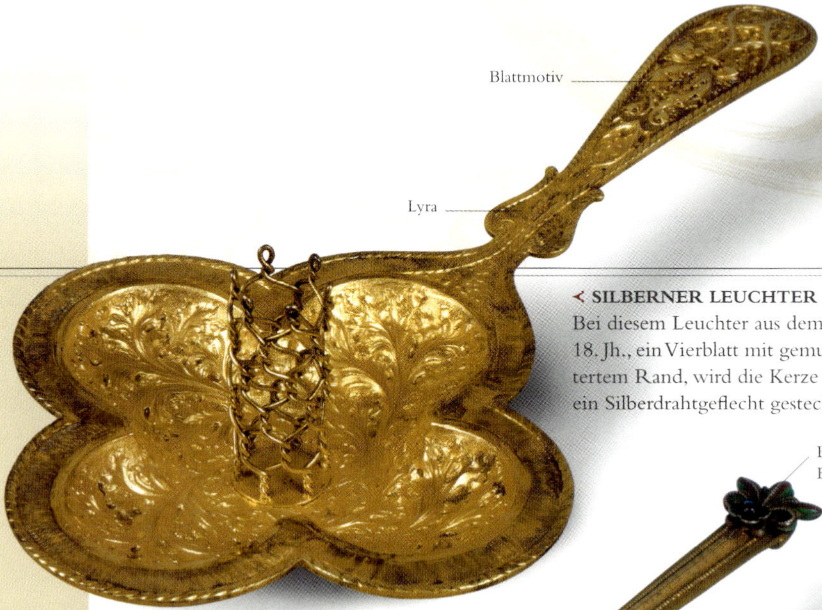

< SILBERNER LEUCHTER
Bei diesem Leuchter aus dem 18. Jh., ein Vierblatt mit gemustertem Rand, wird die Kerze in ein Silberdrahtgeflecht gesteckt.

< FRANZÖSISCHER HANDLEUCHTER
Dieser farbenprächtige Leuchter von Pius IX. stammt aus dem Jahr 1867. Der Stiel wird durch die Schnecke an der Unterseite stabilisiert.

WAPPEN LEOS XIII.

BÜSTE DES HL. JOHANNES

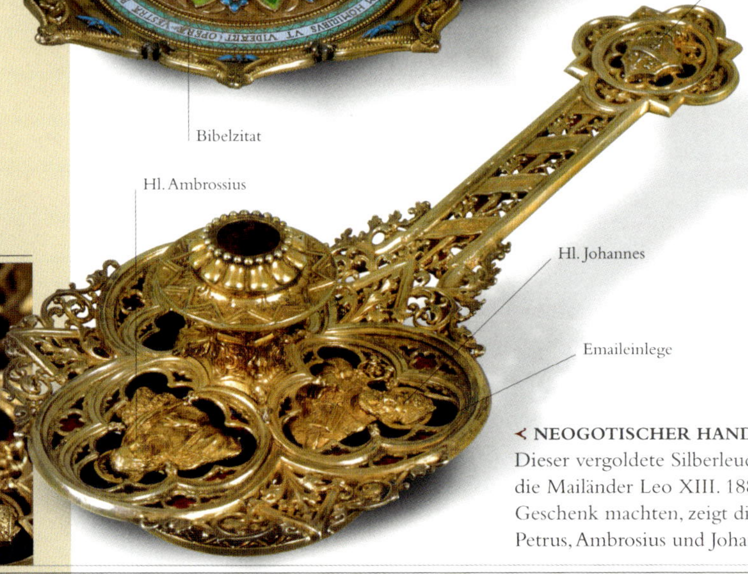

< NEOGOTISCHER HANDLEUCHTER
Dieser vergoldete Silberleuchter, den die Mailänder Leo XIII. 1887 zum Geschenk machten, zeigt die Heiligen Petrus, Ambrosius und Johannes.

KERZENHALTER

LEUCHTER UND ALTARGERÄT

CHRISTUS AM KREUZ

VERGOLDETE CHRISTUSFIGUR

HEILIGENFIGUREN

⋏ SILBERNES ALTARGERÄT
Zu diesem Satz aus dem 18. Jh. gehören sechs Leuchter und ein Kruzifix. Die Stücke stehen auf ausladenden dreibeinigen Füßen und haben schlanke Schäfte.

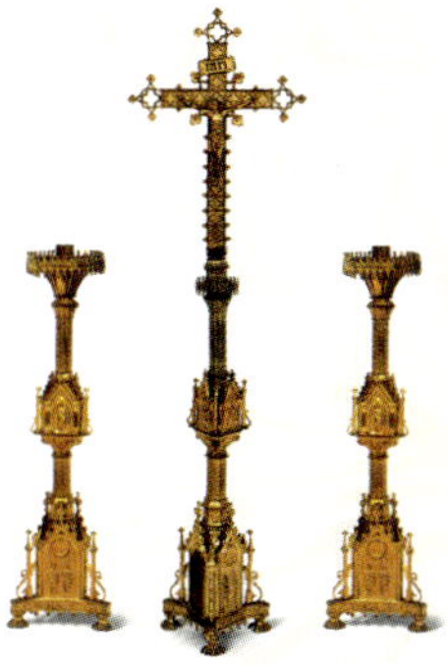

< ⋏ ALTARGERÄT VON LEO XIII.
Dieser Satz im neogotischen Stil besteht aus einem vergoldeten Metallkreuz und sechs Leuchtern. Jedes Stück hat einen mit Heiligenfiguren geschmückten dreibeinigen Fuß.

Der Friede spielt im christlichen wie im jüdischen Glauben eine zentrale Rolle. Das erste, an seine Apostel gerichtete Wort des auferstandenen Christus lautete: »Friede sei mit euch!« Dies ist auch das Grußwort des Bischofs zur Feier der Eucharistie.

In der Messe geht der Kommunion eine Vorbereitung voraus, zu der auch der Friedensgruß gehört. Der Priester wendet sich an die Gläubigen mit den Worten: »Der Friede des Herrn sei mit euch!« (*Pax domini vobiscum.*) An dieser Stelle war es früher üblich, dass die beteiligte Geistlichkeit einander ein Zeichen des Friedens gab, gewöhnlich eine Umarmung oder einen Kuss. Für betagte oder gebrechliche Geistliche, die sich nicht mehr von ihrem Platz erheben konnten, um daran teilzunehmen, wurde im 13. Jh. eine Kusstafel eingeführt, die der bzw. die zelebrierenden Geistlichen küssten und mit der der Friedenskuss liturgisch weitergegeben wurde. Aus der Bezeichnung *tabella pacis*, Tafel des Friedens, wurde, vom ersten Wort der lateinischen Formel abgeleitet, Paxtafel.

Die Paxtafel wurde ein liturgisches Gerät, das bis ins 18. Jh. bei Messen mit mehreren Konzelebranten in Gebrauch blieb. Heute ist es üblich, dass die Gottesdienstteilnehmer einander zum Zeichen des Friedens die Hand reichen.

EINGELEGTER TÜRKIS

EINGELEGTER GRANAT

PAXTAFELN

BILDTÄFELCHEN

< PAXTAFEL VON PIUS IX.
Diese silberne Tafel von 1873 zeigt die Abnahme Christi vom Kreuz. Das Relief ist in einen mit Türkisen und Granaten besetzten Rahmen im Stil der Renaissance eingesetzt.

∧ PAXTAFEL VON LEO XIII.
Diese Tafel aus vergoldetem Silber erhielt Leo XIII. 1887 von Kirchenjuristen geschenkt. Anlass war der 50. Jahrestag der Priesterweihe des Papstes.

KREUZABNAHME

KÖNIG DAVID

∧ PAXTAFEL VON LEO XIII.
Diese neogotische Tafel von 1887 zeigt Christus, wie er von Pilatus dem Volk gezeigt wird. In der Mitte unten das Papstwappen Leos XIII.

MONSTRANZEN

SCHAUGEFÄSSE FÜR DIE GEWEIHTE HOSTIE

Während der Heiligen Kommunion erhält der Katholik eine Hostie (Oblate aus ungesäuertem Mehlteig), die sich nach katholischem Glauben während der Wandlung in den Leib Christi verwandelt hat. Wer krankheitshalber nicht zum Kirchgang imstande ist, zu dem wird die Hostie gebracht. In einigen Klöstern entwickelte sich daraus der Brauch, konsekrierte Hostien für Kranke und Sterbende zurückzulegen. Außerdem wurde es in Frankreich und Italien seit dem 13. Jh. üblich, das Allerheiligste anzubeten und auf Prozessionen mitzuführen. Zu beiden Zwecken, aufbewahren und zeigen, wurde ein besonderes Gefäß geschaffen, die Monstranz.

In der Monstranz befindet sich die Hostie hinter Glas, im Zentrum eines leuchtenden Strahlenkranzes. Nach Beendigung der eucharistischen Anbetung entnimmt der Priester die Hostie wieder und legt sie in eine Hostiendose, Pyxis genannt, in der sie im Tabernakel, einem prachtvoll gestalteten Gehäuse beim Altar, aufbewahrt wird, bis zum Verzehr.

PUTTEN

< MONSTRANZ VON LEO XIII. Diese Monstranz erhielt Leo 1888. Das Mittelteil für die Hostie ist von Putten umringt, die Werkzeuge in den Händen halten, die für das Leiden Christi stehen.

v SONNENMONSTRANZ, 19. JH. An der Monstranz befinden sich zwei Tauben, Symbol für den Heiligen Geist, die auf Reben sitzen, die für den Weinstock stehen, als den Christus sich sah. Obenauf ein Kreuz.

PUTTENKOPF

SMARAGDE UND EIN RUBIN

GEFASSTER RUBIN

< MONTRANZ VON LEO XIII.
Die neogotische Monstranz, die der Papst 1887 von der Stadt Bologna erhielt, ist mit 161 Diamanten besetzt. Unter dem Strahlenkranz ein Schreinchen mit Statuetten der Heiligen Petronius, Dominikus, Franz und Florian.

> FRONLEICHNAMS-MONSTRANZ
Diese Monstranz wurde von Pius IX. bei der Fronleichnamsprozession von S. Giovanni in Laterano zu S. Maria Maggiore verwendet. Die Sonnenstrahlen tragen Rubine und rosa Diamanten.

GESAMTANSICHT

Die Messe erinnert an das letzte Abendmahl, das Jesus zusammen mit den Jüngern am Vorabend seines Todes feierte und bei dem er Brot und Wein in sein eigen Leib und Blut verwandelte. Nach dem Glauben der römisch-katholischen Kirche ist Jesus Christus auch in dem ungesäuerten Brot, das bei der Kommunion gereicht wird, gegenwärtig. Weil die Hostie (vom lateinischen *hostia* für Opfertier, Schlachtopfer) nach der Wandlung als der wahre Leib Christi gilt, wurde sie immer schon in besonderer Weise und in kostbarsten Behältnissen verwahrt.

Zur Aufbewahrung und zur Austeilung während der Messe dient meistens ein Ziborium, ein Kelch mit einem festen Deckel darauf. Der Priester kann die Hostie aber auch von einer Patene, einem flachen Teller, aus einer Pyxis, einer Hostiendose, oder aus einem Hostienkelch austeilen. Wenn sich der Priester nach dem Gottesdienst auf den Weg zur Krankenkommunion macht, werden die gewandelten Hostien üblicherweise in einer Pyxis transportiert. Die konsekrierten Hostien, die bei der Messe übrig bleiben, werden im Ziborium gesammelt und im Tabernakel aufbewahrt.

DECKEL

GOLDGEFASSTER RUBIN

< ZIBORIUM VON LEO XIII.
Leo erhielt dieses Ziborium 1887 von Mailänder Katholiken. Es ist mit Szenen der Passionsgeschichte gestaltet, wie sie auf vielen Ziborien zu finden sind.

∧ ZIBORIUM VON LEO XIII.
Das zentrale Medaillon auf diesem neogotischen Ziborium von 1887 zeigt das päpstliche Wappen, von zwei Putten gehalten. Der Deckel hat die Form einer stilisierten Krone.

ZIBORIEN

AUFBEWAHRUNG DER EUCHARISTISCHEN HOSTIE

FILIGRANWERK MIT PERLEN

GEFASSTER TÜRKIS

MEDAILLON MIT KREUZMOTIV

ZIBORIUM VON LEO XIII.
Katholiken aus Spanien überreichten dieses Ziborium 1887. Die Schale zieren vier erhabene und vier flache Medaillons, jeweils von Perlen umrandet. Deckel und Deckelkreuz sind mit Saphiren besetzt.

ZIBORIUM, ENDE 19. JH.
Dieses vergoldete Ziborium wurde Leo XIII. von einem Kardinal vermacht. Es ist mit Diamanten, Rubinen und Saphiren besetzt. Zentrales Motiv an der Schale ist eine Christus-Kamee.

ZIBORIUM VON PIUS IX.
Dieses Geschenk des Grafen Gabriele de Caix di Saint Aymour aus dem Jahr 1877 ist Teil eines Satzes, zu dem auch ein Kelch und zwei Messkännchen gehören.

GESAMTANSICHT

KELCHE

TRINKSCHALEN FÜR DEN EUCHARISTISCHEN WEIN

Der Kelch hat in der katholischen Kirche eine lange und bedeutungsvolle Geschichte. Seine Verwendung geht auf das letzte Abendmahl zurück, bei dem Jesus die Jünger aufforderte, zu seinem Gedächtnis Wein aus einem Kelch zu trinken. Nach römisch-katholischem Glauben wird aus dem Wein während der Wandlung das Blut Christi. So wird es den Gläubigen möglich, durch die Kommunion mit dem Auferstandenen in eine spirituelle Gemeinschaft zu treten. Das ist auch der Grund dafür, dass dieser Kelch von jeher so schön und kostbar wie möglich gestaltet wurde. Der Glaube machte aus schlichten Gebrauchsgegenständen Kunstwerke von höchstem Rang.

Die Grundform des Kelches besteht aus Schale, Schaft und Fuß. Auf halber Höhe des Schafts befindet sich oft ein Knauf, damit der Kelch sich besser fassen und halten lässt. Ergänzendes Gegenstück zum Kelch ist die Patene, ein flacher Teller, zum Brechen und Austeilen des Brotes. Auf dem Altar steht der Kelch auf einem Leinentuch, ein weiteres Leinen dient dazu, den Rand des Kelchs abzuwischen, ehe er weitergereicht wird. Während überzählige Hostien nach der Messe im Tabernakel verwahrt werden können, wird der Messwein immer ganz ausgetrunken.

PÄPSTLICHE INSIGNIEN

STATUETTEN DER EVANGELISTEN

˅ KELCH VON LEO XIII.
Diesen Kelch erhielt der Papst 1893 zum 50. Jahrestag seiner Bischofsweihe geschenkt. Der Schaft ist mit Szenen vom Leidensweg Christi geschmückt.

˂ KELCH VON LEO XIII.
Diesen Kelch erhielt der Papst 1887. Er ist mit Email gearbeitet und mit Saphiren besetzt. Den Schaft schmücken Statuetten der vier Evangelisten, der Fuß weist vier Medaillons mit den päpstlichen Insignien auf.

HL. MATTHÄUS

PERLENBESETZTER ENGELSKOPF

HL. JOSEPH MIT JESUS

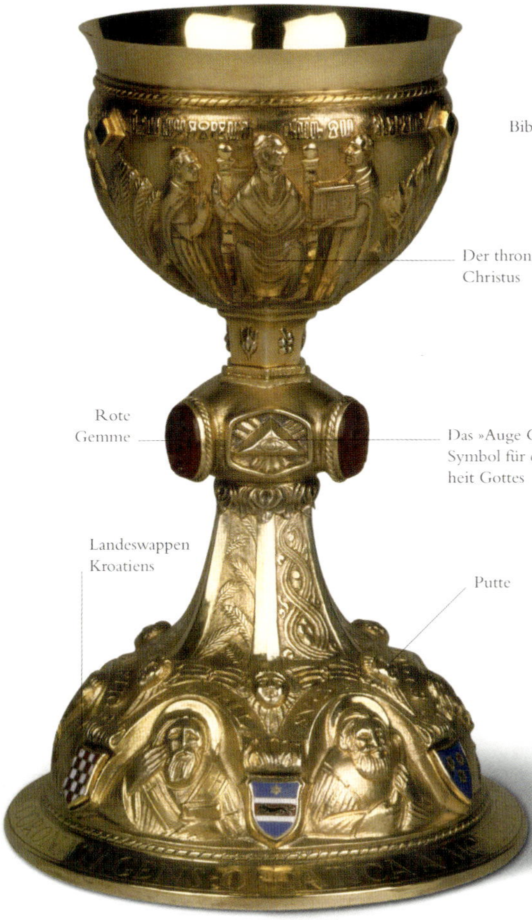

KELCH VON PIUS XI.
Dieser Kelch wurde Pius XI. 1925 geschenkt. Auf der Schale sieht man den von Engeln umgebenen Christus. Den Fuß zieren Bildnisse slawischer Heiliger zwischen verschiedenen Wappenschilden. Den Knauf schmücken drei große Gemmen.

KELCH VON PIUS IX.
Dieser vergoldete Kelch, 1867 Pius zum Geschenk gemacht, ist von zartem Filigranwerk mit blauen Emaileinschlüssen umsponnen. Den Fuß schmücken Statuetten von alttestamentarischen Gestalten: Melchisedek, Abraham und Abel.

KELCH VON PIUS IX.
Diesen Kelch erhielt Pius im Jahr 1877. Auf der Schale sind vier Medaillons mit Heiligenbildern. Der Knauf ist mit Jakobsmuscheln und Engeln geschmückt, der Fuß mit Bildnissen der Evangelisten.

MESSKÄNNCHEN

GEFÄSSE FÜR WASSER UND WEIN

FUSS DES KÄNNCHENS

FILIGRANWERK AM KANNENHALS

Bei der Heiligen Kommunion bringt ein Akolyth oder ein Ministrant auf einem Tablett zwei kleine Kännchen zum Altar, von denen eines den Messwein enthält, das andere Wasser, das dem Messwein beigemischt wird. Während der Gabenbereitung werden Wein und Wasser in den Abendmahlskelch gegossen.

Die Kännchen sind aus Glas oder auch aus edlen Metallen angefertigt, sie haben einen Deckel und eine Tülle. Sie sind unterschiedlich gestaltet, zum Beispiel kann das Weinkännchen mit Trauben, das Wasserkännchen mit Muschel- oder Brunnenmotiven versehen sein. Mitunter wird während der Messe durch das Läuten von Glocken *(S. 304–305)* auf die Eucharistie hingewiesen, weshalb sich manchmal ein solches bei dem Paar Messkännchen befindet. Früher war es bei einem Pontifikalhochamt, zelebriert von einem Bischof oder Papst, üblich, dass der oder die Zelebranten für die Kelchkommunion ein Saugröhrchen (lateinisch *fistula*) verwendeten. Das verhinderte ein Verschütten des Weins und diente der Hygiene. In der römisch-katholischen Kirche kam die Fistula außer Gebrauch, in den orthodoxen Kirchen wird sie weiterhin verwendet.

MESSKÄNNCHEN LEOS XIII. Diese Kännchen aus dem Jahr 1878 stehen auf einem Tablett mit Papstwappen. Den Wasserkrug zieren Emailmedaillons der Propheten Ezechiel und Daniel, auf dem Weinkännchen sind Jesaja und Jeremia abgebildet.

VERGOLDETE SILBERFISTULA Bis zu des Reformen des Zweiten Vatikanischen Konzils in den 1960er-Jahren trank der Papst den Messwein mithilfe dieses vergoldeten Silberröhrchens aus dem Kelch. Die beiden äußeren Röhrchen der Fistula sind blind.

GEMME AUF DEM DECKEL

MESSKÄNNCHEN-GARNITUR VON PIUS IX.
Kännchen, Glocke und Tablett wurden 1854 gefertigt. Das Weinkännchen schmückt eine Szene von der Hochzeit zu Kana, das Wasserkännchen zeigt Moses, wie er aus dem Felsen Wasser schlägt. Die Glocke ist mit Blättern und Muscheln verziert.

MESSKÄNNCHEN-GARNITUR
Diese Messkännchen für Wein und Wasser wurden Ende des 19. Jh. angefertigt. Sie sind im Stil Zierkrügen der römischen Antike nachempfunden. Zur Garnitur gehören ein ovales Tablett und eine Handglocke mit Engelsfigur *(Mitte)*.

Glocken werden bereits seit Jahrtausenden sowohl bei kultischen Handlungen wie auch zu profanen Zwecken als Signalgeber genutzt. Spätestens im 6. Jh. begann der kirchliche Glockengebrauch, und seit dem 8. Jh. wurden neben den Kirchen Türme errichtet und große Glocken aus Bronze darin aufgehängt.

Für alle, die der lateinischen Sprache nicht mächtig waren, hatte die Glocke im Rahmen der Liturgie eine ganz praktische Funktion – nicht nur im Mittelalter, schließlich wurden bis Anfang der 1970er-Jahre Messen ausschließlich in Latein gehalten. Es wurde zu verschiedenen Zeitpunkten geläutet, um die Gläubigen auf das, was gerade am Altar geschah, aufmerksam zu machen: Glockenläuten zeigte an, wann die Gemeinde zu knien, wann sie sich zu erheben hatte, wann der Priester die Einsetzungsworte zum Abendmahl sprach und wann er die Hostie (das Brot, das als Leib des auferstandenen Jesus verehrt wird) und den Kelch mit dem (als Blut Christi verehrten) Wein für alle sichtbar in die Höhe hielt. In kleinen Kirchen hielt man zumeist ein einzelnes Glöckchen für ausreichend, in größeren Kirchen wurde dazu oft ein ganzes Geläut mit kräftigerem Schall verwendet.

⌃ VERGOLDETES GLÖCKCHEN
Diese Glocke aus dem 20. Jh. ist mit Blumen und Akanthusblättern geschmückt, einem Ornament aus der Antike. Sie ist dreigeteilt und besitzt einen ungewöhnlich geschwungenen Griff.

BLUMENORNAMENT

< SILBERGLÖCKCHEN
Dieses kunstvolle Glöckchen stammt aus Istanbul, Türkei, wo es in der orthodoxen Liturgie benutzt wurde. Oberhirten der griechisch-orthodoxen Kirche schenkten es Johannes Paul II.

GLOCKEN

ANKÜNDIGUNGSZEICHEN WÄHREND DER LITURGIE

GEISSELUNG CHRISTI

LAPISLAZULI AM STATUETTENFUSS

MARIENKOPF

› GLOCKE, 19. JH.
Der Stiel des Silberglöckchens aus der ersten Hälfte des 19. Jh. ist mit Edelsteinen besetzt und mit einer Marienstatuette bekrönt. Der Glockenmantel ist mit vier Porzellanmedaillons geschmückt: Szenen aus dem Leben Christi und Mariens.

˄ VIERERENSEMBLE
Bei diesem Handgeläut (um 1900) hängen mehrere Glocken an einem stilisierten Obstspalier. Der Griff ist mit einem Blattmuster geschmückt.

In vielen Religionen gilt das Wasser als ein Symbol des Lebens, ganz besonders im Christentum. Immer wieder spielt das Wasser in der Bibel eine Rolle: Am Anfang schuf Gott das Wasser, Jesus wird im Jordan getauft, Jesus verwandelt Wasser in Wein.

Von größter Bedeutung in der Liturgie ist das Wasser bei dem wichtigsten Ritus im Christentum: dem Sakrament der Taufe, durch das der Christ in die Gemeinschaft der Gläubigen aufgenommen wird. In früheren Jahrhunderten war es üblich, die Taufe nur in der Osternacht zu spenden, heutzutage kann eine Taufe an jedem beliebigen Tag gefeiert werden. Bei der Taufzeremonie gießt der Priester dem Täufling aus einem besonderen Gefäß, zum Beispiel in Muschelform, Wasser über den Kopf, um ihn vor dem Eintritt in die Kirche zu »reinigen«. Ebenfalls zur Liturgie gehört die Segnung mit geweihtem Wasser. Dazu dient ein Weihwasserwedel, das Aspergill, mit dem der Priester die Gläubigen besprengt, nachdem er ihn in einen Weihwasserbehälter, das Aspersorium, getaucht hat. Weihwasserbecken, die an der Wand neben der Eingangstür angebracht sind, findet man nicht nur in der Kirche, sondern, in kleinerer Form, auch in Privathäusern.

PUTTEN

VERGOLDETE MUSCHEL
Dieser muschelförmige Weihwasserbehälter von Kardinal Giovanni Simeoni wurde von Johannes Paul II. benutzt und dient nun Papst Benedikt XVI.

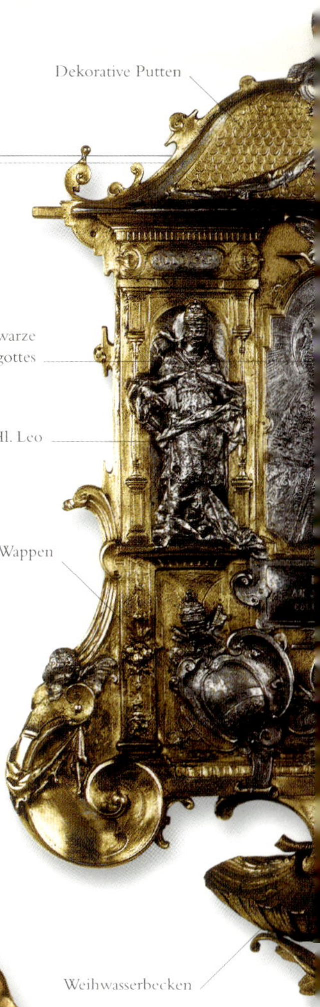

WEIHWASSERBEHÄLTER

WEIHWASSERGEFÄSSE UND -BECKEN

HEILIGENFIGUR

LÖWENHAUPT

CHRISTUSFIGUR

< WEIHWASSERBECKEN
Geschenk des polnischen Kollegs in Rom für Leo XIII. von 1887. Im Zentrum ein Relief der Schwarzen Muttergottes von Tschenstochau, flankiert von den Heiligen Leo und Petrus Canisius.

GESAMTANSICHT

< SILBERNES ASPERSORIUM
Der Weihwasserbehälter von Kardinal Raffaele Fornari (1787–1854) steht auf einem runden Fuß und trägt das Wappen von Pius IX.

˅ ASPERSORIUM VON PIUS IX.
Dieses vergoldete Aspersorium von 1858 ist mit Heiligenfiguren und einer Christusgestalt geschmückt. In den hohlen Griff des zugehörigen Aspergills sind Gitterornamente gefräst.

MESSBÜCHER

TEXTBÜCHER ZUR FEIER DER HEILIGEN MESSE

Die Gebete, die während einer Messe gesprochen werden, gehen auf die mündliche Überlieferung der Urkirche zurück. Im Laufe der Jahrhunderte wurden sie verbindlich formuliert und niedergeschrieben. Schon im 6. Jh. wurden die Messgebete gesammelt und in einem Buch aufgezeichnet. Diese Bücher bezeichnet man heute als Messbücher oder Missalien. Neben den Gebeten enthalten sie auch alles Übrige, was während der Messe gesprochen oder gesungen wird.

Die ältesten Messbücher sind in Leder gebundene Handschriften auf Pergament, das aus Tierhäuten hergestellt wurde. Manche Buchdeckel zierten Juwelen. Mit der Erfindung des Buchdrucks Mitte des 15. Jh. wurde es möglich, Messbücher einfacher und in hoher Auflage herzustellen. Die Einbände aber blieben prachtvolle Kunstwerke.

Bis zur Liturgiereform des Zweiten Vatikanischen Konzils (1962–1965) wurden die Messe und die übrigen Sakramente in lateinischer Sprache gefeiert. Nach Inkrafttreten der Reform wurden unter Paul VI. neue Mess- und Gebetbücher herausgegeben, zum ersten Mal in Landes- oder Volkssprachen verfasst. Mittlerweile sind in vielen Sprachen Ausgaben zu haben.

INITIALE MIT MINIATUR

LAMM GOTTES

GERAHMTE MESSETEXTE VON LEO XIII. Bis zum Zweiten Vatikanischen Konzil wurden die Texte der lateinischen Messe gerahmt auf dem Altar platziert. Diese Texte wurden Leo XIII. 1888 geschenkt.

⋏ MESSBUCH VON LEO XIII.
Dieses Messbuch aus dem Jahr 1882 war ein Geschenk für Leo XIII. Die vier Emaileinlagen zeigen die Evangelisten und ihre Symbole (im Uhrzeigersinn): Johannes (Adler), Lukas (Stier), Matthäus (Mensch mit Flügeln) und Markus (Löwe).

GESAMTANSICHT

> MESSBUCH VON JOHANNES PAUL II.
Ein Geschenk polnischer und ungarischer Priester zur Papstvisite in Polen und Ungarn, 1991. Der Text ist italienisch, der Buchdeckel abnehmbar.

> BUCHSTÄNDER VON LEO XIII.
Dieser neogotische rechteckige Buchständer aus dem Jahr 1888 hat einen mit Edelsteinen und Email besetzten, filigranen Fuß. Das bewegliche Pult lässt sich steiler oder flacher stellen.

HAMMER UND KELLE

ÖFFNEN UND VERSCHLIESSEN DER HEILIGEN PFORTE

BLÜTENRELIEF

WAPPEN LEOS XIII.

Seit dem frühen 14. Jh. wird in Rom alle 25 Jahre ein sogenanntes Jubeljahr bzw. Heiliges Jahr gefeiert. Die Tradition wurde 1300 von Bonifatius VIII. eingeführt, und Tausende von Pilgern strömen zu diesem Anlass nach Rom, um an den Gräbern der Apostel Petrus und Paulus zu beten. Das Heilige Jahr wird gewöhnlich am Heiligen Abend durch den Papst eröffnet, indem er feierlich die Heilige Pforte im Petersdom öffnet, die sonst immer verschlossen ist. Weitere Heilige Pforten werden in den anderen Patriachalkirchen Roms, S. Giovanni in Laterano, S. Maria Maggiore und St. Paul vor den Mauern, geöffnet. Die Heilige Pforte hat symbolische Bedeutung: Jesus verglich sich selbst mit einer Pforte, die zu Gott führe. Den Pilgern, die die Heiligen Pforten durchschreiten, wird Vergebung ihrer Sünden gewährt.

Am Ende des Jubeljahres schließt der Papst die Pforte für die nächsten 25 Jahre wieder. Das Ritual hat sich über die Jahrhunderte nicht wesentlich verändert, doch der Hammer, mit dem an die Mauer geklopft wird, die den Zutritt zur Heiligen Pforte versperrt, und die Kelle, mit der der Mörtel auf die Ziegel aufgetragen wird, mit denen sie schließlich wieder vermauert wird, wurden am Dreikönigstag 2001, an dem das letzte Heilige Jahr zu Ende ging, von Papst Johannes Paul II. nicht mehr benutzt.

KELLE VON LEO XIII.
Diese Kelle wurde 1900 zum Vermauern der Heiligen Pforte genutzt: Der Papst tauchte sie zeremoniell in Mörtel und trug diesen auf die Türschwelle auf.

HEILIGE PFORTE IN ST. PETER
Die Heilige Pforte in vergoldeter Bronze im Petersdom bleibt vermauert bis 2025, dem nächsten Jubeljahr. In der Mauer ist ein Hohlraum, der ein Kästchen enthält, in das die Verkündigungsbulle zum vergangenen Jubeljahr hineingelegt wurde. Das Mosaik über der Pforte wurde 1675 auf Veranlassung von Papst Klemens X. angebracht.

HEILIG-JAHR-KÄSTCHEN
Dieses Kästchen wird ins Mauerwerk eingelassen, wenn die Heilige Pforte wieder verschlossen wird. Es enthält die Verkündigungsbulle des letzten Heiligen Jahres, Papstporträts und die Schlüssel zur Heiligen Pforte.

HAMMER AUS BRONZE
Dieser Hammer ist eine Kopie des Originals, mit dem am Heiligen Abend 1974 die Heilige Pforte geöffnet wurde.

GEDENKSTEIN
Am Ende des Jubeljahrs 1975 wurden beim Vermauern der Heiligen Pforten in den vier Patriachalbasiliken diese Gedenksteine eingearbeitet.

KELLE PAULS VI.
Diese Bronzekelle ist eine Kopie des Originals in Silber, das im Petersdom verwahrt wird. Mit ihr verschloss der Papst am Ende des Jubeljahrs 1975 die Heilige Pforte.

VERSCHLIESSEN DER HEILIGEN PFORTE
Am 6. Januar 2001 schloss Johannes Paul II. die Heilige Pforte in der Petersbasilika: eine symbolische Handlung zum Ende des Jubeljahrs 2000.

CHRONOLOGIE DER PÄPSTE

1 PETRUS (HL.) *32–67*
2 LINUS (HL.) *67–76*
3 ANAKLET (HL.) *76–88*
4 KLEMENS I. (HL.) *88–97*
5 EVARISTUS (HL.) *97–105*
6 ALEXANDER I. (HL.) *105–115*
7 SIXTUS I. (HL.) *115–125*
8 TELESPHORUS (HL.) *125–136*
9 HYGINUS (HL.) *136–140*
10 PIUS I. (HL.) *140–155*
11 ANICETUS (HL.) *155–166*
12 SOTER (HL.) *166–175*
13 ELEUTHERUS (HL.) *175–189*
14 VIKTOR I. (HL.) *189–199*
15 ZEPHYRINUS (HL.) *199–217*
16 CALIXTUS I. (HL.) *217–222*
17 URBAN I. (HL.) *222–230*
18 PONTIANUS (HL.) *230–235*
19 ANTERUS (HL.) *235–236*
20 FABIAN (HL.) *236–250*
21 CORNELIUS (HL.) *251–253*
22 LUCIUS I. (HL.) *253–254*
23 STEPHAN I. (HL.) *254–257*
24 SIXTUS II. (HL.) *257–258*
25 DIONYSIUS (HL.) *260–268*
26 FELIX I. (HL.) *269–274*
27 EUTYCHIANUS (HL.) *275–283*
28 CAIUS (HL.) *283–296*
29 MARCELLINUS (HL.) *296–304*
30 MARCELLUS I. (HL.) *308–309*
31 EUSEBIUS (HL.) *309 ODER 310*
32 MILTIADES (HL.) *311–314*
33 SILVESTER I. (HL.) *314–335*
34 MARKUS (HL.) *336*
35 JULIUS I. (HL.) *337–352*
36 LIBERIUS *352–366*
37 DAMASUS I. (HL.) *366–384*
38 SIRICIUS (HL.) *384–399*
39 ANASTASIUS I. (HL.) *399–401*
40 INNOZENZ I. (HL.) *401–417*
41 ZOSIMUS (HL.) *417–418*
42 BONIFATIUS I. (HL.) *418–422*
43 CÖLESTIN I. (HL.) *422–432*
44 SIXTUS III. (HL.) *432–440*
45 LEO I. (HL.) *440–461*
46 HILARIUS (HL.) *461–468*
47 SIMPLICIUS (HL.) *468–483*
48 FELIX II. (III.) (HL.) *483–492*
49 GELASIUS I. (HL.) *492–496*
50 ANASTASIUS II. *496–498*
51 SYMMACHUS (HL.) *498–514*
52 HORMISDAS (HL.) *514–523*
53 JOHANNES I. (HL.) *523–526*
54 FELIX III. (VI.) (HL.) *526–530*
55 BONIFATIUS II. *530–532*
56 JOHANNES II. *533–535*
57 AGAPETUS I. (HL.) *535–536*
58 SILVERIUS (HL.) *536–537*
59 VIGILIUS *537–555*
60 PELAGIUS I. *556–561*
61 JOHANNES III. *561–574*
62 BENEDIKT I. *575–579*
63 PELAGIUS II. *579–590*
64 GREGOR I. (HL.) *590–604*
65 SABINIANUS *604–606*
66 BONIFATIUS III. *607*
67 BONIFATIUS IV. (HL.) *608–615*
68 ADEODATUS I. *615–618*
69 BONIFATIUS V. *619–625*
70 HONORIUS I *625–638*
71 SEVERINUS *640*
72 JOHANNES IV. *640–642*
73 THEODOR I. *642–649*
74 MARTIN I. (HL.) *649–655*
75 EUGEN I. (HL.) *654–657*
76 VITALIAN (HL.) *657–672*
77 ADEODATUS II. *672–676*
78 DONUS *676–678*
79 AGATHO (HL.) *678–681*
80 LEO II. (HL.) *682–683*
81 BENEDIKT II. (HL.) *684–685*
82 JOHANNES V. *685–686*
83 KONON *686–687*
84 SERGIUS I. (HL.) *687–701*
85 JOHANNES VI. *701–705*
86 JOHANNES VII. *705–707*
87 SISINNIUS *708*
88 KONSTANTIN I. *708–715*
89 GREGOR II. (HL.) *715–731*
90 GREGOR III. (HL.) *731–741*
91 ZACHARIAS (HL.) *741–752*
92 STEPHAN II. (III.) *752–757*
93 PAUL I. (HL.) *757–767*
94 STEPHAN III. *767–772*
95 HADRIAN I. *772–795*
96 LEO III. (HL.) *795–816*
97 STEPHAN IV. *816–817*
98 PASCHALIS I. (HL.) *817–824*
99 EUGEN II. *824–827*
100 VALENTIN *827*
101 GREGOR IV. *828–844*
102 SERGIUS II. *844–847*
103 LEO IV. (HL.) *847–855*
104 BENEDIKT III. *855–858*
105 NIKOLAUS I. (HL.) *858–867*
106 HADRIAN II. *867–872*
107 JOHANNES VIII. *872–882*
108 MARINUS I. *882–884*
109 HADRIAN III. (HL.) *884–885*
110 STEPHAN V. *885–891*
111 FORMOSUS *891–896*
112 BONIFATIUS VI. *896*
113 STEPHAN VI. *896–897*
114 ROMANUS *897*
115 THEODOR II. *897*
116 JOHANNES IX. *898–900*
117 BENEDIKT IV. *900–903*
118 LEO V. *903*
119 SERGIUS III. *904–911*
120 ANASTASIUS III. *911–913*
121 LANDO *913–914*
122 JOHANNES X. *914–928*
123 LEO VI. *928*

124 STEPHAN VII. *929–931*
125 JOHANNES XI. *931–935*
126 LEO VII. *936–939*
127 STEPHAN VIII. *939–942*
128 MARINUS II. *942–946*
129 AGAPETUS II. *946–955*
130 JOHANNES XII. *955–963*
131 LEO VIII. *963–964*
132 BENEDIKT V. *964*
133 JOHANNES XIII. *965–972*
134 BENEDIKT VI. *973–974*
135 BENEDIKT VII. *974–983*
136 JOHANNES XIV. *983–984*
137 JOHANNES XV. *985–996*
138 GREGOR V. *996–999*
139 SILVESTER II. *999–1003*
140 JOHANNES XVII. *1003*
141 JOHANNES XVIII. *1003–1009*
142 SERGIUS IV. *1009–1012*
143 BENEDIKT VIII. *1012–1024*
144 JOHANNES XIX. *1024–1032*
145 BENEDIKT IX. *1032–1045*
146 SILVESTER III. *1045*
147 BENEDIKT IX. *1045*
148 GREGOR VI. *1045–1046*
149 KLEMENS II. *1046–1047*
150 BENEDIKT IX. *1047–1048*
151 DAMASUS II. *1048*
152 LEO IX. (HL.) *1049–1054*
153 VIKTOR II. *1055–1057*
154 STEPHAN IX. *1057–1058*
155 NIKOLAUS II. *1058–1061*
156 ALEXANDER II. *1061–1073*
157 GREGOR VII. (HL.) *1073–1085*
158 VIKTOR III. (SL.) *1086–1087*
159 URBAN II. (SL.) *1088–1099*
160 PASCHALIS II. *1099–1118*
161 GELASIUS II. *1118–1119*
162 CALIXTUS II. *1119–1124*
163 HONORIUS II. *1124–1130*
164 INNOZENZ II. *1130–1143*
165 CÖLESTIN II. *1143–1144*
166 LUCIUS II. *1144–1145*
167 EUGEN III. (SL.) *1145–1153*
168 ANASTASIUS IV. *1153–1154*
169 HADRIAN IV. *1154–1159*
170 ALEXANDER III. *1159–1181*
171 LUCIUS III. *1181–1185*
172 URBAN III. *1185–1187*
173 GREGOR VIII. *1187*
174 KLEMENS III. *1187–1191*
175 CÖLESTIN III. *1191–1198*
176 INNOZENZ III. *1198–1216*
177 HONORIUS III. *1216–1227*
178 GREGOR IX. *1227–1241*
179 CÖLESTIN IV. *1241*
180 INNOZENZ IV. *1243–1254*
181 ALEXANDER IV. *1254–1261*
182 URBAN IV. *1261–1264*
183 KLEMENS IV. *1265–1268*
184 GREGOR X. (SL.) *1271–1276*
185 INNOZENZ V. (SL.) *1276*
186 HADRIAN V. *1276*
187 JOHANNES XXI. *1276–1277*
188 NIKOLAUS III. *1277–1280*
189 MARTIN IV. *1281–1285*
190 HONORIUS IV. *1285–1287*
191 NIKOLAUS IV. *1288–1292*
192 CÖLESTIN V. (HL.) *1294*
193 BONIFATIUS VIII. *1294–1303*
194 BENEDIKT XI. (SL.) *1303–1304*
195 KLEMENS V. *1305–1314*
196 JOHANNES XXII. *1316–1334*
197 BENEDIKT XII. *1334–1342*
198 KLEMENS VI. *1342–1352*
199 INNOZENZ VI. *1352–1362*
200 URBAN V. (SL.) *1362–1370*
201 GREGOR XI. *1370–1378*
202 URBAN VI. *1378–1389*
203 BONIFATIUS IX. *1389–1404*
204 INNOZENZ VII. *1404–1406*
205 GREGOR XII. *1406–1415*
206 MARTIN V. *1417–1431*
207 EUGEN IV. *1431–1447*
208 NIKOLAUS V. *1447–1455*
209 CALIXTUS III. *1455–1458*
210 PIUS II. *1458–1464*
211 PAUL II. *1464–1471*
212 SIXTUS IV. *1471–1484*
213 INNOZENZ VIII. *1484–1492*
214 ALEXANDER VI. *1492–1503*
215 PIUS III. *1503*
216 JULIUS II. *1503–1513*
217 LEO X. *1513–1521*
218 HADRIAN VI. *1522–1523*
219 KLEMENS VII. *1523–1534*
220 PAUL III. *1534–1549*
221 JULIUS III. *1550–1555*
222 MARCELLUS II. *1555*
223 PAUL IV. *1555–1559*
224 PIUS IV. *1559–1565*
225 PIUS V. (HL.) *1566–1572*
226 GREGOR XIII. *1572–1585*
227 SIXTUS V. *1585–1590*
228 URBAN VII. *1590*
229 GREGOR XIV. *1590–1591*
230 INNOZENZ IX. *1591*
231 KLEMENS VIII. *1592–1605*
232 LEO XI. *1605*
233 PAUL V. *1605–1621*
234 GREGOR XV. *1621–1623*
235 URBAN VIII. *1623–1644*
236 INNOZENZ X. *1644–1655*
237 ALEXANDER VII. *1655–1667*
238 KLEMENS IX. *1667–1669*
239 KLEMENS X. *1670–1676*
240 INNOZENZ XI. (SL.) *1676–1689*
241 ALEXANDER VIII. *1689–1691*
242 INNOZENZ XII. *1691–1700*
243 KLEMENS XI. *1700–1721*
244 INNOZENZ XIII. *1721–1724*
245 BENEDIKT XIII. *1724–1730*
246 KLEMENS XII. *1730–1740*
247 BENEDIKT XIV. *1740–1758*
248 KLEMENS XIII. *1758–1769*
249 KLEMENS XIV. *1769–1774*
250 PIUS VI. *1775–1799*
251 PIUS VII. *1800–1823*
252 LEO XII. *1823–1829*
253 PIUS VIII. *1829–1830*
254 GREGOR XVI. *1831–1846*
255 PIUS IX. (SL.) *1846–1878*
256 LEO XIII. *1878–1903*
257 PIUS X. (HL.) *1903–1914*
258 BENEDIKT XV. *1914–1922*
259 PIUS XI. *1922–1939*
260 PIUS XII. *1939–1958*
261 JOHANNES XXIII. (SL.) *1958–1963*
262 PAUL VI. *1963–1978*
263 JOHANNES PAUL I. *1978*
264 JOHANNES PAUL II. *1978–2005*
265 BENEDIKT XVI. *SEIT 2005*

GLOSSAR

AKOLYTH Ursprünglich ein Amt der niederen Weihen, heute ein Laie, der besondere liturgische Dienste zu verrichten hat, z.B. als Kerzenträger bei Prozessionen oder bei der Verlesung des Evangeliums bei der Messe.

ALTAR Tisch im Sanktuarium der Kirche, an dem die Messe gefeiert wird.

ANGELUS Lateinisch für Engel. Auch »Engel des Herrn«, nach den Anfangsworten. Das Gebet hat seinen Ursprung im 12. Jh. und erinnert an Marias Begegnung mit dem Erzengel Gabriel, der ihr verkündet, dass sie zur Mutter Christi ausersehen ist. Der Papst betet das Angelusgebet jeden Sonntagmittag gemeinsam mit vielen Gläubigen auf dem Petersplatz.

APOSTOLISCHER PALAST Residenz des Papstes im Vatikan.

APSIS Halbkreisförmiger Raum hinter dem Altar, bisweilen mit Kuppel. Bauelement altrömischer Basiliken, das für die frühchristlichen Kirchen übernommen wurde.

BASILIKA Repräsentatives Gebäude im antiken Rom, das als Versammlungsort für Gerichtsverhandlungen oder als überdachter Markt diente. Die Basilika wurde das architektonische Vorbild für die frühchristlichen Kirchen.

BISCHOF Von griechisch *episkopos*, Aufseher. Die Bischöfe gelten als Nachfolger der Apostel, der zwölf Jünger Jesu.

BYZANTINISCHES REICH Auch oströmisches Reich. Hervorgegangen aus der Teilung des Römischen Reiches in Ost- und Westreich. Bestand 1000 Jahre länger als das Westreich und wurde 1453 von den Osmanen erobert.

BULLE, PÄPSTLICHE Päpstlicher Erlass in Form einer besiegelten Urkunde. Der Name ist von dem Bleisiegel, lateinisch *bulla*, hergeleitet, mit dem die Dokumente besiegelt wurden.

DIAKON Griechisch für Diener. Ordinierter Geistlicher, eine Stufe unter dem Priester. Nach der Bibel ernannten die Apostel sieben Diakone, die sich der Witwen, Waisen und Armen annehmen sollten.

DIÖZESE Bischöflicher Amtsbezirk. Die päpstliche Diözese ist das Bistum Rom.

DOKTRIN Von offiziellen Vertretern der Kirche aufgestellter Lehrsatz.

DOGMA Verbindlicher Glaubenssatz, vom Papst verkündet.

ENZYKLIKA Rundschreiben des Papstes an die gesamte Kirche, in dem er sich mit Gegenständen der Glaubens- und Sittenlehre befasst. Die lateinischen Anfangsworte bilden den Titel der Enzyklika.

ERZBISCHOF Bischof in hervorgehobener Stellung.

EUCHARISTIE Handlung im Gottesdienst, auch als Messopfer bezeichnet. In Erinnerung an das letzte Abendmahl und zum Gedächtnis an Christi Tod werden durch Konsekration Brot und Wein in Leib und Blut Christi gewandelt.

EXKOMMUNIKATION Ausschluss einer Person aus der Gemeinschaft der Gläubigen. Exkommunzierten ist die Teilnahme an der Eucharistie verwehrt.

FRESKO Von italienisch *al fresco*, ins Frische. Malerei auf noch feuchtem Putz, die sich beim Trocknen unlöslich mit dem Untergrund verbindet

GEGENPAPST Ebenfalls gewählter Gegner eines rechtmäßigen Papstes.

GEGENREFORMATION Innerkirchliche Reform- und Erneuerungsbewegung, auch als katholische Reformation bezeichnet. Antwort der katholischen Kirche auf den Protestantismus im 16. und 17. Jh.

GENERALAUDIENZ Audienz, bei der der Papst zu einer öffentlich versammelten Menschenmenge spricht. Im Vatikan findet jeden Mittwochvormittag eine Generalaudienz statt.

GRIECHISCHES KREUZ Rechtwinkliges Kreuz mit Balken gleicher Länge.

HABSBURGER Europäisches Adelsgeschlecht. Von 1438 bis 1806 gehörten mit einer Ausnahme alle Kaiser des Heiligen Römischen Reiches dem Haus Habsburg an.

HEILIGE KOMMUNION Empfang der konsekrierten Hostie und des konsekrierten Weines, die nach katholischem Verständnis Leib und Blut Christi sind.

HEILIGE LIGA Auch Katholische Liga. Bezeichnung mehrerer vom Papst herbeigeführter Koalitionen europäischer Mächte gegen Feinde der römisch-katholischen Kirche.

HEILIGES RÖMISCHES REICH Herrschaftsbereich der römisch-deutschen Kaiser, von denen bis ins 16. Jh. viele vom Papst gekrönt wurden. 1806 von Napoleon aufgelöst.

HEILIGER STUHL Auch Apostolischer Stuhl. Bezeichnung für den Papst, allein oder zusammen mit der römischen Kurie.

KANONISIERUNG Heiligsprechung. Verfahren bei dem, nach sorgfältiger Prüfung des Antrags durch den Heiligen Stuhl, ein Mensch durch den Papst heiliggesprochen werden kann. Die Vorstufe zur Heiligsprechung ist die Seligsprechung.

KARDINAL Höchster Würdenträger nach dem Papst. Die Kardinäle tragen Mitverantwortung an der Leitung der Kirche und sind zur Papstwahl berechtigt.

KATAKOMBEN Unterirdische Grabanlagen. In den Stollen und Kammern der frühchristlichen Katakomben in Rom befinden sich die ersten Zeugnisse christlicher Kunst.

KETZER Person, die in ihren Ansichten von den offiziellen Lehren der Kirche abweicht.

KIRCHENSTAAT Auch Patrimonium Petri. Territorien in der Mitte und im Norden des heutigen Italiens, über die der Papst von 756 bis 1870 auch als weltlicher Herrscher regierte. 1870 gingen die Gebiete im neu gegründeten Königreich Italien auf.

KONKLAVE Das zur Papstwahl versammelte Kardinalskollegium bzw. das Verfahren der Papstwahl selbst.

KORINTHISCHER STIL Formsystem in der antiken Baukunst, gekennzeichnet durch Akanthusblätter am Kapitell der Säulen.

KREUZZUG Religiös motivierte Kriegszüge der abendländischen Christenheit in den Vorderen Orient zur Befreiung heiliger Stätten von muslimischer Herrschaft. Der erste Kreuzzug, zu dem Papst Urban II (1088–1099) 1095 aufrief, endete mit der Eroberung Jerusalems.

LATEINISCHES KREUZ Kreuz, bei dem der Längsbalken erheblich länger als der Querbalken ist, welcher den Längsbalken oberhalb der Mitte kreuzt. Bestimmt den Grundriss mittelalterlicher Kirchenbauten.

LATERANPALAST Residenz der Päpste vom 4. bis zum 14. Jh., neben S. Giovanni in Laterano gelegen. Nach der Rückkehr der Päpste aus dem Exil in Avignon verlegten sie ihre Residenz in den Vatikan. Der heutige Lateranpalast ist der Sitz des Vikars von Rom.

LATERANVERTRÄGE 1929 zwischen dem Heiligen Stuhl und der italienischen Regierung geschlossen. Darin erkannte der Papst das Königreich Italien an, das im Gegenzug dem Papst volle Souveränität im Staat der Vatikanstadt zubilligte.

LITURGIE Gesamtheit gottesdienstlicher Handlungen unter Leitung eines Geistlichen.

LOGGIA Einseitig offene, von Säulen oder Pfeilern getragene Halle; ins Haus eingezogener, nicht vorspringender Balkon.

MÄRTYRER Person, die wegen ihres Glaubens den Tod auf sich nimmt.

MESSE Römisch-katholischer Gottesdienst. Der Name leitet sich von der lateinischen Schlussformel zur Entlassung der Gemeinde am Ende des Gottesdienstes ab (*Ite, missa est.* Geht, die Versammlung ist entlassen).

NUNTIUS Lateinisch für Bote. Bezeichnung für den päpstlichen Gesandten, der bei der Regierung eines Staates die Interessen des Papstes vertritt.

ORDINATION Weihe zum Diakon, Priester oder Bischof. Eines der sieben Sakramente der katholischen Kirche.

ORDEN Ein durch eine Ordensregel verbundener Zusammenschluss von Männern oder Frauen, die durch ein Gelübde an den Orden gebunden sind und ein gemeinschaftliches religiöses Leben führen, häufig in einem Kloster.

OSTERN Fest der Auferstehung Jesu Christi, Hauptfest des Kirchenjahres. Entstanden aus der christlichen Umdeutung des jüdischen *Passah* oder *Pessach*. Das Wort selbst sowie einige Bestandteile des Festes sind germanischen Ursprungs.

OSTRÖMISCHES REICH
Siehe Byzantinisches Reich

PÄPSTLICHE GARDEN Zum Schutz des Papstes und der Vatikanstadt gab es vier päpstliche Garden, die mit Ausnahme der Schweizergarde 1970 durch Papst Paul VI. aufgelöst wurden.

PIAZZA Großer Platz, gewöhnlich vor einem bedeutenden Gebäude. Vor den Hauptportalen der meisten römischen Basiliken lag eine Piazza und so später auch vor Kirchen.

PONTIFEX Ursprünglich Titel der Hohepriester des vorchristlichen Kaiserkults im alten Rom, heute Bezeichnung für den Papst (Summus Pontifex, Pontifex Maximus).

PRÄFEKT Ursprünglich Bezeichnung für die Oberbeamten der Verwaltung im alten Rom. Im Vatikan Bezeichnung für die Leiter der Kongregationen und wichtiger Kurialämter.

PRÄFEKTUR DES PÄPSTLICHEN HAUSES Zuständig für alle nicht-liturgischen Auftritte und die Audienzen des Papstes. Die Leitung ist einem hochrangigen Prälaten anvertraut.

PRÄLAT Ehrentitel für hohe Würdenträger der Kirche, besonders für Bischöfe.

PRESBYTER Griechisch für Älterer. Ursprünglich vom Bischof ernannter Helfer innerhalb der Diözese. Heute offizielle lateinische Bezeichnung für den gewöhnlichen kirchlichen Amtsträger, den Priester.

PUTTE Von italienisch *putto,* Knäblein. Darstellung eines meist nackten, oftmals geflügelten Kindesengels. Beliebtes Motiv in Malerei und Plastik der Renaissance und des Barock.

QUIRINALSPALAST Von Gregor VIII. 1573 als Sommerresidenz auf dem Hügel Quirinal erbauter Palast; Schauplatz vieler Konklaven. 1871 von Pius IX. abgetreten, ist »der Quirinal« heute Amtssitz des italienischen Staatspräsidenten.

REFORMATION Kirchliche Reformbewegung im frühen 16. Jh., angeführt von Martin Luther und Jean Calvin u.a. Aus ihr entstand der Protestantismus, dessen Anhänger sich von der katholischen Kirche lossagten und die Autorität des Papstes ablehnten.

RÖMISCHE KURIE Gesamtheit der Leitungs- und Verwaltungsorgane des Heiligen Stuhls für die römisch-katholische Kirche. Wichtigstes politisches Amt ist das Staatssekretariat, an dessen Spitze der Kardinalstaatssekretär steht. Aufgabe der Kurie ist es, den Papst bei der Erledigung seiner Dienstgeschäfte zu unterstützen.

ROSENKRANZ Gebetszyklus zu Ehren Marias, der Legende nach vom hl. Dominikus (1170–1221) eingeführt. Gleichzeitig Bezeichnung für die Perlenschnur, die als Zählkette für das vielgliedrige Gebet dient.

SAKRAMENTE Die römisch-katholische Kirche kennt sieben heilige Riten: Taufe, Buße, Firmung, Eucharistie, Priesterweihe, Ehe und Krankensalbung.

SAKRISTEI Raum, in dem sich der Geistliche vor dem Gottesdienst aufhält und seine Gewänder anlegt. Zugleich Verwahrungsort für die liturgischen Geräte und Gefäße.

SANKTUARIUM Raum um den Altar, wo die Geistlichkeit und Helfer die Liturgie zelebrieren und der früher von Laien nicht betreten werden durfte.

SCHISMA Glaubensspaltung. Seit den Anfängen des Christentums haben sich immer wieder Kirchenmitglieder vom Heiligen Stuhl losgesagt und separate Gemeinschaften gebildet. Ursache vieler dieser Bewegungen war ein ehrliches Reformbedürfnis. Das Morgenländische Schisma von 1054 ist die Spaltung in die römisch-katholische Kirche und die östlich-orthodoxen Kirchen.

SEMINAR Ausbildungsstätte für Priesteramtskandidaten.

STAUFER Schwäbisches Adelsgeschlecht, das von 1138 bis 1254 über das Heilige Römische Reich herrschte.

STUCK Von italienisch *stucco*. Methode zur plastischen Gestaltung von Wänden, Gewölben und Decken, auch in Kirchen. Für den sogenannten Gipsstuck wurde ein langsam abbindender Gips-Sand- oder Gips-Kalk-Mörtel verwendet.

TRAVERTIN Poröser Kalkstein von heller, meist gelblicher bis brauner Farbe, der in und um Rom reichlich vorkommt. Hauptbaumaterial im antiken Rom, und dann im Mittelalter und in der Renaissance zum Kirchenbau wieder verwendet.

WESTRÖMISCHES REICH Westlicher Teil des Römischen Reiches, das 395 wegen Unregierbarkeit in zwei Teile geteilt wurde. Das Weströmische Reich ging bereits 476 mit der Absetzung des letzten römischen Kaisers Romulus Augustulus durch den Germanenfürsten Odoaker unter, der östliche Teil, das Byzantinische Reich, bestand knapp 1000 Jahre länger.

REGISTER

Seitenzahlen in *kursiver* Schrift beziehen sich auf Abbildungen.

T

U

V

W

Z

DANK

Der Verlag dankt folgenden Personen und Institutionen für die Erlaubnis zum Abdruck ihrer Fotografien:

(o–oben, u–unten, M–Mitte, a–außen, l–links, r–rechts, go–ganz oben)

2 Corbis: EPA / Ettore Ferrari (ur). **PVM:** (gol). **3 Getty:** AFP / Patrick Hertzog (goM). **PVM:** (aur). **8-9 L'Osservatore Romano**. **10-11 Camera Press:** Hachette Photos Presse / Gamma / Anticoli Vandeville. **11 FF:** (gor). **12-13 Getty:** AFP / Alberto Pizzoli. **13 Getty:** AFP / Andreas Solaro (gor). **14-15 Getty:** Franco Origlia. **15 Camera Press:** Hachette Photos Presse / Gamma / Eric Vandeville (gor). **16-17 FF**. **17 PA Photos:** AP Photo / Plinio Lepri (gor). **18-19 FF. 19 FF** (gor). **20-21 Getty:** AFP / L'Osservatore Romano / Arturo Mari. **21 Getty:** AFP / Alberto Pizzoli (gor). **22-23 Camera Press:** Hachette Photos Presse / Gamma / Eric Vandeville. **23 Getty:** Franco Origlia (gor). **24-25 Getty:** AFP / Alberto Pizzoli. **25 Getty:** AFP / Patrick Hertzog (gor). **28-29 FF**. **29 FF** (gor).**30-31 PA Photos:** AP Photo / Domenico Stinellis. **31 PA Photos:** AP Photo / Domenico Stinellis (gor).**32-33 Rex Features:** Action Press. **34-35 Camera Press:** Gamma / Eric Vandeville. **35 Getty:** Franco Origlia (gor). **36-37 Getty:** AFP / Patrick Hertzog. **37 Catholic Press Photo:** (gor). **38-39 AKG:** SMPK, Gemäldegalerie, Berlin. **40 AKG:** British Library, London (gor). **AA:** Museo Civico, Bolzano / Dagli Orti (agol). **Getty:** Spencer Arnold (agor). **Photo Scala, Florence:** Museo Diocesano d'Arte Sacra, Volterra (gol). **41 Alamy:** Mary Evans Picture Library (gol); The Print Collector (gor). **AA:** Archäologisches Museum, El-Jem, Tunesien / Dagli Orti (ur); Musée Bonnat, Bayonne / Dagli Orti (agor). **Corbis:** Summerfield Press (agol). **42 AKG:** Galleria dell'Accademia, Florenz / Rabatti - Domingie (gol). **AA:** Gemäldegalerie, Dresden (agol). **BAL:** Santa Croce, Florenz / Alinari (ul). **Corbis:** Arte & Immagini srl (agor). **Getty:** Hulton Archive (gor). **43 AA:** Dagli Orti (gol); Saint Sebastian Chapel, Lanslevillard Savoy / Dagli Orti (ur). **British Library:** (gor). **Getty:** Hulton Archive (agor). **Wiki:** (agol). **44 Alamy:** Mary Evans Picture Library (gor). **BAL:** Fitzwilliam Museum, University of Cambridge (M). **Getty:** Spencer Arnold (agol); Hulton Archive (gol) (agor). **45 AKG:** British Library, London (uM). **AA:** Bibliothèque Municipale, Dijon / Dagli Orti (gol); Vezzolano (agor). **Getty:** Hulton Archive (gor). **Wiki:** (agol). **46 Catholic Press Photo:** (goM). **Getty:** Hulton Archive (agol) (gol) (gor). **Wiki:** (agor). **47 AKG:** Bibliothèque Municipale, Châteauroux / Visioars (goM). **AA:** Domschatzkammer, Aachen / Dagli Orti (ur); Tesoro del Duomo, Monza (Ml). **Corbis:** Archivo Iconografico, S.A. (gol); Araldo de Luca (gor). **Getty:** Hulton Archive (agol). **Wiki:** (agor). **48 Alamy:** Mary Evans Picture Library (agol) (gor); The Print Collector (agor). **BAL:** Musée Condé, Chantilly / Giraudon (gol). **Photo12.com:** Oronoz (uM). **49 Alamy:** Mary Evans Picture Library (gor). **Catholic Press Photo:** (agol). **Getty:** The Bridgeman Art Library (uM); Hulton Archive (gol) (agor). **50 AKG:** Erich Lessing (M). **AA:** Biblioteca Nazionale, Palermo / Dagli Orti (agol); Abbazia San Alberto di Butrio, Ponte Nizza / Dagli Orti (gol). **Corbis:** Archivo Iconografico, S.A. (agor). **Wiki:** (gor). **51 AKG:** Hervé Champollion (goM); Nationalmuseet, Kopenhagen (ur). **AA:** Kathedrale von Santiago de Compostela / Dagli Orti (gol). **Corbis:** Hulton-Deutsch Collection (agor). **Wiki:** (agol) (gor). **52 AKG:** Cameraphoto (agol). **Alamy:** Mary Evans Picture Library (gor); Visual Arts Library, London (ur). **AA:** Dagli Orti (agor). **Corbis:** Craig Lovell (gol). **Getty:** Hulton Archive (goMr). **Wiki:** (goMl). **53 Alamy:** The Print Collector (gor) (agor); Visual Arts Library, London (ur). **Corbis:** The Art Archive (agol); Elio Ciol (gol); Sandro Vannini (goMl). **Getty:** Hulton Archive (goMr). **54 AKG:** British Library, London (uM). **AA:** Schloss Neuschwanstein / Dagli Orti (agol); Konvent Santo Domingo, Oaxaca / Dagli Orti (gor). **BAL:** Bibliothèque Publique et Universitaire, Genf / Roger-Viollet, Paris (gol). **Corbis:** Hulton-Deutsch Collection (agor). **Wiki:** (goM). **55 AKG:** Museo de Arte, Lima / Veintimilla (M). **Alamy:** The Print Collector (agol). **AA:** Biblioteca Nazionale Marciana, Venedig / Dagli Orti (gol); Museo d'Arte Nazionale d'Abruzzo, L'Aquila / Dagli Orti (gor). **Corbis:** Archivo Iconografico, S.A. (agor). **Getty:** Roger Viollet Collection (goM). **56 AKG:** (goM); Schütze / Rodemann (ul). **Corbis:** Archivo Iconografico, S.A. (gol); Sandro Vannini (agol). **Getty:** Hulton Archive (gor); Roger Viollet Collection (agor). **57 AKG:** British Library, London (M); Thyssen-Bornemisza Collection, Lugano / Erich Lessing (goM). **AA:** Nationalmuseum Bukarest / Dagli Orti (agor); Pinacoteca Nazionale, Bologna / Dagli Orti (gol). **Getty:** Time Life Pictures / Walter Daran (gor). **Wiki:** (agol). **58 AA:** Nationalmuseum Bukarest / Dagli Orti (gor); Pinacoteca Nazionale di Siena / Dagli Orti (agor). **BAL:** Museo di San Marco dell'Angelico, Florenz (uM). **Getty:** Roger Viollet Collection (agol). **Wiki:** (gol). **59 Alamy:** Mary Evans Picture Library (agor); The Print Collector (gol); Visual Arts Library, London (gor). **AA:** Biblioteca Piccolomini, Siena / Dagli Orti (agol). **BAL:** Vatikanische Museen, Vatikanstadt (ur). **60 Alamy:** Lebrecht Music and Arts Photo Library (gor); The Print Collector (goM); Visual Arts Library, London (gol). **Corbis:** John Heseltine (ul). **61 AKG:** (M); Centraal Museum, Utrecht (goM); Kunsthistorisches Museum, Wien / Erich Lessing (gor). **Alamy:** Interfoto Pressebildagentur (gol). **62 AKG:** Sotheby's (goM). **Corbis:** Archivo Iconografico, S.A. (gol). **Getty:** Hulton Archive (gor). **Wiki:** (M). **63 AKG:** Erich Lessing (ur). **Alamy:** The Print Collector (gol). **BAL:** Private Collection (goM). **Wiki:** (gor). **64 Alamy:** Visual Arts Library, London (gol). **AA:** Bibliothèque des Arts Décoratifs, Paris / Dagli Orti (ur). **Getty:** Hulton Archive (gor). **Wiki:** (goM). **65 BAL:** Galleria Borghese, Rom (agor). **Corbis:** Araldo de Luca (gol). **Getty:** Hulton Archive (gor). **Wiki:** (agol) (ur). **66 Alamy:** RogerPix (M). **BAL:** Corsham Court, Wiltshire (agol). **Catholic Press Photo:** (gor). **Corbis:** Gianni Dagli Orti (gol). **Wiki:** (agor). **67 AKG:** Galleria dell'Accademia di San Luca, Rom / Nimatallah (gor). **AA:** Palazzo Barberini, Rom / Dagli Orti (agol). **BAL:** Musée du Louvre, Paris / Archives Charmet (ur). **Wiki:** (gol) (agor). **68 AKG:** Castello Sforzesco, Milano / Electa (agol). **Alamy:** Visual Arts Library, London (gol). **Corbis:** Stefano Bianchetti (agor). **Getty:** Spencer Arnold (gor); The Image Bank / Ed Freeman (uM). **69 AKG:** (ur); Galleria dell'Accademia, Venedig / Cameraphoto (gor). **AA:** Mozarteum, Salzburg / Dagli Orti (agor). **Photo Scala, Florence:** Corsini College, Florenz (agol). **Wiki:** (gol). **70 AKG:** Musée Nationale du Château, Rueil-Malmaison / Laurent Lecat (uM). **Alamy:** Visual Arts Library, London (gor). **AA:** Musée du Château de Versailles / Dagli Orti (gol). **Getty:** Hulton Archive (goM). **71 AA:** Castello di Aglie, Turin / Dagli Orti (gol); Museo Pio IX e Pinacoteca d'Arte Sacra, Senigallia / Dagli Orti (goM). **BAL:** Bibliothèque Nationale, Paris / Archives Charmet (M). **Corbis:** Archivo Iconografico, S.A. (gor). **72 BAL:** Private Collection / Archives Charmet (agol). **Corbis:** Stefano Bianchetti (M). **Getty:** Hulton Archive / Austrian Archives / Imagno (gor). **Mary Evans Picture Library:** (gol) (agor). **73 Corbis:** Bettmann (agol) (ur) (agor) (gor); Hulton-Deutsch Collection (gol). **74 Corbis:** Bettmann (gol); David Lees (ul). **Getty:** Central Press (goM); Hulton Archive (gor). **75 Corbis:** Bettmann (goM); David Lees (gor); Vittoriano Rastelli (gol). **Getty:** Time Life Pictures / John Dominis (M). **76 Alamy:** Dyana (M). **Corbis:** Bettmann (gol) (gor). **Getty:** AFP / Paul Hans (goM). **77 Corbis:** Gianni Giasanti (gol); Reuters / Mari Arturo (gor); Reuters / Vincenzo Pinto (goM). **Getty:** Time & Life Pictures / Time Magazine (M). **78 Corbis:** EPA / Ettore Ferrari (gol); Immaginazione / Gianni Giansanti (ul). **Getty:** AFP / Vincenzo Pinto (gor); Giuseppe Cacace (goM). **79 Corbis:** Immaginazione / Gianni Giansanti (goM). **Getty:** AFP / Patrick Hertzog (gol); Carsten Koall (ur). **82 Corbis:** Alinari Archives / Michelangelo Buonarroti (gol). **86 Alamy:** Richard Broadwell (gol). **88** Mit freundlicher Genehmigung von **The Fabbrici di San Pietro Vaticano:** (Mr). **95** Mit freundlicher Genehmigung von **The Fabbrici di San Pietro Vaticano:** (Ml). **100 PVM:** (uM). **108 Alamy:** Caro (goM). **PVM:** (gol). **116 PVM:** (gol). **118 PVM:** (gol). **120 PVM:** (Mlu) (ur). **121 PVM:** (go) (ul). **122 PVM:** (l) (ur) (Mr) (gor). **123 PVM:** (Ml) (r). **124 Alamy:** Tom Mackie (ur). **Corbis:** Alinari Archives / Michelangelo Buonarroti (gol). **125 PVM:** (ul) (ur). **126 PVM:** (gol) (ul) (ur). **126-127 PVM:** (M). **127 PVM:** (gol) (Mro) (Mru) (gor). **128 PVM:** (l) (ur) (Mr). **129 PVM:** (go) (u). **130 PVM:** (ul) (uM) (ur) (gol/l) (gol/r). **130-131 PVM:** (goM). **131 PVM:** (r) (ur). **132 PVM:** (gol) (r). **133 PVM:** (gol) (uM) (ul). **136 PVM:** (l) (ur) (gor). **137 PVM:** (gol) (uM) (ul) (ur) (aul) (gor). **138 PVM:** (gol) (ur) (gor). **139 PVM:** (l) (ur). **140-141 PVM**. **142 PVM:** (gol) (uM) (Ml) (Mr) (gor). **143 PVM:** (gol) (uM) (ul) (ur) (Mr) (gor). **154 Corbis:** Alinari Archives (gol). **157 Lozzi, Roma:** (Ml). **166-167 Camera Press:** Hachette Photos Presse / Gamma / Eric Vandeville. **168 Corbis:** Araldo de Luca (l). **Rex Features:** Sipa Press (gor). **169 Camera Press:** Gamma (u). **170 Corbis:** Ted Spiegel. **173 John McCaffrey**. **174 Camera Press:** Hachette Photos Presse / Gamma / Eric Vandeville. **175 Magnum Photos:** David Seymour. **176 Camera Press:** Hachette Photos Presse / Gamma / Eric Vandeville. **177 Alamy:** Nic Cleave Photography (gol). **Camera Press:** Hachette Photos Presse / Gamma / Eric Vandeville (gor). **182-183 Corbis:** Alessandra Benedetti. **184 Alamy:** Visual Arts Library, London (ul). **BAL:** Public Records Office, London (ur). **187 Getty:** AFP / Vincenzo Pinto (goM). **188 Corbis:** Immaginazione / Gianni Giansanti. **190 Getty:** AFP / Patrick Hertzog. **191 Getty:** Vatican Pool / Arturo Mari. **192-193 Corbis:** Immaginazione / Catholic Press Photo / L'Osservatore Romano. **194 Corbis:** Immaginazione / Gianni Giansanti. **195 Catholic Press Photo**. **196 Camera Press:** Eyedea Presse / Gamma / Eric Vandeville (gor). **Getty:** The Bridgeman Art Library / Leandro da Ponte Bassano (ul). **197 Getty:** Franco Origlia. **199 Getty:** Franco Origlia. **200 Corbis:** Bettmann. **201 Wiki**. **202 Getty:** AFP / Derrick Ceyrac and Mike Nelson. **203 PA Photos:** AP Photo / Salih Zeki Fazlioglu. **206 CTV - Centro Televisivo Vaticano:** (goM) (Mr) (gor). **FF:** (Ml) (ur). **207 CTV - Centro Televisivo Vaticano:** (Mro) (Mru). **FF:** (gol) (ul) (Mr). **208-209 L'Osservatore Romano**. **210 FF:** (Mu). **211 Getty:** AFP / Andreas Solaro (Mr); L'Osservatore Romano (gor). **225 Giuseppe Passeri** (r). **253 FF:** (M). **266 Alamy:** Visual Arts Library, London (gol). **267-267 UCLV:** (alle anderen Abb.). **268 BAL:** Real Monasterio de El Escorial, Spanien / Giraudon (gol). **268-269 UCLV:** (alle anderen Abb.). **272 AA:** San Francesco, Assisi / Dagli Orti (gol). **272-273 UCLV:** (alle anderen Abb.). **274 AA:** Museo de Santa Cruz, Toledo / Dagli Orti (gol). **274-275 UCLV:** (alle anderen Abb.). **278-279 UCLV**. **280 Wiki:** (gol). **280-281 UCLV:** (alle anderen Abb.). **282 Alamy:** Visual Arts Library, London (gol). **282-283 UCLV:** (alle anderen Abb.). **284 AKG:** Electa (gol). **284-285 UCLV:** (alle anderen Abb.). **286 AA:** Palazzo Ducale, Urbino / Dagli Orti (gol). **286-287 UCLV:** (alle anderen Abb.). **288 Corbis:** Bettmann (gol). **288-289 UCLV:** (alle anderen Abb.). **290 AA:** Palazzo Ducale, Urbino / Dagli Orti (gol). **290-291 UCLV:** (alle anderen Abb.). **292 BAL:** Musée Condé, Chantilly / Giraudon (gol). **292-293 UCLV:** (alle anderen Abb.). **294 AA:** Médiathèque François Mitterand, Poitiers / Dagli Orti (gol). **294-295 UCLV:** (alle anderen Abb.). **296 AKG:** Erich Lessing (gol). **296-297 UCLV:** (alle anderen Abb.). **298 AA:** Museo de Arte Antiga, Lissabon / Dagli Orti (gol). **298-299 UCLV:** (alle anderen Abb.). **300 BAL:** His Grace The Duke of Norfolk, Arundel Castle (gol). **300-301 UCLV:** (alle anderen Abb.). **302 AA:** Museo de Arte Antiga, Lissabon / Dagli Orti (gol). **302-303 UCLV:** (alle anderen Abb.). **304 AA:** Galleria degli Uffizi, Florenz / Dagli Orti (gol). **304-305 UCLV:** (alle anderen Abb.). **306 AKG:** Tristan Lafranchis (gol). **306-307 UCLV:** (alle anderen Abb.). **308 Alamy:** Visual Arts Library, London (gol). **308-309 UCLV:** (alle anderen Abb.). **310 AA:** Abbazia San Alberto di Butrio, Ponte Nizza / Dagli Orti (gol). **Corbis:** Sygma / Alberto Pizzoli (ul) (Mu). **310-311 UCLV:** (alle anderen Abb.). **311 Corbis:** Reuters (r)

Umschlagabbildungen: Hinten: **Corbis:** Sygma/ Thierry Orban (Johannes Paul II.). Rücken: **PVM**

Bei den innerhalb der Vatikanstadt von Dorling Kindersley besorgten Aufnahmen lag die freundliche Genehmigung des Vatikans vor:

Weitere Informationen unter: www.dkimages.com

Nachweis der Zitate
Die Bibelzitate auf S. 12, 14, 24, 28, 32, 41 stammen aus der Einheitsübersetzung der Heiligen Schrift

Der Verlag hat sich bemüht, alle Rechteinhaber ausfindig zu machen. Eventuelle Auslassungen wird der Verlag bei entsprechendem Hinweis gerne in einer späteren Auflage korrigieren.

Der Verfasser möchte sich bei Kardinal Giovanni Lajolo, dem Präsidenten des Kardinalskomitees für die Vatikanstadt, und bei Bischof Renato Boccardo für ihre Hilfe bedanken. Dem Kardinal Leonardo Sandri sei gedankt für seinen Rat. Dank gebührt auch Erzbischof Piero Marini und Monsignore Guido Marini sowie Leonardo Marra, die äußerst hilfsbereit und entgegenkommend waren. Auch Giuseppe Passeri (www.nonainvicta.it) hat mit Rat und Tat geholfen. Mein besonderer Dank gilt allen, die uns an ihrem Arbeitsalltag im Vatikan teilhaben ließen.

Tief verpflichtet bin ich meiner Mutter Helen, meinen Schwestern Geraldine und Paula, meinem Bruder David und der Familie Balducci für die gastliche Aufnahme. Dieses Buch ist vor allem das Werk von Debra Wolter und Karen Self und ihrem kompetenten Team bei Dorling Kindersley.

Der Verlag dankt dem Direktor der Vatikanischen Museen, Herrn Professor Antonio Paolucci, für die Zusammenarbeit. Zu Dank verpflichtet ist er weiterhin dem Päpstlichen Rat für die Sozialen Kommunikationsmittel, dem Atelier Felici sowie Sam Atkinson, Marcus Hardy, Alison Sturgeon und Manisha Thakkar für redaktionelle Hilfe und Philip Fitzgerald, Amy Orsborne und Alison Shackleton für ihre Mitwirkung an der grafischen Ausgestaltung.

18
17
16
19
15
20
16
20
20
20
16
21
14
10
13
11
9
12
22
26
41
8
1
7
27
6
39
4
40
28
38
5
37
36
2
35
3
33
32
34